게임의 미학과 문화

사이버 루덴스

문화과학 이론신서 84

사이버 루덴스:
게임의 미학과 문화

지은이 | 이동연, 신현우, 김아영, 서도원, 안가영, 윤태진, 이경혁, 진예원

초판인쇄 | 2024년 12월 9일
초판발행 | 2024년 12월 17일

펴낸이 | 박진영
편 집 | 손자희
펴낸곳 | 문화과학사

출판등록 | 1995년 6월 12일 제 406-3120000251001995000032 호
주소 | 10881 경기도 파주시 심학산로 12, 302호
전화 | 02-335-0461
팩스 | 031-902-0920
이메일 | moongwa@naver.com
홈페이지 | https://culturescience.kr

값 22,000원
ISBN 978-89-97305-25-4   93680

★ 이 책은 한국게임산업협회의 지원으로 발간되었습니다.

문화과학 이론신서 84

사이버 루덴스:
게임의 미학과 문화

이동연

신현우

김아영

서도원

안가영

윤태진

이경혁

진예원

문화과학사

서문_사이버 루덴스의 미학을 탐색하는 인문주의 여정

본서는 2023년 국립현대미술관에서 진행된 포럼 <사이버 루덴스: 미래 게이밍, 테크놀로지, 미학의 토포스>로부터 기획되었다. 이 포럼에서 단행본으로 이어지는 1여 년간의 여정에 게임을 탐구하는 각 분야의 전문가, 예술가, 연구자들이 참여했다. 문화연구-데이터공학-미디어아트-AI-미디어로 연결되는 장대한 학제 간 교류 끝에 8명의 필자가 함께한 이 책, 『사이버 루덴스: 게임의 미학과 문화』가 출간되었다.

그간 한국 사회에서 게이밍을 기술과 문화, 미학의 관점에서 다루고자 하는 학술적 시도는 거의 없다고 봐도 무방하다. 게임은 미래 기술문화의 토대이자, 장소-공간, 행위자-행위성을 가로지르는 상호작용적인 어셈블리지(assemblage)다. 최초로 게임을 발명한 컴퓨터공학자들은 게이밍을 기술과 인간을 가로지르는 사회적 연대의 실천으로 상상했다. 디지털게임은 단순히 <퐁>이나 <스페이스 인베이더>를 만들어내는 데 그치지 않고, 자유 소프트웨어와 오픈소스, 그리고 해킹 문화를 창발했다. TV 앞에서, 오락실에서, 그리고 전자 아케이드에서 게임을 즐기던 소년 소녀들은 월드와이드웹과 사이버스페이스를 건설했다. 게이밍은 문화적으로는 '디지털 가상'을,

그리고 기술적으로는 사이버네틱스의 시공간을 형성하는 데 결정적인 단초가 되었다. 우리는 게임과 플레이를 단순한 향락이 아니라 주체와 사회를 변환시키는 문화기술 혁명의 대상이자 실천으로 이해해야만 한다.

오늘날 게이밍은 상상력의 자유와 이성의 질서가 결합하고, 예술과 기술의 복잡성이 교차하는 시공간으로 전화한다. 생성AI, 샌드박스, 물리 엔진, 그리고 블록체인에 이르기까지 오늘날 게이밍은 기술과 떼어놓고 생각할 수 없다. 또한, 키네틱, 상호작용성, 오픈소스 소프트웨어-하드웨어 요소들과 미디어아트를 분리할 수도 없다. 문학과 영화와 마찬가지로 게임은 하나의 미디어이기도 한데, 우리는 게이밍의 독특한 시각·서사·에르고딕(ergodic)의 측면들을 게임 그 자체의 미학으로 탐구해야만 한다. 이에 대한 통섭적이고 교차적인 연구를 통해 우리는 미래 인간 삶의 합목적적 유희 문화를 재발견할 수 있을 것이다.

『사이버 루덴스: 게임의 미학과 문화』는 이처럼 게이밍을 중심으로 공통 감각이 되어가는 기술과 예술, 그리고 문화의 연결된 직조 구조를 조망한다. 경제·산업적인 프레임으로는 포착될 수 없는 기술적 상상력, 그리고 놀이와 미디어의 생태계를 보고자 하는 것이다. 게임을 즐기는 플레이어들은 스스로 탐색하고, 건설하며, 자신의 신체와 플레이 공간의 감각을 게임의 질서 속에 연동시킨다. 게임에 몰두하는 사람들은 소위 '중독' 상태가 아니다. 그것은 일종의 미학적 코마 상태이다. 플레이는 사건을 신체화하는 감각인 동시에 주어진 물질과 공간을 변화시킬 수 있는 대상으로 파악하는 조형행위에 더 가깝다. 플레이어들은 공간을 탐험하고, 대상들을 변화시킬 뿐 아니라 게임을 둘러싼 "시장 논리·터부"로만 작동되는 권력의 기호계를 역으로 공격한다. 게임을 즐길 줄 아는 사람들은 민주적 소통과 질서를 추구하고, 동시에 이를 어지럽히는 사람들을 배척한다. '게임의 룰'은 사회의 계층·인종·성별·지역·세대 등 불균등하게 주어진 사회계약과 다르게 누구에게나 동등하게 주어져 있고, 모두가 게임에서 성공할 수 있다. 게이밍은 문화의 원형이자, 민주주의 공동체 안에서 대화를 하기 위한 첫 조건이기도 한 것이다.

게임을 잘 하기 위해서는 대상을 이해하고, 구조를 파악하며, 손으로 직접 변화시키는 세계에 대한 감각을 익혀야만 한다. 우리는 어린아이의 장난감 놀이와 소꿉놀이가 물질을 변형하고 창조하는 "월드메이킹(world making)"의 원천이었음을 알고 있다. 게임을 즐기는 게이머, 게임을 변주하는 모더(moder), 그리고 해커, 예술가들, 그리고 개발자들은 그런 의미에서 가장 성숙한 '플레이어'일 것이다. 이 수많은 플레이어가 쌓은 웃음과 연대의 지층 위에서 우리는 진정으로 감정 구조에 접속할 수 있을 것이며, 동료들 간의 끈끈한 결속이 어떻게 사회적 연합을 만들어내는지 보게 된다. 놀이하는 뉴런(neuron)은 노동하는 반사신경의 정반대 편에서 신호를 보낸다. 즐거운 게임은 경쟁보다는 협력을, 적대보다 협상을, 도생보다 협생이 더 중요하다고 가르쳐준다. 플레이어는 데카르트 좌표계를 벗어나 미래에 우리가 도달해야만 하는 세련된 감각, 더 진보된 기술, 그리고 더 나은 현실을 시뮬레이션한다. 이 책은 게이밍을 인간·사회의 진보를 향한 기술적, 미학적 기획으로 이해하고, '호모 루덴스'에서 '사이버 루덴스'의 잠재태를 발굴하고자 쓰였다.

이 책은 총 4부로 구성되어 있다. 1부 "문화코드와 기술미학의 게임 양식"에서는 게임 속에서 기술미학이 재현되는 양식, 그리고 문화적 코드에 대해 살핀다. 1장(이동연, 「서드라이프: 포스트 게이밍을 상상하는 예술 미학」)에서는 가상 개념에서 확장되어, 새로운 삶과 지혜가 펼쳐지는 시공간으로서 게임을 '서드라이프'로 파악하고, 현실의 잠재적인 변화소들과 협상하는 동시에 모순과 단절하고자 하는 게임플레이의 문화코드를 이야기한다. 그간 분리된 영역으로 간주했던 과학기술의 경이가 미학적 혁신과 교차하면서 제3의 삶의 공간, '서드라이프'가 창발되는 과정을 그려낸다. 2장(신현우, 「에르고딕, 그리고 대중미학의 인식적 지도그리기: 디지털게임과 컴퓨터-문화 조형행위」)에서는 게임을 '대중미학'인 동시에 게임이 기존의 재현양식들과 차별화하는 독특한 자원을 '에르고딕'이라고 정의한다. 대중 미학이자 컴퓨터-문화 조형행위가 된 게임플레이는 게임에 몰두하는 층위를 넘어, 사회구조 모순을 비판적으로 그려내고 어떤 정치를 만들어내는 실천행위로 포착된다. 이를 바탕으로 '미학적 대중주의의 에르고딕적 양식'이 된 게이밍은 플레이의 미학이 지닌 공통감각, 그리고 컴퓨터-조형행위의 현상학적 실재에 대한 인식적 지도그리기가 완성된다. 1부의 논의들을 통해 우리는 게임의 미학적이고 문화적인(따라서 정치적인) 형태소들을 하나의 추상으로 구획한다.

2부 "루도퍼블릭: 게이머에서 사회적 담론·문화로의 확장"은 미디어·커뮤니케이션 문화연구의 관점에서 게임을 더 심층적으로 탐색한다. 3장(진예원, 「플럭서스: 포스트디지털 문화에 대한 고찰과 개념의 제안」)에서는 게이밍 문화를 '포스트 디지털 시대의 플럭서스'라 규정하고, 그 대표적인 징후로 청년문화의 주류가 된 이스포츠를 주목한다. 라틴어 어원처럼 '끊임없는 흐름과 변화, 움직임'이 된 이스포츠는 게임을 매개로 놀이/향유의 경계가 희미해지는 우리 시대 디지털 풍경을 소묘한다. 이 안에서 플레이어와 이스포츠 팬덤은 미디어 기술의 동학과 결부하면서 느슨하게 흩어진 확장, '메타

미디엄(meta medium)' 그 자체가 된다. 4장(서도원, 「능동성과 수동성의 이분법을 넘어서는 게이머의 존재론적 지위에 관한 고찰」)은 이처럼 행위자인 동시에 행위성 그 자체가 된 팬덤·플레이어 공동체가 게임회사·개발자와의 비대칭적 관계를 재정향하는 양상을 탐구한다. 루카치가 소설을 읽는 독자가 누구인지 논하고, 고다르가 관객이 어떤 사람들인지 연구했듯이 '게이머'란 누구인지를 살펴보는 것이다. 새로워진 미디어 환경에서 게임을 즐기는 방식을 현실의 모순을 비판하는 방식으로 옮겨오는 게이머들은 단순히 즐기는 자에서 능동적인 입법자로 승급된다. 5장(이경혁, 「게임저널리즘과 이용자 공동체는 미디어를 어떻게 변화시키는가」)은 이들 게이머가 자아내는 담론구성체의 과정, '게임적 저널리즘'을 그려내고 있다. 게임플레이는 단순히 개발자와 이용자가 주고받는 피드백 루프에서 그치지 않는다. 게임플레이는 게임문화를 둘러싼 다양한 헤게모니 쟁투의 장(게임 담론)이자 언어의 질서(비평)가 만들어지는 공간으로 화하는데, 5장은 한국 사회에서 이러한 지형이 만들어지는 프로세스들을 자세히 그려낸다.

3부 "미디어아트, 플레이 수행성의 새로운 가능성"에서는 게임과 미디어아트에 깊숙이 상호 침투한 기술적 유희가 논의된다. 실제 게이밍의 테크놀로지를 전유해 작업을 펼치는 동시대 아티스트들이 3부 집필에 참여했다. 6장(김아영, 「광학적 이미지의 황혼, 유령 망막의 여명 속에서」)은 '광학적 미디어의 황혼'의 역사적인 테제로서 게임이 호명되고, '포스트 광학적-이미지'를 생성하는 핵심 테크놀로지가 게임의 기술과 결부해 있음을 알려준다. 제4의 벽은 게임 테크놀로지와 미디어아트의 이종교배 과정에서 재구성된다. VR, 생성AI, 자율주행 자동차 센서 라이다는 인간의 망막을 기계와 합성할 뿐 아니라 게임엔진과 결합하면서 '유령 망막'을 생성한다. 우리는 무엇을 보는가? 응시는 어떻게 만들어지고, 우리는 어떻게 '가지고 노는가? 유령 망막이 펼쳐내는 머신 비전(machine vision)은 인간과 기계, 그리고 새로운 미디어의 출현을 예고한다. 이제 인간 문화의 유한하게 닫힌 집합은 게임 테크놀로지의 중력장 안에서 리믹스와 피드, 그리고 인식 외연의 파열을 시도하게 된다. 7장(안가영, 「유희와 노동의 기술법, 랩삐의 <강냉이 털어 국현감>」)은 그 파열 속에서 대두되는 새로운 개념, '플레이버'를 몸소 실천하는 대담한 실험이다. 게이미피케이션, 비물질 노동의 헤게모니 속에서 게임플레이의 물밑을 노동이 배회한다. 자유로운 의식적 활동은 가치를 생산하는 노동과 결합하며, 게임의 결과인 보상은 상품과 이중 결합한다. 게임플레이가 생산이자 노동이 되고 게임의 결과물은 화폐이자 상품이 된다. '게이미피케이션'은 결국 놀이를 '놀이노동'으로 변환하는데, 7장은 놀이노동을 다시 유쾌한 노동의 즐거움으로 되돌리기 위한 프로젝트의 가능성을 타진한다.

　　4부 "법과 규제, 게임 담론의 제도적 전선"은 실질적으로 '사이버 루덴스' 혹은 삶이 곧 예술이자 놀이의 문화가 될 수 있는 가능성을 제도·정책 차원에서 타진, 철저하게 비판한다. '중독' '폭력성'의 무한한 루프에 갇힌 게임이 새로운 예술의 언어를 말하기란 매우 어려운 일이다. 8장(이동연, 「게임콘텐츠, 규제와 질병 사이: 2000년대 이후 게임 과몰입 규제정책의 변천 과정」)은 '세계보건기구(WHO)'에 의한 게임의 질병코드화를 '의료화'라고 비판하고, 국내의 무질서한 게임 규제(게임중독법) 및 법기술적 규정에 대해 강력히 반대한다. 강제적 게임셧다운제의 맹점 및 게임 과몰입을 중독으로 명명하는 언론과 법 기술의 세태가 드러나며, 게임 규제정책이 문화정책을 넘어 사회적 관리 장치로 이용될 수 있음을 경고한다. 9장(윤태진, 「게임포비아의 역설: 한국 게임문화는 어떻게 의료화 되었는가」)은 이러한 한국 사회가 게임을 중독 및 병리로 부르는 독특한 문화적·사회적 맥락을 게임에 대한 사회적 공포, 금기인 '게임포비아'로 개념화한다. 전문가-셀러브리티, 정신의학의 대중화, 그리고 게임포비아의 확산이 하나로 집약되는 지점이 '게임의 의료화'라고 볼 수 있다. 이는 단순히 게임에 대한 규제만을 의미하는 것이 아닌, 자유로운 문화적 향유가 도구적 합리성에 예속되는 상황을 연출하며 사회 지배층의 도덕적 공황을 은폐하고자 하는 시도로 해독된다. 시민사회의 차원에서 '게임의 의료화'에 대응하지 않으면, 이는 미디어 생태계 자체를 파괴하는 결과를 낳을 수도 있다고 4부는 이야기한다.

『사이버 루덴스: 게임 미학과 문화』는 게이밍의 기술, 예술, 그리고 자유로운 문화적 실천이 미학적인 기획 속에서 자유롭게 횡단할 수 있음을 보여주는 책이며, 게임을 학술적으로 탐구하는 데 중요한 이정표가 될 것이다. 책이 나오기까지 1년여 시간 동안 함께해주신 이 책의 저자들, 김아영·서도원·신현우·안가영·윤태진·이경혁·이동연·진예원 선생님들께 진심으로 감사의 말씀을 전한다. 또한, 포럼에서 책이 탄생하기까지 궂은일을 도맡아주신 문화연대의 이윤서·헤즈 활동가, 문화사회연구소의 최준영 소장님에게도 감사의 말씀을 드린다. 수많은 사람의 학제간 횡단 연구의 결과물을 귀중한 책으로 빚어주신 문화과학사 박진영 대표, 꼼꼼하게 책을 살펴주신 손자희 선생님에게도 감사 인사를 드린다. 이 책이 한국의 게임문화연구를 대표하는 중요한 연구서가 되기를, 이를 계기로 기술-인문-예술의 횡단이 더욱 활발해지기를 기대한다.

2024. 11.

공동책임 편집자 이동연, 신현우

차 례

3부 미디어아트, 플레이 수행성의 새로운 가능성

6장. 광학적 이미지의 황혼, 유령 망막의 여명 속에서 / 김아영 · 165

7장. 유희와 노동의 기술법, 랩삐의 <강냉이 털어 국현감> / 안가영 · 187

4부 법과 규제, 게임 담론의 제도적 전선

8장. 게임콘텐츠, 규제와 질병 사이: 2000년대 이후 게임 과몰입 규제정책의 변천 과정 / 이동연 · 209

9장. 게임포비아의 역설: 한국 게임문화는 어떻게 의료화 되었는가 / 윤태진 · 245

1 부

문화코드와 기술미학의 게임 양식

1장

서드라이프:
포스트 게이밍을 상상하는 예술 미학

이동연 | 한국예술종합학교 교수

1. 4차산업혁명을 바라보는 새로운 관점

4차산업혁명은 2016년 다보스포럼의 의제로 논의된 이후 국내에서 큰 화
두로 등장했다. 문재인정부는 2017년 9월 대통령 직속으로 '4차산업혁명위
원회'를 발족시켜 과학기술, 산업, 고용, 사회 분야에 4차산업혁명 시대에
대비하는 구체적인 정책을 제시하기도 했다. 그러나 4차산업혁명이란 용
어에 대해 논란의 여지가 없는 것은 아니다. 4차산업혁명에 대해 부정적인
시각을 가진 전문가들은 이 용어가 실체가 없는 기표에 불과하다고 비판
한다. 서울대 홍성욱 교수는 2017년 8월 22일 한국과학기술한림원 주최
원탁토론회에서 4차산업혁명이란 개념은 이미 1940년대에 사용한 개념으
로 새 정부가 이 개념을 사용하는 것은 "정치적인 유행어일 뿐"이라고 말
한다.[1] 과학기술자들은 대부분 주로 ICT 정보통신 분야의 기술혁신으로
축약할 수 있는 것들이 마치 우리 사회 전체의 사회 변화 패러다임을 지배
하는 것처럼 논의되는 것은 과장된 담론이라고 말한다. 그들은 과학기술정

1_ 「홍성욱 서울대 교수, "4차산업혁명은 정치적 유행어일 뿐"」, <연합뉴스>, 2017. 8. 22.

책을 그 하위영역인 정보통신기술에 종속시키는 결과를 낳을 것으로 우려한다.

반면에 4차산업혁명이라는 용어를 지지하는 사람들은 최근의 과학기술혁명이 비단 정보통신기술의 영역에만 국한된 것이 아니라 생명공학, 컴퓨터공학, 물리학, 지리학 등 과학기술 분야 전반에 걸친 급속한 혁신을 반영한 개념으로 기존의 3차산업혁명과는 비교할 수 없는 정도로 사회문화 환경에 영향을 주고 있음을 지적한다. 다보스포럼 창립자인 슈밥(Klaus Schwab)은 3차산업혁명과 현저하게 구별되는 4차산업혁명의 특징을 세 가지로 든다. 첫째, 기술혁명의 속도가 선형적이지 않고, 기하급수적이라는 점, 둘째, 디지털 혁명을 기반으로 다양한 과학기술이 융합하여 패러다임 변화의 범위와 깊이가 남다르다는 점, 셋째, 국가 간, 기업 간, 산업 간, 사회 전체의 시스템에 근본적인 충격을 주었다는 점을 든다.[2)]

그런데 4차산업혁명의 개념에 찬반입장이 있다는 점을 고려하더라도, 한국에서 논의되는 4차산업혁명의 주류 담론들은 대체로 기술결정론과 경제결정론에 경도되어 있는 것이 사실이다. 특히 2016년 다보스포럼 이후, 한국에서도 4차산업혁명에 따른 기술혁신과 시민의 일상 변화에 대한 많은 예측 보고서가 나오고 있는데, 그 보고서의 내용들은 새로운 기술혁명의 도래를 설명하는 것으로만 채워져 있다. 예컨대 4차산업혁명의 시대에는 "생명안전(Bio-security), 인공지능, 산업자동화, 메이커운동, 사물인터넷, 빅데이터, CPS(cyber physical system), 딥러닝(deep learning), 스몰비즈니스(small business), 원격의료서비스" 등이 각광받을 예정이라는 전망이 쏟아져나온다. 모두 기술혁명의 내용에 초점이 맞추어져 있는 것이다.

2_ 클라우스 슈밥, 『클라우스 슈밥의 제4차 산업혁명』, 송경진 역, 새로운 현재, 2016, 12-13.

4차산업혁명 담론이 갖는 또 다른 특성은 이러한 기술혁명을 기반으로 해서 실제로 산업과 경제가 어떻게 변하는가를 설명하는 것이다. 4차산업혁명을 다룬 책들은 구글, 페이스북, 아마존 등 글로벌 기업들의 기술혁신과 그로 인해 창출되는 신상품과 경제효과에 주목한다. 4차산업혁명 시대 세상을 바꾸는 14가지 미래기술을 언급한 책은 "로봇, 자율주행차, 미래자동차, 스타트기기, 5G, 사물인터넷, 스마트시티, 바이오산업, U 헬스케어, 소프트웨어, 신소재, 2차 전지, 3D프린팅, 원자력발전"을 중요한 차세대 산업 동력으로 간주한다. 일례로 세계 로봇 시장 규모는 2009년 67억 달러에서 연평균 20% 성장해 2014년에는 약 167억 달러로 증가[3]하고, 제조업에 사용되던 로봇이 서비스 산업으로 확대되고 있다. 기계 자동화의 보완 역할에서 사람을 대체하는 역할로 이행한다고 보고되고 있다. 운전자 없는 차는 2020년부터 상용화되고, 2025년 45조원 규모의 시장이 형성될 예정(61)이라고 말한다.

또한 "사람과 사물이 인터넷으로 연결된 시계와 안경, 옷과 신발 등 다양한 웨어러블 기기들, 사물 스스로 판단하고 움직이는 자율주행차와 드론. 이러한 스마트기기들의 집합체인 스마트홈과 스마트공장 그리고 스마트시티까지, 스마트기기가 그려나갈 미래의 가능성은 무궁무진하다"(81)고 언급하면서, 2020년 이후 헬스케어 산업의 경제적 가치는 2,850억 달러에 달할 전망(85)이라는 말을 빼놓지 않는다. 데이터 콘텐츠의 전송속도를 급격하게 높여줄 5G 기술은 가상현실 세계의 현실적 경험을 훨씬 더 생생하게 해주는데, 결론적으로 이러한 가상현실의 기능을 배가시키는 스마트기기는 2020년 누적 출하량 300억대에서, 2030년이면 500억대로 증가할 것

3_ 한국경제TV 산업팀, 『4차산업혁명 – 세상을 바꾸는 14가지 미래기술』, 지식노마드, 2016, 13. 이하 이 책에서의 인용은 본문에서 쪽수로 표시한다.

으로 전망된다.[4]

　정부나 기업이나 연구소 대부분 4차산업혁명을 이야기할 때, 우리가 얼마나 기술혁신을 이룰 수 있을지, 그래서 경제적으로 얼마나 더 성장할지에만 온통 관심이 쏠려 정작 그래서 인간의 삶은 어떻게 바뀌고 얼마나 더 행복해질 수 있는지에 대한 언급은 거의 없다. 기술혁신과 경제성장은 그 자체로 4차산업혁명의 수단이나 방법이 아니라 목적이 된 셈이다. 기술결정론과 경제결정론은 인간의 가치보다는 기술의 가치, 시장의 가치를 더 중시한다. 기술결정론과 경제결정론은 4차산업혁명에서 기술혁명이 개인들의 삶에 미치는 변화 양상들에 대해 주목하는 면도 있지만, 결론은 그래서 어떤 기술이 세계를 지배하고, 누가 시장의 최후 승자가 되는가에 맞춰져 있다.

　그러나 이러한 기술결정론과 경제결정론보다 더 중요한 것은 4차산업혁명과 기술혁명이 가져다줄 미래사회 개인들의 라이프스타일의 변화 양상이 아닐까 싶다. 인간과 기계의 물리적 경계가 해체되고, 과학기술의 자동기술화로 4차산업혁명은 커즈와일(Ray Kurzweil)이 말하는 특이점의 시대로 진입하고 있다. 산업구조도 인간 중심의 서비스 산업에서 기술자동화 중심의 인지산업으로 이동하고 있는 것은 분명한 사실이다. 새로운 기술혁명이 주도하는 4차산업혁명의 시대에 개인의 라이프스타일도 급진적으로 변하고, 개인들의 첨단 기술로 매개된 문화콘텐츠 소비와 이용 환경도 급격하게 재편될 것도 확실하다. 그래서 중요한 것은 4차산업혁명이라는 개념보다는 그러한 개념이 상상하는 사회 환경과 그 환경에서 살아가게 될 개인들의 라이프스타일의 변화 양상이다.

4　김나인, '퀄컴, 5년간 스마트폰 외 분야서 30조 매출 달성', 『디지털타임즈』, 2024. 11. 20.

사실 4차산업혁명의 현상적인 설명 안에는 인간의 부재, 혹은 인간의 배제로 해설할 만한 것들이 대부분이다. 클라우스 슈밥은 4차산업혁명을 이끌어가는 기술혁신의 세 가지 메가 트렌드로 "물리학 기술" "디지털 기술" "생물학 기술"을 들고 있는데, 이 세 가지 트렌드의 공통적인 특징은 "인간의 배제"[5]라고 말한다. 예컨대 물리학의 기술에서 '무인운송수단'이나, '첨단 로봇공학', 디지털 기술에서 블록체인(blockchain) 시스템, 생물학 기술에서 바이오 프린팅과 같은 기술은 모두 인간을 배제하거나, 인간의 개입을 차단하는 것들이다. 그런 점에서 4차산업혁명의 기술이 인간의 필요노동을 줄여주어 편하게 만들어주는 면도 있지만, 기술이 인간의 노동을 대체하는 경우가 많아질수록 인간의 활동은 오히려 위축될 우려도 있다. 특히 기술자동화는 비숙련 노동자들에게는 치명적일 수 있다.

　　4차산업혁명이 거부할 수 없는 거대한 물결이라면, 인간을 배제하는 기술결정론이나 경제결정론에서 벗어나, 인간을 이롭게 하는 소위 '신홍익인간'이란 패러다임을 상상할 필요가 있다. 기술결정론과 경제결정론에 경도되지 않고 기술과 과학, 문화와 예술이 통섭하는 중층적인 사회구성체의 면모를 그려내기 위해서는 무엇보다도 개인의 라이프스타일의 변화와 그로 인한 인간 삶의 혁신적 관계를 상상해보아야 한다. 아울러 인간의 감각적, 감성적 역능의 활성화와 라이프스타일을 즐기는 엔터테인먼트 환경의 미래를 현상적인 차원을 넘어 심층적인 차원에서 인지적 지도를 그리는 것이 중요하다. 기술혁명에 따른 인간의 삶과 양식의 감성적 변화에 좀더 주의를 기울이자는 게 중요한데, 이러한 삶의 양식의 변화를 '서드라이프'로 명명하고자 한다.

5_ 클라우스 슈밥, 『클라우스 슈밥의 제4차 산업혁명』, 36-50 참고

2. '서드라이프'란 무엇인가?

2017년 증강현실 기술로 전 세계 게임스타일의 지형을 흔들었던 <포켓몬 고> 열풍은 인공지능 시대의 새로운 라이프스타일을 예고하는 징후로 읽힐 법하다. <포켓몬 고>는 증강현실 기술과 '구글맵'으로 대변되는 위치 추적 장치를 이용해서 최고 인기 애니메이션 '포켓몬'의 캐릭터들을 포획하는 게임이다. 기술적으로 높은 수준은 아니지만, 컴퓨터와 미디어 안에 갇힌 기존 게임 포맷의 상식을 뛰어넘는 발상의 전환을 이루어냈다. 말하자면 게임의 지형을 바꾸어 놓은 것이다. <포켓몬 고>라는 게임이 우리에게 주는 가장 큰 충격 효과는 게임을 즐기는 라이프스타일의 변화이다. 기존 게임들은 실제현실과 가상현실을 구분해 가상공간에서의 특이한 체험을 극대화하는 전략을 꾀했다. <써든어택> 같은 1인칭 슈팅게임, <리니지>, <와우> 같은 온라인게임 등은 컴퓨터 스크린이라는 가상공간 안에서 생생한 플레이를 제공하지만, 그 자체가 현실공간은 아니다. 그런데 최근 인공지능과 유비쿼터스 기술이 급속도로 발전하면서 현실공간과 가상공간이 융합하는, 더 정확하게 말하자면 가상공간이 실제 현실 안으로 들어와 개인의 감각을 활성화시키고, 놀이의 체험을 극대화하는 현상이 두드러졌다. <포켓몬 고>는 이런 현상의 매우 단순하고 초보적인 사례라 할 수 있다.

나는 이러한 현상을 '서드라이프(Third Life)'라고 명명하고 싶다. '서드라이프'는 말 그대로 제3의 삶의 시대가 왔다는 뜻이다. 현실공간에서 물리적인 삶이 '퍼스트라이프'라고 한다면, 가상공간에서 허구적 삶은 '세컨드라이프'로 명명할 수 있다. 미국에서 한때 큰 인기를 얻었던 '세컨드라이프'라는 게임이 이에 해당한다. 실제 현실과 구분되어 인터넷 가상공간에서 집을 짓고, 가상의 애인과 결혼하고, 가상의 직장을 다니는 게임에 심취한 사람들은 대체로 현실 공간에서 만족하지 못한 삶을 가상공간에서 보상받고 싶어

한다. 그런데 서드라이프 시대는 가상공간이 제공하는 판타지 혹은 허구적인 대리만족을 현실 공간에서 체험하게 함으로써, 가상현실이 곧 실제 현실이 되게 하는 삶을 가능케 한다. 서드라이프는 현실공간과 가상공간이 어색하지 않게 연결이 가능한 초현실 사회의 라이프스타일을 창출한다. 최근 유행하는 '3D프린터' '홀로그램' '증강현실'을 활용한 놀이콘텐츠들은 라이프스타일의 문화 환경이 서드라이프로 이동하고 있음을 보여주는 사례이다.

서드라이프는 놀이콘텐츠만이 아니라 새로운 삶의 환경 자체가 변화하고 있음을 지시하는 말이다. 새로운 기술혁신이 개인 삶의 물리적 한계를 뛰어넘어, 그런 점에서 서드라이프는 4차산업혁명의 담론과 깊은 연관성을 가진다. 2016년 다보스포럼에서 4차산업혁명이 화두로 떠오르면서 다양한 정보통신 기술혁신과 그에 따른 시민의 일상 변화에 대해 많은 보고서가 쏟아지고 있다. 4차산업혁명의 시대에는 "생명안전, 인공지능, 산업자동화, 메이커운동, 사물인터넷, 빅데이터, 딥러닝, 스몰비즈니스, 원격의료서비스" 등이 각광받을 예정이다. 코로나19 국면에서 새로운 기술혁신으로 주목받았던 이른바 '메타버스' 역시 "가상공간의 현실 공간화"의 한 국면이라는 점에서 서드라이프의 한 기술과정이자 유행형식으로 간주할 수 있다. 메타버스는 기술의 발전이 만들어낸 새로운 가상공간의 테크놀로지라면, 서드라이프는 그러한 메타버스 공간이 출현하는 일상의 삶의 총체를 지칭한다. 이른바 4차산업혁명은 인류의 문명이 서드라이프라는 새로운 시대로 진입한다는 점을 강조한다.

현재 우리가 맞닥뜨린 흥미로운 여러 과제 가운데 가장 강력하고 중요한 문제는, 새로 등장한 과학기술 혁명을 어떻게 이해하고 만들어나갈지에 관한 것이다. 이는 인류의 변화를 수반한다. 오늘날 우리는 삶과 일, 인간관계의 방식을 근본적으로 변화시키는 혁명의 문 앞에 서 있다. 그 규모, 범위, 그리고 복잡성으로 미루어 볼 때, '제4차산업혁명'은 과거 인류가 겪었던 그 무엇과도 다르다. 우리는 이 새로운 혁명의 속도와 깊이를 아직 완전히 이해하지 못하고 있다. 수십억 인구가 모바일 기기로 연결되어 유례없는 저장 및 처리능력과 지식에 접근성을 가지게 될 때 발생할 무한한 가능성을 상상해보라. 인공지능, 로봇공학, 사물인터넷, 자율주행자동차, 3D 프린팅, 나노기술, 생명공학 등 폭넓은 분야에서 새롭게 부상하는 과학기술의 약진을 통해 이루어질, 믿기 어려울 정도의 엄청난 융합은 또 어떠한가? (중략) 제4차산업혁명이 분열적이고 비인간화되기보다는, 인간에게 힘을 불어넣고 인간이 중심이 되게 하는 것은 비단 특정 이해관계자나 부문, 지역, 산업, 문화가 할 수 있는 일이 아니다. 이 혁명의 근본적이고 글로벌한 특성은 모든 국가와 경제, 개인이 서로 영향을 주고 또 영향을 받는다는 것을 의미한다.6)

서드라이프의 시대에는 유비쿼터스 정보 기술과 생명공학 혁명에 따라 개인의 신체를 완전히 새로운 수준으로 끌어올릴 수 있는 환경이 조성된다. 그래서 '초감각지능산업', 이른바 가상현실 엔터테인먼트 산업과 창의적인 이야기가 가미된 유비쿼터스 헬스케어 산업이 발전할 것이다. 따라서 개인의 라이프스타일을 혁신적으로 바꿀 수 있는 개인의 인지적 역량과 일상적 놀이에 어떤 효과가 있는지, 미래 예측이 필요하다.

서드라이프 시대는 또한 '예술과 문화, 기술과 과학'이 통섭하여 새로운 초감각적 문화콘텐츠를 만들어낼 수 있어, 이러한 통섭적 환경이 주는 감각의 새로운 지평들을 고려해야 한다. 새로운 기술문화 혁명에 따라 기존의 문화콘텐츠 영역이 어떤 변화를 일으키고, 새로운 문화콘텐츠 산업이 어떻

6_ 클라우스 슈밥, 『클라우스 슈밥의 제4차 산업혁명』, 10-14. 이후 인용은 본문에 쪽수로 표시한다.

게 지배적인 영역으로 부상하고 이것들이 이용자들의 기술 감각과 콘텐츠 관여에 미치는 영향이 무엇일지에 대한 전망 연구가 필요한 것이다. 개인의 감각을 극대화하는 서드라이프의 시대는 책, 영화, 음악, 게임, 모바일, 메신저 커뮤니티와 같은 미디어 콘텐츠들을 전혀 다른 방식으로 경험하게 될 것이며, 그 체험이 그 자체로 가상이 아닌 현실이 될 것이다.

3. '서드라이프'의 기술문화 환경

서드라이프는 인간과 기계, 감성과 공학, 현실공간과 가상공간이 서로 융합해서 기존과는 차원이 다른 라이프스타일이 도래하는 세계를 압축적으로 설명하는 개념이다. 물리적인 실제현실과 허구적인 가상현실이 서로 융합하여 인간에게 새로운 감각의 세계를 열어줄 제3의 현실, 즉 서드라이프의 시대가 도래하는 것이다. 물론 이러한 삶은 모두 긍정적이지도 부정적이지도 않다. 인간과 기계가 공생하는 제2의 기계시대를 연구하는 사람들은 인류의 미래를 양가적으로 바라본다. 그들이 보기에 인류는 유토피아적이기도 하지만, 디스토피아적이기도 하기 때문이다. 에릭 브린욜프슨에 따르면, 우리는 "디지털기술에 힘입어 경이로운 발전을 거듭하는 시대에 살고 있"는 것은 분명하다. 그래서 유비쿼터스 컴퓨팅의 기술혁신이 인간에게 대단히 유익하고, 다양성이 증가하여 삶이 더 나아질 것으로 전망할 수 있다. 그러나 다른 한편으로 "디지털화로 인해 지술자동화로 인해 기술격차, 노동자의 감소"를 경험할 수 있다.[7] 서드라이프가 긍정적이든 부정적이든 어쨌든 과거보다는 훨씬 스마트한 환경을 맞이한다는 것은 분명한 사실이다. 그

7_ 에릭 브린욜프슨, 앤드류 맥아피, 『제2의 기계시대』, 이한음 역, 청림출판, 2014, 15-17.

렇다면 어떤 일상의 환경을 맞이할까?『4차산업혁명—세상을 바꾸는 14가지 미래기술』이란 책에서 이러한 인간의 일상의 급격한 변화에 대해 자세하게 설명하고 있는데, 이는 서드라이프의 기술문화 환경을 잘 설명해주고 있다. 이 책의 내용을 기반으로 몇 가지 중요한 환경을 설명하면 다음과 같다.

첫째, 정보통신의 더 놀라운 혁신의 결과로 우리 사회가 초연결 사회(hyper-connected society)로 진입할 것이라는 예상이다. 이미 우리는 5G의 시대를 경험하고 있다. 한국의 유력 통신사들도 5G의 시장을 선점하고자 기술전쟁, 홍보 전쟁을 벌이고 있다. 1세대 통신이 음성 중심의 통신이고, 2세대 통신이 문자와 데이터전송이 중심이라면, 3세대 통신은 영상통화가 가능하고 모바일 콘텐츠를 단시간에 다운로드할 수 있는 기술 역량을 보유했다. 지금 우리가 범용화하고 있는 4세대 통신은 무선인터넷 접속, 빠른 전송속도를 기반으로 하는 스마트폰 시대이다. 앞으로 주류가 될 5세대 통신은 LTE 시스템보다 전송속도가 100배 이상 빠르고, 1000배 이상 많은 데이터를 전송할 수 있어, 모바일 통신에 3D입체 영상과 VR의 도입이 가능해질 것이다.[8] 통신기술의 혁명적 진보는 좀더 생생하고 좀더 입체적인 콘텐츠의 소비와 다층적인 커뮤니케이션을 가능케 한다. 통신기술의 혁명은 현실 공간이 더 확장되고, 감각의 세계가 더 넓어지고, 지각하는 능력이 활성화하는 데 기여한다. 기술혁명으로 인한 인간의 위치는 인간의 감각, 지각, 감성의 역능의 확장과 그러한 인간들의 사회적 관계의 장의 생성이라는 잠재성을 부여받고 있다. 인간의 위치는 이러한 역능의 확장의 조건 속에서 사회적 구성의 장 안에 "인간과 인간, 인간과 사물, 인간과 기계, 인간과 정보"

8_ 한국경제TV 산업팀, 『4차산업혁명 – 세상을 바꾸는 14가지 미래기술』, 102-104 참고.

사이의 관계를 재위치시킨다.

둘째, 4차산업혁명을 말할 때 항상 거론되는 것은 사물인터넷(physical internet)이다. 사물인터넷은 사람과 사람을 연결했던 기존 인터넷 망을 사물과 사물로 연결해주는 것을 말한다. 사람의 개입이 없이 정보의 상황을 실시간 온라인으로 공유하기 때문에 사물인터넷은 일상에 큰 변화를 몰고 올 것이다. 사물인터넷은 지구상의 모든 사물을 대상으로 한다. 사람들이 주머니에 넣고 다니는 스마트폰에서부터, 신체에 착용하는 안경과 시계, 가정 및 사무실에 존재하는 각종 사물, 자동차, 그리고 나아가서는 거리에 존재하는 사물들까지 모두 포함될 수 있다. 사물인터넷 시스템을 활용한 모바일 통신사들도 변화가 생겨날 것으로 예상할 수 있다. 과거에 통신은 사람과 사람의 통신을 기본 전제로 했지만, 사물인터넷이 상용화되면서 사물과 사물, 사람과 사물의 통신이 가능해졌다. 사물인터넷 시스템을 활용하여 배송 서비스 기술도 급격하게 변모할 수 있다. 예컨대 대표적인 글로벌 배송기업인 페덱스는 '센스어웨어(Sense Aware)'라는 프로그램을 개발하여 센서를 통해 배송의 전 과정을 연속적으로 관리할 수 있다. 배송함에 스타트 센서를 부착해서 배송과정을 사람의 개입 없이 관리할 수 있게 되는 것이다.

셋째, 개인 일상의 스마트화이다. 유비쿼터스 헬스케어(ubiquitous healthcare)와 스마트홈 시스템(smart-home system)이 대표적이라 할 수 있다. '위딩스(Withings)'라는 디지털 헬스케어 기업은 와이파이를 내장한 스마트 체중계를 통해 사용자의 체지방량, 근육량 지수들을 자동으로 저장해 스마트폰 웹을 통해 서비스한다. 우리 몸의 건강 상태, 생체리듬, 심리적 상태를 정보화해서 개인들에 가장 적합한 맞춤형 서비스를 하는 것이다. 가령 어떤 사람의 바이오리듬을 실시간으로 체크할 수 있는 데이터 기계들을 몸에 장착하면, 그 사람의 심리적 상태에 따라 가장 적합한 음악을 제공하거나, 그림이나 영상을 제공할 수 있다. 육체적인 건강뿐 아니라, 정신적인 건강을 자동 체크하는 것이다. 가령 유비쿼터스 무선 환경을 활용해 날씨, 환경, 생태 정보를 일상적으로 제공해준다. 집과 일상의 기기들이 정보에 맞게 자동으로 셋업되고 사회적 관계망을 통해 날씨와 교통정보가 개개인에게 지금보다 훨씬 정확하게 전달된다. 우리 몸이 데이터화된 신체로, 스마트한 정보의 대상으로 변환되는 것이다.

스마트홈 시스템은 이미 우리의 일상에 깊숙이 들어와 있다. 가전, 조명, 에너지 관리, 네트워크, 보안, 냉난방, 환기, 홈엔터테인먼트 등이 자동 정보 장치의 도움으로 개인들에게 서비스된다. 가정용 로봇이 집에 사람이 없더라도 자동으로 집안일을 하고 이 정보를 집 밖에 있는 주인에게 전달해준다. 안면인식, 동작인식, 음성인식 뇌파인식을 통한 스마트 상호작용 기술을 활용해 가정에서의 모든 일이 사람의 개입 없이 자동으로 처리된다. 사람이 해야 할 일들을 기계와 정보, 로봇이 대신하는 세상이 도래한 것이다.

마지막으로 정보 커뮤니케이션의 가상현실화이다. 특히 사회관계망(SNS)의 정보 커뮤니케이션 환경에 가상현실이 본격 도입되고 있다. 2014년 3월 페이스북은 대표적인 VR 업체인 오큘러스(Oculus)를 인수했는데, 이는 SNS 커뮤니케이션에 가상현실 기술을 본격적으로 도입하기 위해서이다. 페이스북의 이러한 시도로 인해 가상현실의 구현은 VR 헤드셋에서 VR 플랫폼으로 이행하고 있다고 볼 수 있다.[9] VR 헤드셋에서 VR 플랫폼으로의 이행은 커뮤니케이션 플랫폼 자체가 가상현실로 진화한다는 것을 의미한다. 나아

9_ 다음의 인용문을 참고하기 바란다. "가상현실은 차세대 비즈니스이자 컴퓨팅 플랫폼으로서 거대한 애플리케이션 및 콘텐츠 생태계를 창출할 전망이다. 소프트웨어 업체와 콘텐츠업체의 입장에서는 엄청난 시장이 기다리고 있다. 하드웨어 업체에게도 가상현실 시장은 몹시 중요하다. 현실 환경과 흡사한 가상공간을 제공하기 위해서는 UHD 수준의 고해상도 디스플레이와 실시간으로 3D 오브젝트를 처리할 수 있는 강력한 컴퓨팅 파워가 필요하기 때문이다"(『4차 산업혁명 – 세상을 바꾸는 14가지 미래기술』, 329).

가 커뮤니케이션 자체가 가상현실의 공간으로 이행하면서 더 입체적이고 오감을 자극할 수 있는 소통이 가능해질 것이다. 이것은 가상현실이라는 플랫폼을 거치지 않는 가상현실, 즉 일상에서 자연스럽게 가상현실의 실감을 느낄 수 있다는 점에서 허구나 거짓의 공간이 아니라, 감각이 활성화되는 새로운 현실, 즉 제3의 현실이 도래하는 것으로 볼 수 있다. 개인이 영화의 스크린 안으로 들어가고, 게임의 캐릭터가 되어 온라인 공간을 실제의 공간처럼 휘젓고 다니는 것을 가상의 현실을 체험하는 일시적인 순간으로 볼 게 아니라 그냥 새로운 현실의 일부로 보아야 할 것이다. 그것이 가령 우리가 일상적으로 사용하는 커뮤니케이션 시스템 안으로 상용화할 경우 특별히 가상현실은 실제 현실과 구별되지 않고 새로운 현실의 구성요소가 되는 것이다. 단지 인간의 감각이 그동안 느끼지 못했던 새로운 차원으로 이동하는 것일 뿐이다.

서드라이프는 이러한 기술 환경의 변화로 인해 자연스럽게 바뀔 수밖에 없는 개인의 라이프스타일을 말한다. 다시 한번 강조하지만, 서드라이프는 기술 환경의 변화를 말하는 게 아니라, 그 환경 변화로 개인의 일상이 어떻게 바뀌는가를 말하고자 한다. 서드라이프라는 개념이 4차산업혁명이라는 개념과 무관하지 않지만, 근본적으로 다른 것은 그러한 산업혁명이 가져다줄 인간의 삶의 변화, 좀더 구체적으로 말하자면 일하고, 놀고, 즐기고, 만나고, 먹고 마시는 일상의 라이프스타일의 변화에 주목한다는 점이다. 한국에서 4차산업혁명 담론은 개인의 라이프스타일의 변화에는 별다른 관심이 없다. 그저 과학기술이 얼마나 발전할 것인가, 경제체제는 어떻게 바뀔 것인가에만 관심이 있다. 과학기술 혁명에 대한 관심도 어찌 보면 경제발전에 도움이 되는 것만을 골라서 관심을 가진다. 페이스북이나 인스타그램이 개인들의 커뮤니케이션을 어떻게 변화시켰는지에는 별다른 관심이 없고, 다만 이러한 차세대 커뮤니케이션 기업들이 어떤 기술을 개발했고, 그래서 돈을 얼마나 벌었는지에만 관심을 보이는 것이다. 중요한 것은 기술혁신과 경제발전 그 자체가 아니라 그러한 것들이 인간 일상의 삶에 얼마나 이로운가 하는 것이다. 일상의 삶을 이롭게 하는 기술혁신을 좀더 적극적으로 사유하기 위해 예술과 기술의 통섭에 대한 깊은 성찰이 요구된다. 일상의 라이프스타일의 가치가 좀더 감성적이고 감각적인 유희를 중시하려면, 예술과 기술의 통섭이 주는 새로운 미학적인 세계에 대해 논의할 필요가 있기 때문이다.

4. 예술과 테크놀로지 융합의 미학적 특성들

근대 시대에 예술은 사운드, 이미지, 텍스트라는 구체적인 재현의 형태로 분리되어 독립적인 장르로 발전했다. 사운드는 음악, 이미지는 미술, 텍스트는 문학이라는 구체적인 분과 장르로 발전을 했다. 그런데 탈근대적인 예술은 근대 예술장르의 개념이 해체되어 서로 다른 예술 형식들이 융합하고, 테크놀로지와 접목하여 재현의 엄격한 경계를 넘어서고자 한다. 이러한 탈근대적 예술의 패러다임을 설명해주는 토픽으로 아서 단토(Arthur Danto)는 '예술의 종언'[10]을, 움베르토 에코(Umberto Eco)는 '열린 예술작품의 시대'[11]를 언급했다.

탈근대 예술의 가장 두드러진 경향 중의 하나가 예술과 기술의 융합이다. 근대에서 완전히 분리되었던 예술과 기술이 탈근대 시대에 와서 다시 융합하는 현상은 어떤 점에서 예술과 기술이 하나의 의미로 쓰인 고대 예

10_ 아서 단토, 『예술의 종말 이후』, 김광우, 이성훈 역, 미술문화, 2004.
11_ 움베르토 에코, 『열린 예술작품』, 조준형 역, 새물결, 2006.

술의 시간으로 회귀하는 느낌이다. 물론 지금 말하는 예술과 기술의 융합은 고대 예술의 개념과는 차원을 달리한다. 그것은 예술 안의 기술적 요소들과 기술 안의 예술적 요소들이 융합하기보다는 예술과 기술이라는 서로 다른 두 개의 문화가 융합해서 제3의 문화를 생산하는 것을 의미한다. 예술과 테크놀로지의 융합은 통합의 의미보다는 생성의 의미가 더 어울린다. 미디어 아트, 네트워크 퍼포먼스, 하이퍼텍스트, 로보틱 아트, 인터랙션 디자인 등은 예술과 기술은 원래 하나였다는 것을 증명하기보다는 예술과 기술이 만나서 새로운 예술을 창조하는 제3의 예술이 탄생했음을 알리는 사례들이라 할 수 있다. 테크놀로지의 관점에서 그것은 제3의 기술혁명으로도 볼 수 있겠다.

예술의 관점에서 논의하면, 예술과 테크놀로지의 융합은 제3의 예술로 정의할 수 있다. 제3의 예술을 굳이 설명하자면 근대 이전 예술과 테크놀로지가 하나로 통합되던 시대의 예술을 제1의 예술이라고 할 수 있고, 예술과 테크놀로지가 분리되는 근대 시대의 예술을 제2의 예술로 정의할 수 있다. 그리고 서로 분리된 예술과 테크놀로지가 다시 융합하는 탈근대 시대의 예술을 '제3의 예술(the third arts)'로 정의할 수 있다. 예술과 테크놀로지의 융합은 예술과 테크놀로지의 통합과는 다른 의미이다. 그것은 서로 다른 영역들의 교차, 마주침, 교합이라고 할 수 있다. 각자의 완전한 두 문화의 세계가 스파크를 일으킨다고나 할까, 미디어아트와 멀티미디어는 다른 차원의 세계이다. 마찬가지로 로봇예술은 로보틱스와는 다른 차원의 세계이다. 네트워크 퍼포먼스가 인터넷 공간을 이용한다고 해서 그것을 사이버공간으로 일반화할 수는 없다. 예술과 테크놀로지의 융합을 '제3의 예술로 보려는 것은 원래 예술과 기술은 하나였다는 진리를 상기하는 것이 아니라, 지금 진화, 혹은 진보하는 예술의 존재와 특성을 간파하기 위함이다. 물론 제3의 예술이라는 말을 근거 없이 함부로 사용해서도 안 되긴 하지만 말이다.

이제 제3의 예술의 미학적 특성을 몇 가지 개념으로 설명하고자 한다. 첫째, '예술의 혼종화(hybridization)'이다. 예술 장르 사이의 융합 현상은 19세기에 형성된 분과예술 간의 경계가 허물어지면서 각각의 영역이 다른 영역에 영향을 주고 결합하는 복합적 현상을 지시한다. 이는 저속한 것으로 간주하던 대중예술들이 순수예술 장르와 결합하거나, 서로 분리되었던 순수예술 장르들이 서로 영향을 주고받으며 새로운 장르를 형성하는 현상을 함축한다. '예술의 혼종화'는 기존의 장르에 포함하기 어려운 새로운 장르들을 탄생시켰다. 예를 들어 현대의 퍼포먼스는 사진, 영상, 음악, 연극, 무용, 건축의 요소들을 미술에 결합하여 관람객의 경험을 이끄는 환경을 구성한다. 음악의 퍼포먼스는 극적인 서사 체계를 가지며, 현대무용은 서양과 동양을 넘나드는 미디어아트를 퍼포먼스 안에 적극 도입한다. 문화디자인은 공연 포스터를 제작하는 홍보의 수단이 아닌 공연 그 자체를 '디자인'하는 메타적인 의미로 확장된다. 예술의 융합 현상은 '하이브리드 예술(hybrid arts)' '트랜스 예술(trans arts)' '퓨전 아트(fusion arts)'라는 새로운 용어들을 탄생시켰다. 그러한 예로서 기존의 예술 장르 간의 벽이 허물어지면서 댄스 시어터, 뮤직드라마, 비주얼 퍼포먼스가 생겨나고, 예술과 예술 외적 요인이 결합되는 홀로그램 아트, 바이오 아트, 나노 아트, 사이보그 아트가 탄생한다. 한편으로는 제3세계 민족음악의 양식들이 서양의 대중음악과 결합하는 월드뮤직이 각광을 받기도 한다.[12]

두 번째 특징은 '예술의 디지털화(digitization)'이다. (인공지능) 예술의 융합은 19세기 식의 완결된 1인 '마에스트로'를 생산하는 방식에서 다양한 주체

12_ 이동연, 「예술교육의 패러다임 전환과 새로운 실천방향」, 『현대사회와 예술/교육』, 커뮤니케이션북스, 2007.

들이 예술 창작에 공동으로 결합하는 '집합적 창작(collective creation)'을 자연스럽게 했다. 이러한 융합 창작과정이 가능한 것은 디지털화가 가속되었기 때문이다. 디지털화는 1980년대 작가들에게 개인용 컴퓨터가 접근 가능해지면서 컴퓨터의 이런 발달과 함께 가속화되었다. 컴퓨터와 예술의 만남은 포스트모던 문화의 한 양상이라 할 수 있다. 포스트모던 문화는 '저자의 죽음' '텍스트로서의 작품' '독자의 권리'를 강조했다. 컴퓨터로 인한 자율적 글쓰기, 독자의 자발적 참여 현상들은 디지털문화 형성에 큰 영향을 주었다. 열린 예술작품인 디지털 매체 예술은 수용자에게 많은 공감각을 요구하기 때문에, 다양한 지각이 가능하며 이전의 예술체험과는 다르게 감성적 지각 체험이 가능하게 되었다.[13]

예술에서 디지털 혁명은 단순히 작업과정의 단순화, 작업 결과의 대용량화를 의미하는 것이 아니다. 그것은 예술에 대한 사유 체계의 변화와 창작물의 존재론적 변화에 대한 근본적인 질문을 던지게 해준다. 예술의 디지털화는 컴퓨터의 대중화, 인터넷의 일상화에 기인한 것이다. 고도의 특수한 기술이 필요한 거대하고 다루기 어렵고 비싼 기계였던 컴퓨터가 오늘날 우리에게 친근하게 여겨지게 된 것은 전적으로 1980년대 개인용 컴퓨터, 이른바 PC의 시대가 오면서부터이다. 대부분 냉전 시대의 필요로 개발된 리얼타임 그래픽 컴퓨팅과 디지털 네트워크는 컴퓨터 산업 전반을 변형시켰으며, 퍼스널 컴퓨터와 인터넷 같은 미래의 발전상, 더 나아가 디지털 문화의 미래 모습의 터전이 되었다.[14]

디지털화는 예술의 재료들을 데이터로 만들어버린다. 아니 차라리 디지털화된 데이터가 예술 재현의 재료가 된다는 말이 더 적절할 것 같다. 가령

13_ 심혜련, 『사이버스페이스 시대의 미학』, 살림, 2006, 127.
14_ 찰리 기어, 『디지털 문화』, 임산 역, 루비박스, 2006, 101.

영화에서 컴퓨터그래픽 기술은 현실공간에서 구현할 수 없는 가상의 세계를 만들어내는데, 이 가상의 세계를 만들어내는 것들은 모두 데이터로 구현된다. 데이터가 예술 재현에 있어서 중요한 요소로 작용한다. 화려한 가상현실들은 모두 데이터의 집합적 축적과 배치의 결과이다. 디지털화는 또한 예술의 재료뿐 아니라 물리적 시공간을 해체한다. 대표적인 것이 하이퍼텍스트와 네트워크 퍼포먼스이다. 하이퍼텍스트는 무수히 많은 인터넷 이용자가 참여하여 작품을 만들 수 있고, 저장을 어떻게 하느냐에 따라 수많은 버전으로 남을 수 있다. 하이퍼텍스트의 세계에서는 작가와 독자의 경계가 사라지고, 누구나 작가이자 독자가 될 수 있다. 네트워크 퍼포먼스는 초고속 인터넷 연결망으로 서로 다른 시공간에서 하나의 공연을 만들 수 있는 것을 말한다. 물리적 극장에서 공연을 보았던 관객들도 인터넷을 통해 언제 어디서든 공연을 관람할 수 있다. 서울과 뉴욕을 실시간으로 연결하는 네트워크 퍼포먼스는 물리적 극장의 시공간을 인터넷 공간으로 확장시킨다.

세 번째 특징은 '예술의 편재성(ubiquitousness)'이다. (메타버스) 예술의 디지털화는 테크놀로지를 사용함으로써 예술이 표현할 수 있는 영역의 한계를 뛰어넘는다는 의미를 담고 있다. 인간의 생물학적인 몸이나 고전적인 악기만으로는 표현할 수 없는 것을 센서 테크놀로지나 컴퓨터그래픽을 활용해서 표현한다. 이러한 기술적 도구들의 도움으로 예술의 실천은 미학적 전위성을 획득할 수 있다. 예술이 표현할 수 있는 시간과 공간의 한계를 넘어서는 디지털 예술의 편재성 역시 예술-기술 융합의 특별한 미학적 특성이다. 예술의 편재성에 대한 미학적 탐구는 특히 미디어아트 이론가 에스콧(Roy Ascott)의 '텔레마틱 이론(telematic theory)'을 통해서 구체화되었다. "'텔레마틱스'는 데이터 처리 시스템과 원격센서 장비, 큰 용량의 데이터 뱅크 등을 통하여, 연결되어 지리적으로 멀리 떨어진 개인이나 조직을 연결하는 전화나 케이블, 위성 등이 컴퓨터에 의해 중개되는 커뮤니케이션 네트워크를 의미한다."15) 텔레마틱 이론은 시공간을 초월해서 현존이 어떻게 가상의 공간과 같은 시간 안에서 공존하는가가 핵심이다.

마지막으로 이야기하고 싶은 것은 '예술의 상호작용성(interactivity)'이다. 요즘 유행하는 미디어아트나 네트워크 퍼포먼스에서 시도하는 많은 사례는 예술이 얼마나 많은 상호작용적인 가능성을 실현할 수 있는가에 집중하고 있다. 근대예술의 세계에서 작가의 세계관, 작품의 완결성, 재현의 진리는 모두 절대적인 가치를 갖기 때문에 작품과 독자 사이에 상호작용할 수 있는 여지는 많지 않았다. 설령 독자의 리뷰가 있더라도 그것은 작가의 작품의 완결성을 훼손할 수는 없다. 독서는 작가의 작품의 완결성의 비밀을 찾아가는 일종의 독법 행위에 불과하다. 그러나 탈근대 시대에 오면 작가와 작품은 이제 더이상 완결적인 존재성을 부여받지 못한다. 작가의 권위에 의문을 가하기 시작하는 것이다. 텍스트는 작가에 의해 완결된 것이 아니라 독자에 의해 재구성될 수 있다. 프랑스 기호학자 바르트(Roland Barthes)는 '읽는 텍스트(readerly text)'와 '쓰는 텍스트(writerly text)'를 구분했다. '읽는 텍스트'는 작가의 전유물인 텍스트를 독자가 단순하게 읽는 텍스트를 의미한다. 반면에 '쓰는 텍스트'는 독자들이 작가의 텍스트를 적극적으로 해석하고 재구성하는 텍스트를 의미한다. 예술의 상호작용성은 기술의 개입으로 작가와 독자, 작품과 관객 사이의 거리를 없애고, 독자와 관객의 반응이 텍스트의 의미를 재구성하거나 텍스트의 물질성을 변형시키는 상황을 가장 적절하게 설명해준다.

예술의 상호작용성은 예술과 기술의 상호작용, 창작자와 수용자의 상호

15_ 로이 에스콧, 『테크노에틱 아트』, 이원곤 역, 연세대학교 출판부, 2002, 53-54.

작용, 시간과 공간의 상호작용의 특성을 갖는다. 미디어아트의 경우 예술과 기술의 상호작용은 기술이 예술창작의 한계를 극복하는 수단이나 방법으로 활용된다. 센서기술이나 컴퓨터 자동제어 기술, 그리고 인터넷에서의 사이버공간의 출현은 예술작품들이 텍스트에 재현되는 가능성을 확장시킨다. 모나리자 그림이 자동지각 작용으로 살아있는 영상물로 전환하거나, 풍경화가 센서기술에 의해서 실용적인 지도 탐색장치로 전환하는 사례들은 예술의 재현 영역을 확장하는 상호작용적인 사례들이다.

지금까지 예술과 기술의 융합에 따른 제3의 예술의 미학적 특성들을 언급했다. 전위적인 예술이던, 상업적인 문화콘텐츠이던 이제 예술과 과학, 문화와 기술의 융합은 보편적인 현상이 되었다. 창조적인 기술진화는 예술의 진화를 앞당기고, 예술의 전위적인 상상력은 기술과의 적극적인 만남을 원한다. 예술 아방가르드에서 미디어아트, 그리고 첨단 문화콘텐츠에 이르기까지 예술과 기술의 창조적인 만남은 계속될 것이다. 예술과 테크놀로지의 융합은 예술의 상업적 경계도 모호하게 만들어버린다. 예술의 창조성과 상상력이 기술과 만나 새로운 형태의 문화콘텐츠로 변신하기도 한다. 특히 사물인터넷, 유비쿼터스 헬스케어, 3D 프린터, 가상현실과 인공지능, 스마트 기술 환경 등은 예술의 창조성을 다양하게 변형시켜, 다른 차원의 엔터테인먼트로 전환하도록 해준다. 그런 점에서 4차산업혁명으로 명명되는 몇 가지 기술혁신의 현상들은 예술의 미래에 큰 영향을 미칠 것으로 예상된다.

5. 예술과 테크놀로지의 만남-새로운 현상들

사실 예술과 테크놀로지는 같은 기원을 가지고 있다. 예술과 테크놀로지가 원래 같은 뿌리에서 나왔다는 것은 두 단어의 뜻을 보아도 알 수 있다. 주지하듯이 예술은 영어로 아트(art)인데, 이 단어는 기술이라는 의미를 가지고 있다. 미국의 저명한 사회심리학자 프롬(Erich Fromm)의 대표적인 저서 『사랑의 기술』의 영어 원제목은 "*The Art of Love*"이다. 누군가가 지하철에서 엄청난 손가락 기술로 문자를 보낼 때, 속으로 "야, 이건 예술이야"라고 외치는 것은 예술이 기술과 무관하지 않다는 것을 알게 해준다. 최고의 기술은 최고의 예술과 통하는 법이다. 반대로 테크놀로지의 어원이 되는 '테크네(techne)'는 라틴어로는 '아르스(ars)' 즉, 예술이라는 의미이다. 아리스토텔레스는 『시학』에서 모방하여 쾌락을 얻는 테크네(기술)를 예술이라고 정의했다. 기술은 사물을 제작하는 기술, 즉 포이에시스(poiesis)라고 일컫는데, 이 포이에시스 역시 시(poet)의 어원이 된다. 말하자면 사물을 제작하는 것은 창작으로서 기술적인 측면과 미적인 측면들을 동시에 포괄한다. 아리스토텔레스, 레오나르드 다빈치 모두 예술가이자 과학자이기도 했는데, 이들에게 예술과 기술은 하나로 귀결된다.

예술과 기술이 구별되기 시작한 것은 근대에 오면서부터이다. 이른바 르네상스와 휴머니즘의 시대에 오면 사회는 전문 영역으로 분화되기 시작한다. 수사학은 문학의 형태로 진화하고, 예술로 통칭되던 것도 음악, 시각예술, 문학, 즉 사운드, 이미지, 텍스트로 분화되고, 과학은 인문과학, 자연과학, 사회과학으로 분화된다. 근대 시대에는 이른바 학문의 구체적인 전공 분야가 생기고, 지식과 담론은 하나의 체계를 이루면서 세부영역으로 분류되는 게 일반적인 과정이다. 근대의 세계는 어떤 점에서 인간 오성의 힘을 신뢰하면서 사회를 체계적으로 발전시키기 위해 사회의 구성요소를 분류하는 시대라고 볼 수 있다. 이른바 근대 시대의 '국민-국가(nation-state)'도 종족별로 민족별로 뒤엉켜져 있는 것을 국가라는 경계로 서로 분류한 결과라 할 수 있다.

그러나 19세기 말에서 20세기 초에 이르면 인간의 이성과 과학의 합리성에 의해 잘 굴러갈 것 같았던 세상이 큰 위기에 처한다. 막강한 권력을 가진 제국주의가 탄생하면서 힘의 균형이 깨지고, 식민지를 수탈하는 전쟁이 일어나게 된다. 근대를 지배했던 인간의 이성적 합리성이 몰고 간 최종 지점은 세계대전이었다. 근대의 체계적 분류체계에도 균열이 생겨나고, 이성과 감성, 인간과 자연, 서양과 동양 사이의 명증했던 구분은 점차로 모호해지기 시작한다. 새로운 기술혁명이 일어나면서 세계의 지리적 거리감이 줄어들고, 예술가의 완결성을 신뢰하던 부르주아 예술에도 위기가 찾아온다. 예술의 진리, 작품의 완결성, 예술 장르의 경계가 흔들리기 시작하는 것이다. 사진, 영화와 같은 기존에 예상하지 못했던 예술 장르가 등장하고 새로운 기술혁신이 분과적인 근대예술의 장을 해체하려 들고, 1950- 60년대 팝 아방가르드 운동과 플럭서스 운동을 통해서 예술과 기술이 좀더 적극적으로 융합하는 계기들이 만들어진다.

　　21세기에 예술과 기술의 융합은 1960년대 이후 현대미술에서 본격적으로 시도되었던 미디어아트가 주도하고 있지만, 최근에는 공연예술 분야에까지 확대되고 있다. 현대무용이나 실험적인 음악극은 첨단 디지털 테크놀로지를 활용해서 연기자의 몸과 이미지가 실시간으로 상호작용하는 장면들을 연출하고 있다. 인터넷이나 위성을 연결해 서로 다른 공간에서 연주되고 있는 공연을 하나의 작품으로 통합하는 네트워크 퍼포먼스도 증가하고 있다. 가장 보수적인 전통예술 공연 양식에서 미디어아트와 첨단기술이 연계된 작품들이 2008년부터 꾸준하게 무대에 소개되었다. 대표적으로 연세대학교 김형수 교수가 연출한 2007년의 '거문고 명인 고 한갑득 20주기 추모 공연'(예약당), 2006년 공연 <감고소리 하날께 바치올제>에서 거문고 산조 합주와 김효진의 춤의 상호작용적 퍼포먼스가 있었다. 2009년 12월 광화문

광장에서 서울의 빛 축제 프로그램 중 하나였던 <태평무-미디어아트 퍼포먼스> 등도 대표적인 미디어아트를 사용한 공연이다. 2009년 한국예술종합학교 U-AT 랩 소속 악가무 랩에서 제작했던 한국예술종합학교 전통예술원과 미국 스탠포드 대학의 랩탑 오케스트라와의 실시간 네트워크 퍼포먼스 공연 <천지인>은 큰 호평을 받았다. 또한 2010년에 김덕수의 사물놀이와 3차원 홀로그램 기술 장치가 결합한 <디지로그 사물놀이-죽은 나무 꽃 피우기>, 2019년 한국문화예술위원회의 "아트엔디지털테크 창작지원 선정작 10편의 공연", 2020년 미디어아트와 굿이 결합한 <비손>, 2023년 '경기시나위오케스트라' <디오니소스 로봇>도 대표적인 예술-기술 융합 공연 사례이다.

앞서 사례로 제시한 전통예술 분야의 공연뿐만 아니라 서커스와 연극을 융합한 넌버벌 퍼포먼스나, 화려한 무대전환이 필요한 뮤지컬 공연에서도 첨단 무대기술 장치를 활용하여 보는 재미를 더해 준다. 공연예술 분야에서의 이러한 융합 사례들은 근본적으로 예술의 창작 패러다임의 변화와 그것의 배경이 되는 디지털 문화의 혁신에 기인한다. 영화, 대중음악, 게임과 같은 문화콘텐츠 분야에서도 예술과 기술의 융합 현상들이 두드러지게 나타나고 있다. 영화 <아바타>에서 보여준 새로운 촬영기법과 컴퓨터그래픽 기술은 영화와 현실의 경계를 허물 정도로 정교한 영상미학을 보여주었다.16) <와우WOW>, <블래이드 앤 소울>과 같은 '다중접속롤플레잉게임

16_ 영화 <아바타>의 시각기술을 가능하게 했던 오토데스크의 DEC 소프트웨어는 영화 제작시 사전 시각화 기술을 감독과 전체 제작진에게 제공해 주는 솔루션 소프트웨어 프로그램이다. 이 중에서 '오토데스크 모션빌더(Autodesk MotionBuilder)'와 '오토데스크 마야(Autodesk Maya)'는 <아바타>에서 스토리텔링과 관객들의 몰입형 경험을 극대화하는 데 핵심 소프트웨어로 쓰였다. 3D 전문가들에 따르면 '오토데스크 모션빌더'는 기존 라이브 액션 촬영 방식을 넘어서 배우의 행동을 미리 만들어 디지털 캐릭터로 보여주기 때문에 배우와 제작진들 간의 의사소통 및 완성도 높은 영상을 제작하는 데 반드시 필요한 핵심 기술이다.

(MMORPG)'은 게임 그래픽 수준이 미디어아트의 경지를 구현할 정도로 예술적 완성도가 높다. 그래픽 수준이 높은 최근 온라인게임은 미디어아트 텍스트로 간주해도 손색이 없을 정도로 뛰어난 서사적 깊이와 시각적 입체감을 자랑한다. 최근 아이돌 그룹들의 공연은 홀로그램, 입체조명, 다중적인 무대전환 장치들을 사용해서 첨단 퍼포먼스를 보여주고 있다. <포켓몬 고>와 같이 증강현실을 활용한 게임콘텐츠가 대중들로부터 큰 사랑을 받았고, 소설을 쓰는 인공지능 작가도 출현했다. 로봇이 무용수를 대신해서 춤을 추고, 유비쿼터스 헬스케어(ubiquitous healthcare) 기술혁신으로 우리의 일상에서 사람의 감정 상태에 맞게 음악과 빛과 영상을 제공하는 맞춤형 감성 서비스가 상용화되고 있다.

문화기술의 발전으로 문화콘텐츠에 새로운 혁신기술이 접목되기 시작했다. 먼저 언급할 것은 3D 입체영상 기술이 다양한 매체로 확장되고 있다는 점이다. 3D는 주로 영화관 관람이나 퍼포먼스에서 사용되었지만, 지금은 TV, 홈 비디오나 게임과 모바일로 확장되고 있다. 3D 입체 기술이 디지털 매체에 광범위하게 적용된 데에는 제임스 캐머런 감독의 <아바타>가 화려한 입체 영상 기술로 전 세계에서 역대 흥행 기록을 갱신하며, 27억 달러라는 최고의 수입을 올리면서부터이다. <아바타>의 성공으로 입체 영상이 영화를 넘어 게임, 비디오, 모바일 등 엔터테인먼트 미디어 플랫폼 전반으로 확산되었다. 3D 기술을 활용한 게임기로는 일본 닌텐도의 '닌텐도 3DS'가 발매되었고, 모바일로는 '에보(Evo) 3D' '옵티머스 3D' 등 2종의 스마트폰이 개발되었다. 닌텐도는 메이저 게임업체 캡콤(Capcom)의 대표 게임 프랜차이즈인 <슈퍼 스트리트 파이터 4 3D>(Super Street Fighter IV 3D)와 일렉트로닉아츠(EA)의 미식축구 게임 <매든 NFL 풋볼>(Madden NFL Football) 등을 출시하여 큰 인기를 얻었다. 또한 모바일 3D 기기는 무안경(Auto-Stereoscopic)[17]

으로 3D 효과를 감상할 수 있도록 설계되어 이동 중에 자유롭게 입체 화면을 즐길 수 있게 되었다.

한편으로 IT 기술과 문화예술 커뮤니케이션이 만나는 사례들도 늘어나고 있다. 예컨대 미국의 대표적인 IT 회사인 인텔(Intel)과 글로벌 매거진 사업자 바이스(VICE)가 공동으로 만든 '크리에이터 프로젝트(the Creators Project)'는 다양한 분야에서 활성화되고 있는 미디어아트를 발전시키는 프로젝트이다. 이 프로젝트는 디지털 기술을 통해서 예술의 창의성과 감수성을 대중들에게 더 많이 알리고, 국가 간 서로 분리되어있는 미디어아트나 미디어아티스트들을 연결하는 것을 주요한 목적으로 삼고 있다. 주로 서로 다른 미디어아티스트들이 활동할 수 있도록 온라인 채널을 만들고, 혁신적인 미디어 콘텐츠를 만들기 위해 작업공간을 제공하는 역할을 하고 있다.

인간의 신체와 테크놀로지가 결합하여 새로운 형태의 시각적, 촉각적 경험을 할 수 있는 휴먼 디바이스 인터랙션(Human Device Interaction) 기술 개발로 인지적 문화콘텐츠들이 상용화되고 있다. 휴먼 디바이스 인터랙션 기술은 인간과 디지털 기기 간의 상호작용에 기반한 기술을 의미하며, 각종 센서, 컴퓨팅 파워, 인터페이스 기술의 발달로 최근 인간과 디지털 기기 간의 스마트한 상호작용이 가능해지고 있다.[18] 대표적인 기술이 신체에 디지털 센서를 부착할 수 있는 다양한 형태의 부착용 콘텐츠(wearable contents)와 평면에서 입체적인 시각성을 즐길 수 있는 증강현실(augmented reality), 그리고 요즘 모바일에 일반적으로 사용하고 있는 초고속 무선 데이터 통신기술인 LTE(long term evolution) 등이다. 이러한 기술들은 인간과 기술 사이의 다양

17_ 무안경 기술은 디스플레이 공간에서 시점의 방향을 조절함으로써 좌우 영상을 분리하는 원리로, 현재 모바일 3D 단말에 적용중에 있다.

18_ 한국콘텐츠진흥원, 『CT 인사이트』, 2012년 12월호 참고

한 상호작용의 잠재성을 높였고, 인간의 오감 체험을 더욱 실감나게 만들었다. 예컨대 몸에 센서를 부착하여 입체영상을 볼 수 있거나 다중감각적인 센서가 달린 안경을 부착하여 영상 및 사진 촬영을 할 수 있고, 전자책에서 책의 내용에 부합하는 입체적 공간을 구성하는 기술들은 이제 우리 일상에서 친밀할 장치들이 되었다.

이러한 문화-기술적인 융합은 새롭고 신기한 콘텐츠들을 만들어내지만, 사실 그 자체만으로 인간을 감동시키기에는 부족하다. 문화-기술의 새로운 기술들 안에 예술적인 감각이나 감동을 줄 수 있는 서사나 콘텐츠의 결합이 없이는 문화-기술의 새로움만으로 미래 문화콘텐츠의 경쟁력을 확보하기는 어렵기 때문이다. 문제는 예술적 창의성과 상상력이다. 예술과 과학, 문화와 기술이 융합해서 생겨난 첨단 문화콘텐츠는 최근 논쟁이 되는 4차산업혁명과 예술의 진화는 밀접한 관계가 있음을 알려주는 사례들이다.

6. 서드라이프, 예술보다 더 예술적인

앞서 설명한 서드라이프는 인공지능과 사물인터넷 시대에 인간의 배제와 소외를 극복하고자 하는 개념이라 할 수 있다. 2024년 한국노동연구원 개원 36주년 기념 세미나에서 인공지능시대 국내 취업자 중 9.6%가 인공지능으로 대체될 가능성이 높은 직종에 종사하고, 반면 15.9%의 일자리는 인공지능으로 인해 생산성이 높은 잠재력을 갖는다고 발표했다. 텔레마케터, 통번역가, 단말기 판매원, 비서, 아나운서가 사라지고, 변호사, 웹개발자, 산업용 로봇조작원, 약사 등은 살아남을 것으로 전망했다.[19] 그 이전 2016년 3월

19_ 박지영, 'AI와 일자리 전쟁: 대체될 직업 vs. 살아남을 직업', 『파이낸셜 뉴스』, 2024. 11. 1.

한국정보고용원은 인공지능의 시대에 사라질 직업과 살아남을 직업을 구분해서 발표했다. 이중 기술자동화가 인간을 대체할 직업으로 콘크리트공, 정육원 및 도축원, 고무 및 플라스틱 제조원, 청원경찰, 조세행정사무원이 상위에 랭크되었다. 반면에 기술자동화가 대체 불가능한 직업으로 화가 및 조각가, 사진작가 및 사진사, 작가 및 관련 전문가, 지휘자 작곡가 및 연주자, 애니메이터 및 만화가가 상위에 랭크되었다. 불과 10년도 안 되어 문화예술 분야의 직종도 인공지능 시대에 안정적이지 않다는 것을 보여준다. 현재 인공지능이 소설과 시를 쓸 수 있고, 작곡도 수준 높게 창작한다. 가장 어려운 미술과 공연 장르에도 인공지능이 도전하고 있다. 예술인 역시 인공지능의 시대에 안심할 수 없는 처지에 이르렀다.

문제는 창의력과 상상력이다. 과학기술이 아무리 진화해도 인간의 고유한 창의력과 상상력은 대신할 수 없을 것이라는 전망은 단지 휴머니즘적인 윤리를 강조하기 위함은 아니다. 사이버펑크 SF 영화의 고전인 <블레이드 러너>에 나오는 유명한 대사, "인간보다 더 인간적인"이라는 말은 인간과 안드로이드의 경계를 생물학적 개체로 구분하지 않으려는 뜻을 담고 있다. 안드로이드가 인간보다 훨씬 더 인간적일 수 있다는 뜻은 <넥서스6>의 최고 전사 '로이'의 행동을 통해 보여준다. 여기서 말하는 인간이란 무슨 뜻일까? 안드로이드가 더 인간적일 수 있다는 그 '인간, 인간이 안드로이드보다 더 비인간적일 수 있다는 그 '인간'의 의미는 오히려 인간의 존재론적인 고유성에 대해 깊은 성찰을 하게 만든다. 진실된 인간, 공동체의 가치를 아는 인간, 돈과 명예보다는 친구와 이웃을 소중히 생각하는 인간, 사랑하고 욕망하는 인간, 감정에 솔직할 줄 아는 인간, 이런 것들이 아마도 "인간보다 더 인간적인" 것의 의미일 것이다.

한편으로 로봇이 인간을 궁극적으로 대체할 수 없는 것은 인간의 몸이

천부적으로 부여받은 유전자와 세포의 복제불가능성 때문이 아니다. 이미 유전공학은 인간의 유전자를 복제하는 기술을 매우 높은 수준으로 발전시켰다. 문제는 인간의 생각, 사고, 사유의 고유함이라 할 수 있다. 인공지능이 인간의 뇌의 논리적 연산 시스템을 복제하거나 대체할 수 있어도 감정을 대체하기는 불가능하다. 알파고가 이세돌과 바둑을 둘 때, 다른 바둑기사가 알파고를 대신하는 것은 바둑을 두는 손가락의 미세한 관절을 표현하는 것이 불가능해서라기보다는 인간의 표정과 감정의 흐름을 대신할 수 없기 때문이다. 이러한 차이를 근본적인 경계로 선을 긋고 싶지는 않지만, 적어도 현재까지는 그러한 차이는 근본적인 경계를 전제로 해야 할 듯하다. 그리고 그 경계가 생물학적인 것으로 주어진 것이 아니라면, 그 경계의 선은 미적 감수성, 상상력, 창조적 사유가 될 것이다.

'정보의 디지털화' '기계의 인공지능화' '신체의 데이터화'는 과학기술의 혁신이 예술의 창작과 감상의 맥락에 변화를 낳았다. 이는 21세기 예술의 역사에서 중요한 전환점을 형성한다. 이 현상은 예술이 예술 외적인 영역과 무관하지 않음을 나타내 보여주는 것이며 과학기술과 예술의 상호 연관성에 대한 중요한 예가 된다. 이것들은 예술 장르들 사이의 통합(integration)을 활성화한다. 예술적 양식과 기술들은 디지털 기술로 인하여 통합이 수월한 방식으로 변환되며 새로운 합성적 표현 형식 안으로 묶이게 된다. 정보의 디지털화는 예술의 혼종 양식을 다양하게 생산할 수 있도록 해주었고, 예술을 자동적으로 아카이빙할 수 있다. 디지털화된 정보들은 그것이 문자이던, 이미지이던, 영상이던 다양한 합성과 변형이 가능하다. 기계의 인공지능화는 예술 표현의 잠재성을 훨씬 넓혀준다. 공연예술에서 무대장치의 인공지능화 기술은 인간의 표현할 수 있는 영역을 크게 확장시켜줄 것이다. 신체의 데이터화는 예술 표현양식의 변화와 변형을 자유롭게 할 수 있다. 가령 춤을 추는 무용수에 센서를 달고 춤을 모션 그래픽의 데이터로 변환하게 되면, 무용 퍼포먼스를 새로운 영상예술로 생성할 수 있다.

21세기 예술은 과학이나 자연, 테크놀로지와 새로운 융합과정을 경험하고 있다. 과학기술은 상상력의 중요한 부분을 차지하는 재현과 시각화의 원천으로서 예술이 필요하고, 예술은 세계 탐구 방법론과 소재로서 과학에 많이 의존한다.[20] "그리스 시대의 테크네(techne)와 그것을 로마 시대에 라틴어로 번역한 아르스(ars)의 개념은 오늘날 예술의 범주에 있는 회화, 조각, 건축뿐만 아니라, 토지를 측량하고 전쟁을 수행하며 항해를 하는 데 필요한 솜씨"[21]를 뜻하기도 했다. 공학과 과학계에서는 공학의 진보와 과학의 재현을 확인하기 위해 예술적 표현을 많이 활용하고 있다. 로봇공학은 로봇의 기술적인 능력을 확장하는 단계를 지나, 인간의 신체적, 정신적 감각과 닮아갈 수 있는 다양한 미적 실험들을 선보이고 있다. 이른바 발레를 추는 퍼포먼스 로봇, 웃고 우는 감정 로봇, 인간과 자연스럽게 소통하는 커뮤니케이션 로봇은 공학의 최고 단계의 기술을 실험하는 사례가 된다. 과학에서는 인간의 눈으로는 확인할 수 없는 초미립자의 세계를 디자인으로 전환하는 '나노 아트', 인간의 생체를 예술의 재현으로 전환시키는 '배아 아트(embryo art)'가 과학에 미학을 접목하는 사례들이다.

이러한 예술창작계에서의 창조적인 진화는 새로운 예술의 미학을 생산한다. 오로지 기술적 신기함만이 아니라 미학적 혁신이 예술의 장을 바꿀 수 있다. 로봇의 첨단기술이 해결할 수 없는 언케니밸리(uncanny valley)[22] 효과를 극복할 수 있는 것은 예술의 미적 감동뿐이다. 물론 이러한 관점이 '예

20_ 홍성욱, 「과학과 예술: 그 수렴과 접점을 위한 역사적 시론」, 『예술, 과학과 만나다』, 이학사, 2007, 23.
21_ 김용석, 「예술과 과학: 그 공생과 갈등의 기원, 그리고 전망」, 『예술, 과학과 만나다』, 51.
22_ 인간과 비슷해 보이는 로봇을 보면 생기는 불안감, 혐오감, 및 두려움 현상을 말한다.

술이 최고다라는 것을 말하려는 것은 아니다. 다만 앞서 <블레이드 러너>의 명대사, "인간적인 것보다 더 인간적인"이란 말이 함의하듯이 "예술보다 더 예술적인"이라는 말은 예술과 테크놀로지의 융합, 문화와 과학의 만남을 전제한 것이다. 결국, 이 말은 주어가 중요한 게 아니라 동사가 중요하다는 뜻이다. 예술의 생성과 사건의 의미를 강조하는 것이라 할 수 있다. 예술을 더 예술적으로 만드는, 기술을 더 기술적으로 만드는, 혹은 예술을 더 기술적으로 만드는, 기술을 더 예술적으로 만드는 것의 열쇠는 우리의 일상과 라이프스타일의 행복에 있지 않을까 한다. 이것이 서드라이프의 진면목이다.

서드라이프 시대, 포스트게이밍은 기술적으로 완벽한 가상현실, 게이머가 가상공간으로 침투할 때 그것이 마치 실제 세계인 것처럼 실감나게 게임을 즐기는 상태를 의미하는 것만은 아니다. 포스트게이밍은 게임의 엔진이나 플레이를 위한 테크놀로지가 완벽하게 실제 현실을 구현하는 하이엔드 게임 장치를 만드는 것을 목표로 하지 않는다. 포스트게이밍은 어떤 점에서 기술적 진보가 복고적 서사로 회귀하는 상상력을 요구한다. 실제 현실이 기술결정론에 의해 구현된 가상현실의 시뮬라크라가 아니라 물리적인 놀이의 쾌락을 넘나드는, 그래서 가상현실과 실제 현실의 경계를 허물어버리는 두 개의 리얼리티에 대한 교감을 욕망한다. 포스트게이밍에서 아케이드 게임플레이 장치를 상상하고, 포켓몬처럼 물리적 공간을 매핑하고, 인간 정서의 실제 감각을 즐길 수 있는 플랫폼이자 놀이의 정신을 구현하는 것이 서드라이프에서 즐길 수 있는 포스트게이밍의 새로운 예술 미학이 아닐까?

2장

에르고딕, 그리고 대중미학의 인식적 지도그리기:
디지털게임과 컴퓨터-문화 조형행위

신현우* | 서울과학기술대학교 강사, 『문화/과학』 편집위원

1. 호모 사이버-루덴스의 좌표계

디지털게임에서 '보편적이고 미적인 감각'을 찾아내는 것은 가능한가? 시와
소설은 문학의 범주에서, 영화는 시네마의 범주에서 보편타당한 미적 준거
들을 공유한다. 확장된 기술미디어적 외연과 더불어 고도의 컴퓨팅 기술이
접목된 디지털게임에서 이러한 범주화가 가능한가? 만 약 가능하다면, 그
준거와 속성을 어디에서 찾아야 하는가? 이 글은 이런 질문에 답변하기 위
해 디지털게임이 지닌 미학적 잠재태를 이론적으로 탐색하고자 한다. 디지
털게임의 본질인 '플레이'의 재현양식이 문화적 층위와 컴퓨터적 층위에서
어떻게 조형되는지를 분석하고, 디지털게임의 고유한 미적 공통감을 사회
문화적으로 탐구하는 것이 이 글의 목표다.

　　디지털게임이 말초적 유흥거리거나 서브컬처로 폄하되는 시대가 저물
고, 고유한 재현양식과 내용이 담긴 문화영역으로 이해하고자 하는 학문적
시도는 점점 확대되고 있다. 이러한 경향은 90년대 이후 대두된 문화재현의

---

* steve312@hanmail.net

컴퓨터적 전환과 더불어 크게 두 가지 프레임워크 간 경쟁으로 나타났다. 하나는 확장된 디지털 서사 양식으로서 게임을 보는 서사학적 접근[1]이고, 다른 하나는 게임을 사이버텍스트를 출력하는 장치로 파악하면서[2] 게임의 본질이 서사가 아닌 플레이에 있다고 파악하는 루돌로지(ludology)의 접근이다. 로럴(Brenda Laurel)은 컴퓨터 멀티미디어를 통해 새롭게 매개되고 확장되는, 드라마의 새로운 주조 지점으로서 디지털게임을 발견하고 여기에 전통적인 아리스토텔레스적 시학과 컴퓨터 상호작용성을 매개하는 인과적 요소로서 '형식인, 물질인, 동력인, 목적인'이라는 개념을 도입한다.[3] 로럴이 보기에 컴퓨터의 잠재력은 수학적 연산이 아니라 사람이 참여할 수 있는 행위(action)를 연출하는 기능에 있다.[4] 그리하여 HCI(Human Computer Interface)를 통과하는 이용자 행위, 즉 인간-컴퓨터 활동을 통해 디지털로 정보화된 드라마가 생성되는 장으로서 "컴퓨터는 극장(Computer as Theatre)"이라고 언명한다.[5] 비슷하게 머레이(Janet H. Murray) 또한 디지털게임이 이용자에게 특정한 입출력 행위를 요구하는 과업을 제시하고, 문제풀이를 통해 이야기의 다음 단계에 도달하는 과정추론적 스토리텔링이라 파악한다.[6] 이러한 서사학의 접근은, 디지털게임을 이용자 입출력과 인터페이스를 통해 펼쳐지는

1_ Brenda Laurel, *Computers as Theatre* (Boston: Addison-Wesley Professional, 1991); 한국어판: 브렌다 로럴, 『컴퓨터는 극장이다』, 유민호, 차경애 역, 커뮤니케이션북스, 2008; Janet H. Murray, *Hamlet on the Holodeck: The Future of Narrative in Cyberspace* (Cambridge Mass.: The MIT Press, 1997); 한국어판: 자넷 H. 머레이, 『인터랙티브 스토리텔링』, 한용환, 변지연 역, 안그라픽스, 2001.
2_ Espen J. Aarseth, *Cybertext: Perspectives on Ergodic literature* (Baltimore: The Johns Hopkins University Press, 1997); 한국어판: 에스펜 올셋, 『사이버텍스트』, 류현주 역, 글누림, 2007; Ian Bogost, *Unit Operation: An Approach to Videogame Criticism* (Cambridge Mass.: The MIT Press, 2006).
3_ 브렌다 로럴, 앞의 책.
4_ 같은 책, 2.
5_ 같은 책.
6_ 자넷 H. 머레이, 앞의 책.

행위들이 HCI라는 극장에서 상연되는 드라마의 확장된 양태로서 보고자 했다. 반면 보고스트(Ian Bogost)는 디지털게임의 기술 요소들(물리엔진, 알고리즘, 그래픽 출력 등)을 디자인하는 제작자 설계행위가 기존 문학에서의 서사가 아닌 수사학에 더 가깝다고 지적한다. 이 기계적 수사학의 절차는 탐색하고 입력하는 이용자 활동(디지털게임의 공간과 오브젝트를 인지하고 작동시키는)에 의해 완성되며, 이는 서사가 아닌 '설득적(persuasive)' 게임플레이를 성립시키는 요건이 된다.[7] 올셋(Espen J. Aarseth)도 마찬가지로 디지털게임에서 중요한 것은 서사가 아니라 컴퓨터 기계장치인 게임을 조작하면서(마우스클릭, 키보드 입력, 게임화면과 공간의 위치 변경) 가변적인 사이버텍스트에 능동적으로 도달하는 과정인 게임플레이라고 주장한 바 있다.[8] 올셋과 보고스트 등이 취하는 루돌로지의 관점은 디지털게임의 주된 요소가 서사가 아닌 '플레이'에 있음을 부각하면서, 기존의 서사장르와 디지털게임 간 서사적 재현의 유사점을 강조하고자 하는 서사학적 관점을 비판한다.

이 글은 디지털게임의 본질이 드라마인가, 플레이인가를 밝히고자 하는 서사학과 루돌로지간의 오래된 논쟁을 넘어 '게임에서 문화적 소비를 넘어서는 새로운 미적 숭고를 발견할 수 있는가?'라는 문제제기로부터 출발한다. 디지털게임의 존재론이 무엇인가와 상관없이, 게임이 경제적 차원에서 가장 큰 영향력을 행사하는 동시대 문화영역임은 부인할 수 없다. 산업의 관점에서 보자면 2015년 세계 게임 시장 규모는 약 713억 달러[9]에 도달해 동년 세계 영화 시장 규모 약 383억 달러[10]를 훨씬 상회했으며, 2020년 세계 게임시장 규모는 1593억 달러로 예측되어,[11] 불과 5년 만에 두 배 가까

7_ Bogost, op. cit.
8_ 에스펜 올셋, 앞의 책.
9_ 정보통신산업진흥원, 『2016년도 국외 디지털콘텐츠 시장조사』, 2016.
10_ Motion Picture Association, *Theatrical Market Statistics 2015* (Washington: MPA, 2016).

운 양적 팽창을 이룩한 것으로 파악된다. 한국의 경우 2019년 게임시장 규모는 14조 2902억 원으로 파악되며,[12] 동년 영화시장 규모 6조 1772억 원[13]의 두 배 이상을 상회하는 것으로 통계가 잡혔다.

경제적 혹은 통계학적 접근을 제외하더라도 디지털 게이밍이 일상의 삶 속에서 큰 영향을 미치는 문화소비와 향유의 영역으로 자리잡았음은 부인할 수 없다. 양적으로 팽창한 문화적 영향력에 비례하여, 게임에서 기존의 근대 예술 장르들이 취했던 미학적 지평을 찾아내고자 하는 내·외적 시도 또한 다양하게 이뤄졌다. 이를 촉발한 사건 중 하나로는 게임을 '유해물'로 규정한 캘리포니아 지방정부의 게임제한법이 표현의 자유를 보장하는 미국 수정헌법 1조를 위반했다며 미국 연방대법원이 위헌을 결정한 2011년 판결이 있다. 캘리포니아 지방정부는 잔혹한 폭력을 묘사한 게임 <포스탈> 시리즈나 <GTA> 시리즈 등을 유해물로 파악하고 청소년 보호차원의 규제를 입법했지만, 연방대법원 판결문은 전래동화나 고등학교 필독서도 비디오게임만큼이나 잔혹한 표현을 담고 있다며 이에 제동을 걸었다. 판결문은 그 예로 신데렐라의 두 언니들이 비둘기에 두 눈을 쪼이거나, 헨젤과 그레텔이 마녀를 가마솥에 집어던지는 장면, 오딧세이의 주인공 오딧세우스가 외눈거인의 눈에 불에 달군 꼬챙이를 찔러넣는 등의 잔혹한 묘사들을 들었다.[14]

이를 전후로 해서 디지털게임이 예술이다, 아니다에 대한 다양한 사회적 논쟁이 불붙어 올랐다. 대표적인 예제로 저명한 영화평론가인 이버트

11_ Newzoo, "Global Games Market Report 2020" (Amsterdam: Newzoo, 2020).

12_ 한국콘텐츠진흥원, 『2020 대한민국 게임백서』, 2020.

13_ 영화진흥위원회, <한국 영화산업 결산 보고서>, 2020.

14_ 임동욱, 「컴퓨터게임도 엄연한 예술? 미 대법원 판결로 게임계-학부모 희비」, 『The Science Times』, 2011. 7. 4.

(Roger Ebert)가 촉발시킨 게임-예술 논쟁을 들 수 있다. 이버트는 게임이 지닌 외적인 아름다움의 가능성을 인정하면서도, 게임이라는 매체의 상호작용적 특성 때문에 고급예술의 지위를 부여할 수 없다는 결론을 내렸고,[15] 이 평가는 게임 제작자들과 이용자들의 대대적인 반발을 불러일으키며 사회적 논쟁으로 격상되었다. 게임개발자인 산티아고(Kellee Santiago)는 USC(University of Southern California)의 테드 강연을 통해 이버트의 주장을 반박하며, 예술이란 창의적 요소를 배치함으로써 향유자의 감각과 감정을 자극하는 과정으로서 미디어이자 행위라는 주장을 펼쳤다.[16] 그녀는 선사시대 벽화에서 르네상스 회화로 나아가는 역사적 과정, 그리고 초창기 영사기로부터 뤼미에르형제와 멜리에스의 영화로 발달하는 과정을 보여주며, 예술을 향유자가 참여하는 의사소통의 한 방식이라 규정한다면 게임 또한 충분히 그 조건에 부합한다고 역설하였다. 이에 대해 이버트는 예술이란 집단이 아닌 개인의 내면과 창의성에 의해 창발하는 것이라 재반박하면서, 예술의 본질은 자연을 모방하는 것으로 규정되지만 게임의 본질은 목표와 규칙, 도전과 상호작용에 있기 때문에 둘은 완전히 다르다고 주장했다.[17] 그러나 아론(Smuts Aaron)은 이 논의보다 앞서 목표와 규칙이 주어진 스포츠의 경우에도 예술로 평가될 여지가 있고, 그리스 시대의 비극 또한 경연대회에서 우승하기 위해 경쟁했다는 점을 들어 특정한 경우에는 게임도 예술로 분류될 수 있음을 시사한 바 있다.[18]

15_ Roger Ebert, "Why Did the Chiken Cross the Genders?," 2005.11.27. https://www.rogerebert.com/answer-man/why-did-the-chicken-cross-the-genders
16_ Kellee Santiago, "Kellee Santiago: Are Video Games Art?," 2010.7.30. https://www.youtube.com/watch?v=6GjKCnPQlSw
17_ Roger Ebert, "Video Games Can Never be Art," 2010. 4. 16. https://www.rogerebert.com/roger-ebert/video-games-can-never-be-art
18_ Smuts Aaron, "Are Video Games Arts? Contemporary Aesthetics 3," University of Wisconsin, 2005. https://contempaesthetics.org/newvolume/pages/article.php?articleID=299

이러한 게임-예술 논쟁은 예술의 정의를 철저히 근대적인 에토스에 한정지어 설명한다는 점에서 뚜렷한 한계를 지닌다. 근대적 예술 개념을 지지하는 이버트 등의 논의는 디지털게임보다 광범위한 범주인 '놀이'의 규칙과 경쟁, 목표성취라는 특성에만 천착하여 디지털게임이 새롭게 펼쳐놓는 새로운 기술·미디어적 속성을 간과하는 측면이 있다. 반대편에 선 산티아고 등의 반박은 주로 게임의 상호작용성이 선사하는 새로운 기술·미디어적 경험에 경도된 나머지, 근대적인 예술 개념보다 더욱 추상화된 범주로 예술을 환원함으로써 사회적 공통 감각으로서의 예술, 즉 단토(Arthur Danto)가 규정한 '예술계(artworld)'의 개념에는 도달하지 못하고 있다. 잘 알려진 것처럼 단토는 예술이 작품 바깥에 있는 예술계, 즉 대상에 대한 해석학적 측면과 미적 숭고에 대한 당대의 공통 감각의 다원주의적 교섭상태 속에서 예술로서 발견될 수 있다고 강조했다.[19] 단토는 무엇보다 예술이 개인의 영감과 의식으로부터 비롯되는 것이 아니라 '예술계'로 이어진 문명적 공통감각의 힘이 예술가의 창조적인 작업을 추동한다고 설명했다. 단토는 이러한 준거를 앤디 워홀을 비롯한 팝아트의 작업으로부터 찾아내, 고급예술/대중문화라는 이분법적 근대예술의 장벽이 허물어졌음을 선언한다. 즉 예술의 성격 자체가 이미 급진적으로 변화했다는 것이다. 단토의 논의는 팝아트와 미술에 국한되어 있지만 디지털게임의 미학적 지평을 탐색하는 데 있어서도 유효한 지향점이라 할 수 있다. 디지털게임은 근대적인 예술과 대중적인 문화산업과 장르를 가로지르며 그 재현양식·내용을 쉽사리 통접시키곤 하는데, 이는 디지털게임이 다종의 컴퓨터 기술·미디어 속성 혼합과 재배치를 통해 '컨버전스 문화(convergence culture)'의 성격을 획득하는 데서 기인한다.

19_ Arthur Danto, *After the End of Art* (Princeton: Princeton University Press, 1998); 한국어판: 『예술의 종말 이후』, 이성훈 외 역, 미술문화, 2004.

새로운 기술·미디어적 발명은 언제나 그 낯선 리터러시에 관한 사회
적 공통 감각이 형성되기까지 이행의 시간이 필요하다. 이는 하나의 충격으
로 다가온다. 매클루언(Marshall Mcluhan)이 지적하듯이, 새로운 미디어와 테크
놀로지가 사회라는 신체에 수술을 행할 때, 사회 전체 조직에 영향을 미치
게 되며 이 충격으로 인해 사회감각의 배분 비율이 변화된다.[20] 라디오의
등장은 시각에 영향을 미치고, 사진은 청각에 영향을 미치는 것이다.[21] 연
산 메모리 크기와 처리속도가 기하급수적으로 증대되는 컴퓨팅 기술 발달
과 더불어, 디지털게임은 새로운 미디어 컨버전스가 편류하는 하나의 기술
현상학적 통로들의 재배치 공간으로서 대두되었다. 올드 미디어, 즉 영화와
사진, 회화, 놀이, 전자음악 등에서 행해졌던 실험들이 기술이 허용하는 한도
내에서 가장 급진적으로 융합하고 시행착오를 겪어온 디지털게임은 컨버전
스 문화가 직조되는 미디어장으로도 이해되기도 했다. 젠킨스(Henry Jenkins)
의 설명처럼, 미디어 컨버전스는 단순한 융합이라기보다는 다종의 미디어
적 특성이 공존하고, 양립하는 형식 속에서 그 내용이 간-미디어적으로 끊
임없이 이동하는 액체적 흐름이라고 파악될 수 있다.[22] 이런 흐름 속에서
컨버전스 문화는 올드미디어의 특징과 뉴미디어의 특징이 각축을 벌이고,
미디어 생산자와 이용자의 상호작용 속에서 컨텐츠 생산과 이용의 양태 자
체가 변화하는 자장을 형성한다.[23]

그러나 디지털게임은 사진/카메라, 영화/영사기와 달리 복잡한 구성적

20_ Marshall Mcluhan, *Understanding Media: The Extensions of Man* (New York: Mcgraw Hill,
   1964); 한국어판: 마샬 맥루한, 『미디어의 이해』, 박정규 역, 커뮤니케이션북스, 1997,
   74-75.
21_ 같은 책, 75.
22_ Henry Jenkins, *Convergence Culture: Where Old and New Media Collide* (New York: New
   York University Press, 2006); 한국어판: 헨리 젠킨스, 『컨버전스 컬처』, 김정희원, 김동
   신 역, 비즈앤비즈, 2008.
23_ 같은 책.

실체를 지닌다. 젠킨스에 따르면 미디어는 전달기술(delivery technology)의 차원과 그 내용이 구현되는 미디어의 차원 두 가지를 내포한다. 영사기가 전달기술이라고 한다면, 몽타주에 의해 화면에 재현되는 영상이 미디어 콘텐트인 것이다. 그러나 디지털게임은 훨씬 복잡한 전달기술-미디어 간 작동으로 현상된다. 기계적 게임(핀볼), 비디오 게임(게이밍 콘솔), 컴퓨터 게임(컴퓨터) 등 각 내용을 전달하는 기술적 디바이스들은 실로 다양하며, 기반 전달기술의 작동원리에 따라 상이한 코드적 알고리즘이 위상을 이루는 기술구성을 이룬다. 무엇보다 디지털게임의 이용자는 컴퓨터 디바이스와 인터페이스, 그리고 코드와 알고리즘에 의해 매개된다. 게임이용자는 컴퓨터기기를 통해, 그리고 컴퓨터언어의 실행을 통해 보고, 듣고, 움직이며 한편으로는 '조작'한다. 이용자의 조작을 거쳐 게임의 코드가 입력되고, 그를 통해 출력이 이뤄진 후에야 비로소 게임의 내용은 실체를 드러낸다. 간단히 말해 디지털게임은 전달기술-미디어의 일방통행로가 아니라 물리적 전달기술-컴퓨터 하드웨어-컴퓨터 소프트웨어-미디어 콘텐트 간의 복잡한 배치에서 발생하는 뉴미디어적 속성을 지닌다. 이에 대해 마노비치(Lev Manovich)는 유용한 설명을 제공한다. 마노비치는 뉴미디어 객체가 하나로 고정된 것이 아니라 잠재적으로 서로 다른 무한한 판본으로 존재할 수 있는 유동성, 즉 가변성의 원리로 컴퓨터 기반 뉴미디어를 정의하고자 한다.[24] 컴퓨터의 존재 덕분에 미디어 요소들은 고정적 미디어가 아닌 디지털적으로 저장되고, 각 미디어 요소들은 정체성을 유지하며 프로그램 제어에 따라 여러 개의 다른 시퀀스로 제작될 수 있다(80). 이는 컴퓨터가 지닌 수적 코딩과 모듈적 구성

24_ Lev Manovich, *The Language of New Media* (Cambridge Mass.: The MIT Press, 2001); 한국어판: 레프 마노비치, 『뉴미디어의 언어』, 서정신 역, 커뮤니케이션북스, 2014. 이하 이 책에서의 인용은 한국어판 쪽수를 본문에 명기한다.

이 '부호변환'을 통해 기존의 고정적 미디어들을 융합·재배치하는 잠재력을 가지고 있기 때문이다. 마노비치는 따라서 뉴미디어를 두 개의 다른 층위, 1) 문화적 층위와 2) 컴퓨터 층위에서 재구성해야 한다고 주장한다. "문화적 층위에 속하는 범주로는 백과사전과 소설, 이야기와 줄거리, 구성과 관점, 모방과 카타르시스, 희극과 비극 등이 있으며…컴퓨터 층위에 속하는 범주로는 프로세스와, 네트워크를 통해 전송되는 데이터 패킷, 분류와 짝짓기, 함수와 변수, 컴퓨터 언어와 데이터 구조를 들 수 있다"(91).

　나아가 그는 뉴미디어가 컴퓨터에서 생산되어 컴퓨터를 통해 유포되고, 컴퓨터상에서 저장 보관되므로 컴퓨터의 논리가 미디어의 전통적인 문화적 논리에 영향을 미친다고 주장한다(91). 즉 뉴미디어의 컴퓨터 층위가 고전적 전달기술로 구현되던 시각적 재현, 드라마, 음악 등이 내포하는 문화 층위를 근본적으로 변화시킨다는 것이다. 이러한 마노비치의 설명을 받아들인다면, 단토의 논의와 더불어 '컴퓨터에 의해 변환된 새로운 디지털게임의 사회문화적 공통감각'을 엿볼 수 있는 단초를 마련할 수 있을 것이다. 디지털게임은 "코드와 문화 사이의 간극 가운데 알고리즘과 이용자 상호작용으로 작동하는 문화 기계"[25]로 이해할 수 있다. 이 글은 이런 이해를 바탕으로 첫째, 디지털게임의 컴퓨터적 층위와 문화적 층위 사이의 기술·미디어적 이해로부터 디지털게임의 미학적 잠재태를 고찰하고자 한다. 이를 위해 이 글이 핵심적으로 전유하고자 하는 개념은 위상수학의 랜덤 프로세스 확률을 설명하는 '에르고딕성(ergodicity)'을 빌려와 게임플레이의 설명에 적용한 '에르고딕(ergodic)' 개념이다. 둘째, 컴퓨터적–문화적 층위의 횡단 속에서 디

25_ Ed Finn, *What Algorithm Want: Imagination in the Age of Computing* (Cambridge Mass.: The MIT Press, 2017); 한국어판: 에드 핀, 『알고리즘이 욕망하는 것들』, 이로운 역, 한빛미디어, 2019.

지털게임의 고유한 미적 공통감의 실루엣을 드러내고자, 예제가 되는 게임들을 유형별로 분석하고 그 사회문화적 실천의 차원들이 어떻게 게임플레이와 연결되는지 '인식적 지도그리기'를 시도한다. 이를 바탕으로 이 글은 '디지털 게이밍의 미학을 설명할 수 있는 개념적 토대를 만들어 보고자 한다.

2. 에르고딕과 플레이: 컴퓨터 층위의 행위성

게이밍의 고유한 미학적 감각을 탐구하기 위해 이 글이 주요하게 전유하고자 하는 개념 중 하나는 에르고딕(Ergodic)이다. 에르고딕은『사이버텍스트』의 저자인 올셋이 통계학자 볼츠만(Ludwig Boltzmann)이 고안한 수학개념을 차용한 것으로, 그리스어 "작업"을 의미하는 에르곤(ergon)과 "경로"를 의미하는 호도스(hodos)를 결합한 용어를 뜻한다.[26] 이는 정보 피드백 루프를 실현하는 컴퓨터를 통과하며 이용자 명령에 의해 출력되는 텍스트, 즉 디지털게임과 하이퍼텍스트, 디지털 스토리텔링을 아우르는 '사이버텍스트'를 설명하기에 가장 적절한 개념이다. 정보 피드백 루프의 핵심 원리는 수용과해석이 아닌 전송과 출력이기 때문이다. '상호작용성(interactivity)'은 환원적이고 소비적인 개념으로, 게이밍을 설명하는 데 적합한 개념이 아니다. 상호작용성은 오늘날 디지털 문화를 설명하는 데 있어 만능열쇠와도 같은 용어로, 게임뿐만 아니라 컴퓨터로 이뤄지는 모든 것이 상호작용이 될 수 있다. 사실 오늘날 정보기술 환경에서 상호작용은 더이상 특별한 것이 아니며, 상호작용이 아닌 미디어나 텍스트는 존재하지 않는다고 봐도 무방하다. 소셜미디어와 뉴스도 상호작용성을 가지고 있고(댓글과 좋아요), 1인 방송과 유튜

26_ 에스펜 올셋,『사이버텍스트』, 16.

브에서 송출자와 시청자도 상호작용을 한다(도네이션과 실시간 채팅). 미디어 아트도 작품과 관람객은 상호작용한다. 더 크게는 책을 읽는 독자도 '읽기'를 통해 책의 서사 전개와 상호작용한다고 볼 수 있을 것이다. '상호작용'은 상호작용이 일어나는 개별의 미디어 양식 간의 차이를 설명하기에는 지나치게 넓은 용어이다. 영화이면서 관객에게 선택지를 제시하고, 선택지에 따라 시퀀스를 변경하는 <블랙미러: 밴더스내치>와, 게임이면서 영화의 시퀀스들을 모방, 대화 선택지를 제시하는 <디트로이트: 비컴 휴먼>과 같은 게임에서 '이용자의 능동적 개입'은 어떻게 다른 방식으로 구성되는가? '상호작용성'은 재현 공간 속 기술 미디어적 차이를 구체적으로 설명해주지 못한다. 예컨대 <디트로이트>는 빈번하게 시네마 시퀀스를 통해 서사를 전개하는데, <블랙미러>의 전개와 어떤 점에서 다른가? <디트로이트>는 시네마 시퀀스 중간에 이용자의 액션(키 입력)을 유도하고, 화면 전개나 양상을 조금씩 변주한다. 또한 대화 선택지가 주어지는 순간 말상대의 표정, 뉘앙스들의 변화를 포착할 것을 요구한다. 비슷하게 이용자의 개입을 통해 전개되고 있지만, 게임 <디트로이트>에서 이용자는 언제나 공간과 오브젝트를 탐색하고, 관찰하고, 그것들과 관계를 맺어야만 하는 상태인 반면 <블랙미러>에서 이런 부분은 영화적 미장센으로 주어지고, 관객에게 탐색을 강요하지는 않는다.

  요컨대 게임이용자가 게임 속 오브젝트와 상호작용하거나 대화를 선택하는 행위, 즉 플레이를 '상호작용성'이라는 환원적 개념 하에 게이밍의 고유한 특징으로 판단하기는 어렵다. 올셋과 보고스트는 이와 관련해 디지털 게임의 '상호작용적'인 성격이 고유한 컴퓨터 층위의 작동성으로 설명될 수 있어야 한다고 주장한다. 올셋은 텍스트 수용의 선형성이 지닌 한계 때문에 분기형 서사구조로 되어있는 어드벤처 게임 경험과 활자 소설의 독서 경험이 동일시되어서는 안 된다고 지적한다. 인간 지각은 선형적이기 때문에 비선형적으로 구성되어 있는 하이퍼텍스트라 할지라도 분기점을 읽어나가는 매 순간마다 선형적 시퀀스가 발생하는 것은 사실이다. 그러나 그렇다고 해서 한 번 읽은 책을 다시 읽어나갈 때 매 순간마다 의미가 달라지는 독서 경험과 동일한 것은 아니다. 올셋은 다음과 같이 그 차이를 설명한다.

> 사이버텍스트를 따라갈 때 독자는 자신이 사용해볼 수 없는 전략, 가보지 않은 경로, 들리지 않는 목소리가 있다는 것을 지속적으로 떠올리게 된다. 매번 결정할 때마다 텍스트의 어떤 부분은 늘어나고 또 어떤 부분은 줄어들거나 접근할 수 없기 때문에 독자는 자신의 선택 결과가 어떻게 나올지 전혀 모른다. 즉 무엇을 놓쳤는지 모른다는 것이다. 이는 선형적 텍스트의 모호성과는 다르다. 여기서 중요한 것은 접근 불가능성이 단순히 모호성을 의미하는 것이 아니라 역설적이게도 가능성 자체의 부재를 뜻한다는 점이다.[27]

보고스트는 이와 관련해 더욱 확장된 설명을 제시한다. 그에 따르면 게임플레이에서 이뤄지는 상호작용의 본질은 저자와 독자, 텍스트와 독자 사이에 일어나는 것이 아니라 비인간 행위자들(하드웨어, 소프트웨어, 운영체계, 프로토콜, 알고리즘) 간의 교류라고 할 수 있다.[28] 여기에 명령을 입력하는 이용자는 장치와 알고리즘, 코드와 신호 간 전송에서 수행의 전달자라 할 수 있으며, 이 입출력 체계의 역학을 설계하는 행위는 문학에서 수사나 비유가 행하는 기능과 비슷한 역할을 담당한다. 갤로웨이(Alexander R. Galloway) 또한 비슷한 접근법을 취한다. 그는 이러한 수행성이 알고리즘 설계뿐만 아니라

27_ 같은 책, 20.
28_ Bogost, op. cit.

인터페이스와 프로토콜의 수준에서 벌어지며 그 수행 체계가 하나의 사회적 알레고리를 반영하는 것이라고 보았다.[29] 이러한 맥락들을 검토해 볼 때, 작업과 경로를 연결하는 에르고딕은 이용자가 게임 속에서 다양한 오브젝트들을 만지고 선택하는 행위들을 설명하는 데 적절한 개념이다. 간단히 말해 게임이용자는 복수의 시스템(게임 컨트롤러와 인터페이스, 컴퓨터 운영체제, 게임 소프트웨어, 게임 메커닉 등)을 조작해 주어진 연산 작업들의 비선형적 시퀀스들 사이에 경로를 만들고, 그것들을 배치하는 에르고딕 속에서 플레이를 완성한다. 에르고딕을 통해서 게임이용자는 "존재의 위치가 단지 공간에서 x축과 y축으로 나타내어지는 데카르트적 좌표(cartesian coordinates)의 전통"[30]으로부터 탈주, 비로소 독자나 시청자와는 다른 '플레이어'의 위상을 획득하는 것이다.

그러나 이 글은 올셋의 에르고딕 개념이 주로 '텍스트 출력 기계'로서 정보 피드백 루프 속 사이버텍스트의 존재론이 기존의 문학과 달라지는 지점을 설명하기 위해 집중하고 있다는 점에 주목한다. 실제로 올셋은 '에르고딕'이라는 개념을 디지털게임을 포함한 사이버텍스트 일반의 '에르고딕 문학'에 논의를 집중하고 있다. 따라서 에르고딕이 게이밍의 미학적 성격을 완전히 설명해줄 수 있는지에 대해서는 여전히 의문 부호가 남는다. 올셋은 "사이버텍스트는 매우 포괄적인 텍스트 매체 범주를 설명하기 위해 사용한 용어이며…역동적 텍스트들의 소통 전략을 기술하고 탐험하기 위해 사용한 하나의 관점"[31]이라고 스스로 밝히고 있다. 게임이 사이버텍스트의 특징을

29_ Alexander R. Galloway, *Gaming: Essays on Algorithmic Culture* (Minneapolis: Univsersity of Minnesota Press, 2006).
30_ 전석·조현경·윤준성, 「미학적 테크놀로지로서 철학화하는 게임」, 『한국 HCI 학회 학술대회 논문집』, 2007, 2005.
31_ 에스펜 올셋, 『사이버텍스트』, 23.

가지고는 있지만 사이버텍스트가 게임은 아니다. 올셋의 설명만으로는 예컨대 텍스트가 전혀 없는 게임, 테트리스(tetris)나 퐁(pong)으로 대표되는 비서사 게임을 규명할 수 없다. 이는 게이밍의 본질이 플레이에 있다고 보는 루돌로지 연구자들이 지속적으로 문제제기한 부분이기도 하다.

요컨대 '사이버텍스트'로서의 에르고딕이 완전히 설명할 수 없는 부분, 즉 게임'플레이'의 에르고딕에 대한 적절한 설명이 가능할 때 에르고딕이 게이밍의 미학 요소라는 규제적 개념 설정이 가능해진다고 할 수 있다. 잘 알려져 있듯이 루돌로지 연구자들은 디지털게임을 서사장르의 컴퓨터 연산적 확장이자 이용자 상호작용성에 기반한 '만화경적 미디어'라고 설명한 머레이[32]나 아리스토텔레스적 시학이 그래픽 유저 인터페이스와 소프트웨어 조작으로 재구조화된 '극장'으로 파악한 로렐[33]의 논의를 맹렬하게 비판했다. 최초의 전자 게임인 '스페이스 워!'나 '테니스 포 투'가 그러하듯, 게임의 본질은 서사가 아니라 플레이에서 형성된 것으로 보기 때문이다. 대표적인 논자인 에스켈리넨(Markku Eskelinen)은 에르고딕을 사이버텍스트라는 넓은 범주로부터 게임으로 좁혀, 게임플레이를 '조형적 행위(configurative practice)'라 규정하고자 했다.[34] 에스켈리넨은 기존의 선형서사 장르를 읽어나가는 행위가 해석적(interpretative)인 것이며, 설령 서사를 내장한 게임이라 하더라도 그것들을 읽어나가는 플레이는 완전히 다른 층위인 조형적 행위라고 정의했다. 그에 따르면 "서사를 읽어나간다는 것은 독자가 어떤 사건이 일어났으며, 사건과 존재간의 관계가 어땠는지를 그려나가는 과정"[35]이 해석적 행위

32_ 자넷 H. 머레이, 『인터랙티브 스토리텔링』.
33_ 브랜다 로렐, 『컴퓨터는 극장이다』.
34_ Markku Eskelinen, "Towards Computer Game Theory," in Noah Wardip-Fruin and Pat Harrigan, eds., *First Person: New Media as Story, Performance, and Game* (Cambridge Mass.: The MIT Press, 2004).
35_ Markku Eskelinen, "Six Problems in Search of a Solution: The Challenge of Cybertext

의 근간을 이룬다. 반면 조형적 행위는 "일시적(temporal), 공간적(spatial), 일상적(casual), 기능적(functional) 관계들이 플레이어의 개입에 의해 각기 다른 방식으로 조작되는"[36] '게이밍의 상황(gaming situation)'으로 연동되는 과정으로 정의될 수 있다. 조형되는 게이밍의 상황은 디지털게임에서 횡단적 미디어 재매개화를 활성화한다.[37] 즉 게이밍의 상황에서 주체의 위치는 플레이어-플레이어, 플레이어-게임, 게임-실재 간의 에르고딕에 의해 복잡화된다 볼 수 있다.

이와는 다른 맥락에서, 프라스카(Gonzalo Fraska)는 디지털게임 플레이의 본질이 '시뮬레이션'을 사이버네틱스에서 가동시키는 플레이 역학으로부터 비롯된다고 주장한다.[38] 프라스카의 시뮬레이션 논의가 중요한 이유는, 그가 직접적으로 참조하지는 않았지만 그 출발점을 기존의 루돌로지 논의와는 차별화되는 특성, 칸트적인 지성과 상상력으로부터 삼고 있기 때문이다. 프라스카는 장난감 놀이를 하는 아이의 예를 통해 시뮬레이션이 대상성을 형성하는 주요한 능력임을 논증한다. 인간은 복잡한 현실을 추상적으로 구조화하고자 먼저 인공물을 만들어 대상화하고, 놀이를 통해 그것과 관계맺으며 역동적으로 상상한다. 이러한 상상과 추상적 구조화는 아리스토텔레스적인 전통에서 예술의 준거로 삼는 미메시스(mimesis)의 잠재태로서, 하위징아와 카이와가 놀이의 네 가지 양태[39]로 분류한 아곤(AgÔn, 규칙과 경쟁),

Theory and Ludology to Literacy Theory," in Peter Gendolla & Jörgen Schäfer, eds., *The Aesthetics of Net Literature: Writing, Reading and Playing in Programmable Media* (Bielefeld: transcript publishing, 2007), 184.

36_ Markku Eskelinen, "The Gaming Situation," in *Game Studies*, Vol. 1 (2001). http://www.gamestudies.org/0101/eskelinen/

37_ Ibid.

38_ Gonzalo Fraska, *Videogames of the Oppressed: Videogames as a means for critical thinking and debate* (School of Literature, Communication, and Culture, Georgia Institute of Technology, 2001); 한국어판: 곤살로 프라스카, 『억압받는 사람들을 위한 비디오게임』, 김겸섭 역, 커뮤니케이션북스, 2008.

알레아(Alea, 우연과 행운), 미미크리(Mimicry, 흉내내기와 자유), 일링크스(Ilinx, 현기증과 흥분) 중에서 미미크리에 해당하는 것이다. 하위징아는 다음과 같이 적고 있다.

> 우리는 새들이 이런 연기를 펼쳐 보일 때 어떤 느낌인지 알지 못한다. 하지만 어린 시절 이런 종류의 연기를 펼칠 때 상상력(imagination)이 충만했다는 것은 알고 있다. 어린아이는 실제의 자신과는 다른 어떤 것, 더 아름다운 것, 더 고상한 것, 더 위험스러운 것의 이미지를 만들고 있는 것이다. 그렇게 아이는 왕자가 되고 아버지가 되고 사악한 마녀가 되고 혹은 호랑이가 된다…그러는 중에서도 '일상적 현실'에 대한 감각을 유지한다. 그의 재현은 가짜 현실이라기보다 외양의 실현이다. 바로 이것이 상상력의 원뜻이다(53).

하위징아는 놀이가 '외양의 실현'에 관한 상상력을 질서화하는 과정이며, 바로 이 질서 때문에 "미학의 한 부분이 되는 동시에 아름다워지려는 경향"(46)으로 나아간다고 설명한다. 질서정연한 형태를 창조하려는 충동과 미학적 요소는 동일한 것으로서, 놀이의 요소들을 묘사하기 위해 사용되는 용어들은 아름다움의 요소들을 설명하는 용어들(긴장, 균형, 대비, 변화, 해결, 해소 등)과 상당 부분 중복된다는 것이다(46). 그렇기 때문에 우리는 "사물을 지각하는 가장 고상한 특질인 리듬과 하모니가 부여된"(47) 놀이에 매혹되고 황홀해지며, 우리는 놀이의 미적 숭고의 원형을 여기에서 발견하게 된다.

39_ Johan Huizinga, *Homo ludens: A study of the play-element in Culture* (London: Routledge and Kegan Paul Ltd., 1949); 한국어판: 요한 하위징아, 『호모 루덴스』, 이종인 역, 연암서가, 2010. 이하 이 한국어판에서의 인용은 본문에 그 쪽수를 명기한다; Roger Caillois, *Les jeux et les hommes* (Paris: Librairie Gallimard, 1958); 한국어판: 로제 카이와, 『놀이와 인간』, 이상률 역, 문예출판사, 1994.

프라스카는 이러한 시뮬레이션적 특성이 컴퓨터 세계에서는 연산적으로 모델화될 수 있으며, 디지털게임의 정보 피드백루프에서 플레이는 디지털 이전 놀이를 훨씬 더 질서정연하게 구조화한다고 주장한다. 간단히 말해 디지털게임 플레이(play)와 장난감 놀이(play)는 불연속적인 것이 아니라 연속성을 띤다. 여기에서 우리는 예술의 원형으로서의 놀이(장난감, 역할극)가 시학(연극, 상연)을 건너뛰어 컴퓨터적 국면(디지털게임)으로 전개되는 새로운 현실태를 발견하게 된다. 프라스카가 지적하듯이, "비디오게임이나 비 전자적 게임 및 장난감들은 일체 혹은 유기적 전체를 형성할 수 있도록 존재들을 연관 혹은 접속되도록 배치하거나 배열한 것"[40]이다.

그러나 하위징아가 말한 '놀이의 아름다워지고자 하는 경향'이 디지털게임의 수행성에서 미학화되기 위해서는 그 질서를 수학적으로 구축하는 동역학이 필요하다. 루돌로지의 또 다른 지지자인 율(Juul)이 지적하는 지점이 바로 이 부분이다. 놀이의 상상력이 디지털게임에서 빈틈없이 '외양의 실현'을 완성하기 위해서는 그것을 작동시키는 입법 체계, 메커닉(mechanics)이 전제되어야만 한다.[41] 메커닉은 상상력을 통해 추상화된 플레이가 구조화된 것으로, 어떤 형태로든 어떤 게임에서든 존재한다. 놀이와 게임은 메커닉 없이 성립되지 않는다. 메커닉이 없다면 그것은 단순 유흥일 것이다. 그런데 이 메커닉을 조작해 게임을 플레이하고, 컴퓨터화된 게임 공간에 발걸음을 넣어 길(경로)을 만들어나가는 과정이 에르고딕이다. 애초에 에르고딕은 동역학계 수학에서 사용되는 개념으로서, 랜덤 프로세스의 시간에 따른 평균이 확률 공간에서 평균과 같을 때 우리는 '에르고딕성(ergodicity)'을

40_ 곤살로 프라스카, 앞의 책, 23.

41_ Jesper Juul, *A casual revolution: Reinventing video games and their players* (Cambridge Mass.: The MIT Press, 2010).

충족한다고 말한다. 이는 주사위 놀이로 가장 잘 설명될 수 있다. 주사위를 던져 각 면이 나올 확률(1/6)은 랜덤 프로세스이며, 주사위를 많이 던지면 던질수록(시간축이 길어질수록) 그 평균값은 3.5에 수렴하는 에르고딕성을 띠게 된다. 반면 시간축이 아닌 공간축을 늘린다면, 즉 동시에 던지는 주사위 수를 늘린다면 에르고딕은 카오스로, 즉 변동성의 확장으로 나아가게 될 것이다.

이를 하위징아와 카이와의 원초적인 놀이 메커닉 분류에 따라 좀더 복잡한 디지털게임으로 예시를 옮겨보자. 규칙에 입거한 경쟁을 즐기는 '아곤'적 게임플레이의 에르고딕성은 <스타크래프트>와 같은 경쟁적인 전략게임에서 예를 찾을 수 있다. <스타크래프트>의 이용자들이 플레이를 계속 반복하다보면 일종의 에르고딕성에 도달하게 되는데, 예컨대 공격 방식, 건설 순서, 자원채취 일꾼의 수 등이 수학적으로 고착화되는 현상이 그것이다. 이용자가 마우스를 클릭하고 화면을 전환하는 선택의 순간 모두가 랜덤 프로세스의 연속이다. 정찰대를 특정 공간에 보냈을 때 적이 그곳에 있을 수도 있고 없을 수도 있다. 적이 초반 공격 전술을 짰을 수도 있고 후반 운영을 위한 큰 그림을 설계했을 수도 있다. 이처럼 반복되는 플레이경험 끝에 승리할 확률이 가장 높은 질서(빌드 오더, 일꾼 수 등)가 결국 도출되게 되고, 이는 플레이의 평균주의로 귀결되게 된다. 플레이어들의 탐색과 계산이 축적되면서 불확실성으로 가득하던 게임이 몇 가지 수학적 시나리오로 수렴된다. 정찰대가 갔을 때 적이 그곳에 있고 일꾼을 a마리 생산한 상태라면, 적은 최적화된 b 운영방식으로 플레이하고 있을 확률이 c%이다, 그렇다면 나는 이 상태에서 이길 확률이 가장 높은 ㄱ 운영방식으로 나아가겠다와 같은 질서가 성립하는 것이다.

역설적이게도, 게임은 이러한 질서도를 찾아 나가는 에르고딕의 과정 자체에서 고유의 매혹과 아름다움을 획득한다. 다른 예인 <월드 오브 워크

래프트>를 살펴보자. 게임에 구현된 세계와 대상, 그리고 내러티브는 한정되어 있기 때문에 시간이 지나면 이용자는 똑같은 공간에서 반복적인 플레이를 수행해야 할지도 모른다. 그런데 이용자들은 기꺼이 반복을 받아들일 뿐 아니라 반복 속에서 또 다른 재미를 발견한다. 던전의 A 보스가 B 아이템을 떨어트릴 확률이 1%라면, 최대 100번의 던전 클리어를 반복하는 것이다. 목적을 달성하기 위해 평균의, 최적화된 아이템 세팅과 전투 방법들을 찾아내고 그것들을 지난하게 반복하는 과정에서 하나의 정제된 수학적 쾌를 터득하는 것이다. 물론 이러한 내적 복잡성 없이 똑같은 플레이만 무한 반복하게끔 만드는 메커닉은 플레이의 쾌를 떨어트린다. 들뢰즈와 가타리의 표현을 빌린다면, '동일성의 반복'이 아닌 '차이의 반복'을 창출하는 것이 에르고딕-플레이의 매혹을 확대하는 중요한 열쇠가 된다.

카이와의 두 번째 범주인 알레아, 즉 랜덤 프로세스에서 오는 흥분 자체를 즐기는 놀이도 있지 않느냐고 반문할 수도 있다. 경마나 카드놀이의 경우가 그렇다. 그러나 이 경우에도 플레이어는 변수를 줄여나가며 에르고딕성에 가까워지고자 노력한다. 경마를 즐기는 사람은 경주마의 컨디션과 기수의 훈련 상태 등 정보를 검토하고, 이길 확률이 높은 선택을 찾아내는 과정 자체에서 즐거움을 느낀다. 카드 게임인 <매직 더 개더링>의 덱 빌딩 메커닉을 재해석해 디지털게임화한 <하스스톤>, 마작의 메커닉을 참조해 확률에 의한 기물 경쟁을 즐기도록 고안된 <오토체스> 같은 게임이 좋은 예제다. 이러한 카드(혹은 기물)대전류 게임에서 중요한 것은 이용자의 숙련도가 아니라 다음 카드·기물이 나올 확률이다. 그러나 경마나 마작을 즐기는 사람처럼, 이들 게임에서 이용자들은 자신에게 유리한 방향으로 게임 판도를 조작하기 위해 다양한 변수들을 제거해 나간다. 더 많은 카드를 구비해 게임에 임하는 것은 물론 상대방의 패를 보고 끊임없이 불확정 변수를 줄여나가기 위한 합리적 선택을 플레이에 관철시키는 것이다. 간단히 말해 '알레아'의 차원에서, 게임에 주어진 수학적 불확실성을 위계화된 위상질서로 전환시키고자 하는 노력이 곧 에르고딕성을 조형한다.

세 번째 범주, 게임의 규칙을 따르면서도 '자유로운 흉내내기'를 통해 역설적으로 환각과 환상을 추구하는 미미크리적 에르고딕은 롤플레잉 게임(Role Playing Game, RPG)에서 주로 나타난다. 카이와는 미미크리를 "자신을 자기가 아닌 다른 존재라고 믿거나, 자기가 타인에게 믿게 하면서… 놀이하는 자가 자신의 인격을 일시적으로 잊고 바꾸며 버리고서는 다른 인격을 가장하는 놀이"라고 정의한다.[42] 롤플레잉 게임에서 이용자는 등장인물들의 상연을 단지 관람하는 것이 아니라, 그 속으로 들어가 인물에 자기 자신의 인격을 일시적으로 이전시킨다. 그뿐만 아니라 거듭되는 게임플레이와 아이템수집을 통해 캐릭터를 자신의 입맛대로 성장시키고, 성향을 창조해내기도 한다. TRPG(Tabletalk Role Playing Game)는 이미 디지털 이전의 보드게임 시대에 플레이어들의 대화와 상호작용을 규칙화한 던전 앤 드래곤(Dungeon & Dragon) 시스템이 완성되어 있었다. 컴퓨터 기반 롤플레잉 게임, 예컨대 <발더스게이트>나 <폴아웃>과 같은 게임들은 이러한 시스템을 연산화하여 에르고딕화한 대표적 예제이다. 게임이용자는 컴퓨터 연산으로 주어진 대화 선택지들을 고르거나, 캐릭터 성장에 따르는 상이한 능력치 보상을 선택해 나감으로써 '내가 어떤 사람이 될지'를 설계할 수 있다. 대규모 다중 이용자가 한 공간에서 만나는 MMORPG같은 경우 미미크리적 에르고딕은 더욱 확장된다. 이용자는 자신의 캐릭터를 특정한 방식으로 설계할 뿐 아니라, 채팅 및 감정표현 등의 커뮤니케이션을 통해 자신이 상상한 캐릭터 페

42_ 로제 카이와, 『놀이와 인간』, 47. 이하 이 책에서의 인용은 본문에 표시한다.

르소나를 플레이하며 놀기도 한다. <리니지2>에서 이용자들이 행하던 지배계급과 피지배계급의 역할놀이가 실제로 착취·수탈하는 적대관계로 전화해 '바츠 해방전쟁'과 같은 경우도 마찬가지다. "카니발 때 가면을 쓴다고 해서 자신을 진짜 후작, 투우사, 아메리카 원주민으로 믿게 하려는 것은 아니다…가면을 통해 사회적 역할을 숨기고 실제의 인격을 해방시켜 그 결과로 얻어지는 방종의 분위기를 이용하기 위해서이다"(50). 미미크리적 에르고딕은 무엇보다 주어진 컴퓨터 연산적 설계에 기반한다는 점에서 어린아이의 흉내내기놀이나 일상적인 연기놀이처럼 완전히 자유롭지는 않다. 그러나 이용자는 이 연산을 전유해 '어떤 인격이 될 것인가'를 시뮬레이션한다는 것, 즉 주어진(롤플레잉 게임의 성장 및 커뮤니케이션 메커닉) 에르고딕성을 미미크리적 플레이에 접합시킨다는 점에서 이용자는 자신의 게임플레이를 통해 미미크리를 '조형'한다 볼 수 있다. 현기증과 흥분을 매개하는 네 번째 범주, 일링크스도 비슷한 맥락을 공유한다. 카이와는 공포, 아찔함, 패닉의 흥분에서 오는 감각적인 쾌락이 테크놀로지의 발전과 결부해 있다는 사실에 주목했다. 일링크스적인 놀이의 진전은 자동차나 기계장치 등 동력장치의 발달과 궤를 같이한다. 스키, 오토바이 스포츠카의 질주 등 "몸을 마비시킬 정도의 격렬함과 난폭함을 이러한 감각에 주기 위해서는 강력한 기계장치의 발명이 필요하였고…현기증이 실제로 놀이의 범주가 되기 위해서는 많은 경우, 산업시대의 도래를 기다리지 않으면 안 되었다"(56). 요컨대 디지털게임의 일링크스적 요소들은 그래픽 디스플레이와 연산속도의 발전, 나아가 게이머의 감각과 게임 내 작동을 연결하는 인지적 디바이스의 발전과 맥을 같이 한다 볼 수 있다. 이러한 예는 디지털게임이 이용자의 인지 및 시각을 끊임없이 내부로 더 리얼하게 끌어들이고자 하는 경향에서 주로 나타난다. 특히 '일링크스적 미미크리'라 부를만한 요소들은 메커닉보다 감각을 중시하는 VR 게임에서 주로 나타난다. VR게임들은 기존의 디지털게임이 추구하는 복잡한 연산처리 룰과 공간탐색의 요소들을 단순화하고, 대신 이용자의 지각을 가상에 일치시키는 방식으로 평형감각을 교란하면서 일링크스적 에르고딕을 추구한다. 번지점프를 할 때 행위자는 안전장치가 있다는 믿음 때문에 흥분을 재미로 소급할 수 있지만, 번지점프 VR게임을 하는 순간의 이용자는 이것이 '프로그램된 가상'이고 안전장치가 필요 없음을 인지하면서도 그것이 자아내는 현기증에 빠져드는 것이다.

네 가지 범주의 에르고딕성 플레이에서 중요한 시사점은 무엇일까? 문학이나 영화의 언표계를 따라가는 독자와 달리, 플레이의 조형행위 과정에서 이용자는 게임의 일방적 수용자가 아니라 입법자로 좌표 변경을 할 수 있다는 사실이다. 입법자가 된 이용자는 게임의 설계자가 직조해 놓은 메커닉을 그대로 따라가는 것이 아니라, 그것들을 탐색하고 수학적 변수들을 이리저리 바꾸면서 가변적 에르고딕 위상들을 시뮬레이션한다. 또한 게임의 설계자는 이러한 이용자의 능동성까지 염두에 두고 더욱 복잡한 메커닉을 설계하거나 플레이의 장애물을 설치하는 등, '시뮬레이션을 시뮬레이션'해야만 한다. 따라서 게임 설계자는 이용자가 시간축을 편안하게 늘려서 지나치게 짧은 시간 내에 에르고딕성에 도달하지 않게끔, 공간축을 늘리거나 굴곡을 주는 역할을 수행한다. 게임 튜토리얼에서 설명하지 않는 숨겨진 요소들을 집어넣고, 보물상자를 좀처럼 눈에 띄지 않는 길에 숨겨놓거나 하는 설계들이 그 예다. 중요한 것은 에르고딕성에 수렴되면서 숙성되는 플레이의 과정 그 자체이지 그 이후가 아니라는 점을 인식하는 것이다. 요컨대 에르고딕-플레이는 '시뮬레이션을 시뮬레이션'한 게임 메커닉을 충실히 따라가며 게임의 시공간을 탐색하고, 수학적 원리들을 발견하며, x축과 y축의 고정된 상태가 아닌 xy축이 구부러지며 발생하는 프렉탈한 자장을 조절 가능한 중력장으로 전화시키고자 하는 노력으로 이해될 수 있다. 키보드와 마우스를 눌러가며, 게임 내 오브젝트들을 조작하고 능동적으로 재배치하는 과정을 통해 이용자는 아리아드네의 실타래를 따라 미궁을 벗어나는 테세우스가 된다.

물론, 컴퓨터 미디어에서 고정적인 대상성이 전자신호의 가변성으로 대체되었다는 전제[43]를 받아들이더라도 에르고딕-플레이의 설계와 연산적 수행성의 생성 지점이 놀이하는 인간의 상상력이라는 명제는 달라지지 않는다. 미궁의 출구로 이어져 있지만 어두운 벽을 더듬으며 공간을 탐색하도록 교묘히 배치된 이 희미한 전자 실타래는, 어린아이가 장난감을 가지고 놀며 떠올리던 상상들이 컴퓨터화된 놀이의 에르고딕에 의해 자아내어진 것이다. 이처럼 디지털게임에서 메커닉과 시뮬레이션으로 직조된 에르고딕-플레이의 역학은 바로 이 상상력에 지성적 질서를 부여함으로써 미적 공통감각의 가능성을 마련한다. 일찍이 칸트는 이를 두고 "미감적 판단에 기초한 논리적 판단으로 언표된"[44] 미감적 보편성이라고 언명한 바 있다. 칸트는 미감적 보편성이 놀이에서 교차되는 상상력(자유와 혼돈)과 지성(경계와 규칙)의 횡단 가운데서, 인간의 감각들 사이로 자유롭게 오고가는 상상력이 질서를 부여하는 지성과 주관적으로 합치될 때 비로소 취미판단과 합법칙성의 양립을 가능하게 만드는 것이라고 설명한다(244). 정리하자면, 디지털게임에서 에르고딕-플레이는 가변적이게 된 대상성의 전자신호들, 마음 속 상상과 시뮬레이션을 전자적으로 펼쳐내 "표상에서의 인식능력의 자유로운 놀이이자 모든 사람에게 타당한 유일한 표상 방식인"(211) 공통의 놀이공간

43_ 레프 마노비치, 『뉴미디어의 언어』.
44_ Immanuel Kant, *Kritik der Urteilskraft* (1790); 한국어판: 임마누엘 칸트, 『판단력 비판』, 백종현 역, 아카넷, 2009, 208. 이하 이 번역본에서의 인용은 본문에 그 쪽수를 명기한다.

을 형성하는 동력으로 작용한다 볼 수 있다.

3. 게임의 미학, 플레이의 문화: 미학적 대중주의

디지털게임에서 재현은 어떤 문화적 의미를 가지며, 이 의미들은 이용자들과 어떤 언표적 질서로 얽혀지는가? 우리는 이 질서를 어떻게 포착하고 또 거기에 포섭되며, 이를 '읽기'나 '플레이' 같은 행위에 반영하는가? 이를 규명하기 위해서는 먼저 게임과 플레이를 둘러싼 사회적 맥락들이 가진 의미를 검토해야 한다. 게임이라는 단어에 직조되어 있는 사회적 기의 때문에 게임플레이는 종종 매우 가벼운 것으로 받아들여진다. '나는 게임을 한다'라고 발화했을 때, 게임을 하는 행위는 '나는 진지한 사고를 하지 않는다'라는 사회적 언표를 관통하며 협소한 의미들로 침잠하기 일쑤이다. 이는 에르고딕-플레이가 외연적으로 현시하는 미학적 잠재력을 현저히 축소한다. "게임을 하는 A씨"라는 말을 듣자마자 우리가 응당 떠올리는 것은 덥수룩한 수염에 지저분한 속옷 차림의 남성 A씨가 빈 컵라면 용기가 잔뜩 널브러진 책상 위에서 구부정하게 마우스 클릭을 하고 있는 광경이다. 게임을 진지하게 대하는 사람들조차도 이런 기시감으로부터 자유로울 수가 없는데, 푸코가 말한 것처럼 언표란 발화행위나 진술, 명명이나 언명이 아니라 그것들을 가능하게 하는 지층, 즉 담론의 차원에서 언어를 배열하는 방식이기 때문이다. 영화를 보는 A씨나 책을 읽는 A씨가 게임을 하는 A씨보다 더 유익하게 다가오는 것은 영화와 책을 읽는 행위가 어떤 진지함을 요구하거나 그 진지함으로부터 무언가를 배울 수 있을 것이라는 인식, 즉 지식 생산에 있어 영화와 책 등 고정된 미디어 독해에 투영되어있는 근대적 에토스로부터 기인한다.

소주병이 널브러진 방바닥에 앉아서 폐인처럼『잃어버린 시간을 찾아서』를 탐독하는 A씨나, 평일 낮 독립영화 상영관에서 하루 종일 고다르의 영화를 보고 있는 A씨는 상상하기 어렵거니와, 설령 그렇다고 해도 불온하게 느껴지지 않는다. 반면 일요일 낮 우아한 양장 차림으로 소파에 앉아 조이패드로 게임을 조작하면서 와인과 치즈를 음미하는 A씨의 모습은 상상하는 것 자체가 모순으로 느껴진다. 이러한 상상적 예제들은 '게임이라는 문화가 사회적으로 하대받고 있다'라는 일차원적 현실을 지적하고자 제시된 것들이 아니다. 언표와 지식을 이루는 시대적 지층은 단순한 권력의 역학으로 축적되는 것이 아니며, 특히 담론적 권력은 지배적인 힘뿐 아니라 피지배자의 반작용을 통해서도 관계망을 형성한다. 이 담론적 질서의 난제를 넘어서지 않으면, 디지털게임의 에르고딕-플레이는 단토가 역설한 예술계(artworld)를 생성하기 어려울 것이다.

에르고딕-플레이라는 개념만으로는 디지털게임의 숭고를 완전히 설명할 수 없는 것은 분명하다. 그것은 말 그대로 숭고로 재조명될 수 있는 잠재태이지 직접적인 미적 판단의 준거가 되지는 않는다. 무엇보다, 그 본질이 컴퓨터적 연산 위에 기반한 동역학적 모자이크라 하더라도 디지털게임은 재현양식을 통해 구체화될 수밖에 없다. 보드게임의 매트릭스가 게임판과 기물을 통해 시각화되듯이, 그리고 가장 간단한 에르고딕이라 해도 결국 주사위나 카드 등으로 추상화되듯이 디지털게임은 아무리 단순한 메커닉을 가지고 있다 해도 '재현'을 투사할 수밖에 없다. 0과 1로 된 신호건 서판 위에 그려진 것이건 간에 재현에는 이미지, 텍스트, 사운드의 기본 형태들이 동반된다. 디지털게임을 플레이하는 이용자는 에르고딕-플레이 과정에서 연산적 매혹과 경이를 얻기도 하지만, 동시에 재현된 것들과의 상호적 교섭 속에서도 의미작용을 주고받는다. 칸트가 설명하듯이, 자연 대상의 모든 크기 평가는 결국 미감(감성)적이며(257), 어떤 양적인 것을 직관적으로 상상력에 받아들여 그것을 수에 의한 크기 평가를 위한 척도 또는 단위로 쓸 수 있기 위해서는 상상력의 두 가지 작용, 즉 '포착(auffassung)'과 총괄이 필요하다(258). 그런데 이 포착과 총괄은 결국 객관이 아닌 주관의 차원에서 현상된다. 이는 에르고딕-플레이의 주체인 이용자가 게임플레이 행위들을 통해 어떠한 상징적 실천을 하고 있는가의 문제로 결부될 수 있다. 그렇기 때문에 이 글이 이 절에서 주목하는 지점도 게임을 둘러싼 고착화된 담론 질서를 깨트리기 위해 게임의 문화적 내용이 어떤 방향으로 나아갔는지를 조망하는 데에 있다.

디지털게임 플레이를 통해 사회에 대한 비판적 관점이 도출될 수 있는가? 우리는 플레이가 진지할 것이라는 생각은 좀처럼 하지 않는다. 예컨대 디지털게임은 자본주의 사회의 계급적 모순을 폭로하거나 경찰국가의 감시에 포획된 시민의 노예상태를 고발할 수 있는가? 혹은, 이러한 억압 하에서 살아가는 개인(루카치가 말한 문제적 개인과 같은)이 전쟁과 죽음, 사랑과 질투 같은 주제를 통해 삶을 성찰하는 계기들을 마련할 수 있는가? 그간 게임은 그 본질이 재미 추구에 있기 때문에 진지함을 추구할 수 없으며, 대문자적 담론에 참여할 수 없는 미디어 혹은 서브컬처인 것으로 여겨져 왔다. 윤태진은 이를 두고 '게임 포비아'라고 명명하면서, "게임을 지능의 계발과 지식의 축적 과정이라는 데카르트적 이상을 방해하는 반지성적 장애물로 간주"[45]하거나 "게임세계를 현실세계와 유리되어 유물적 가치가 전무한 유희의 세계와 동일시하는"[46] 사회적 인식의 문제가 주요 요인이라 비판한 바 있다. 이런 경향은 비단 한국뿐만 아니라 세계 전반에서 일반적으로 통용되

45_ 윤태진, 『디지털 게임문화 연구』, 커뮤니케이션 북스, 2015, 63.
46_ 같은 책, 64.

는 것으로 보인다. 미국에서 총기난사 사고의 주원인으로 총기소지가 아닌 게임 GTA 시리즈가 번번이 지목되거나 2019년 세계보건기구에서 게임중독을 질병으로 분류한 것을 보면, 이는 더이상 놀라운 일은 아니다.

디지털게임의 재현 양태의 절대다수가 서브컬처의 장르문법을 변주하는 현상을 지적하는 문제도 제기된다. 아즈마 히로키는 서브 컬처 문화산업에 천착된 일본 사회의 문화생산 지형을 '동물화하는 포스트모던'이라 이해한다. 그는 '타자의 욕망을 욕망하도록' 균일하게 주물되는 대중문화(라이트 노벨, 애니메이션, 게임)가 탈역사적 성격을 띨 뿐 아니라 문화적 대상에서 의미를 읽어나가는 사회적 관습들이 천편일률적으로 코드화되는 포스트모던적 현상(모에 요소의 데이터베이스화, 장르문법의 트랜스미디어적 종단)으로 나타나고, 일본뿐만 아니라 지구적으로 만연한 현실임을 지적했다.[47]

포스트모던한 대중문화 헤게모니가 '문화적 우세종'으로 나타나는 후기 자본주의 문화논리라고 설명한 제임슨(Fredric Jameson)의 분석은 게임 포비아와 문화산업의 이중구속에 직면한 디지털게임에 유용한 프레임워크를 제공한다. 제임슨에 따르면, 오늘날의 초국적인 시장자본주의는 문화산업의 소비형식을 통해 사회적 삶의 원천이 되었던 미적 생산과 언어적 발명을 '관리'하는 역할을 일임하게 되었다.[48] 뿐만 아니라 대중적 판타지를 관리하는 문화산업의 홍수 속에서 미적 표현은 모더니즘과 대중문화라는 두 개의 양식으로 갈라지고, 두 양식은 모두 집단적 실천과 유리된다(53). 이 분할은 양쪽 모두 그 이전에 가지고 있던 정치적 예술이라고 부를 수 있는 동력들을

47_ あずま 浩紀, 動物化するポストモダン―オタクから見た日本社会 (東京: 講談社, 2001); 한국어판: 아즈마 히로키, 『동물화하는 포스트모던 – 오타쿠에서 본 일본 사회』, 이은미 역, 문학동네, 2007.

48_ Fredric Jameson, *Signatures of the Visible* (London: Routledge, 1990); 한국어판: 프레드릭 제임슨, 『보이는 것의 날인』, 남인영 역, 한나래, 2003. 이하 이 한국어판 인용은 본문에 표시한다.

파편화하는데, 제임슨은 이로 인해 재현체계의 변화가 그 어느 때보다도 가속된다고 지적한다. "마음과 상상력이 쉽게 읽어낼 수 없는, 탈중심적이고 전지구적인 자본 권력의 그물망"[49]에서 자본주의는 새로운 미적 재현양식을 주조하며, 이는 대중문화에서 주로 "불안과 소외와 같은 정서를 대체하는 행복감에 집착"[50]하는 방식으로 표현된다. 그 결과 우리는 "인종 차별주의는 텔레비전과 광고에 등장하는 말끔한 용모의 흑인 배우들과 뒤섞이고 성차별주의는 TV드라마에 등장하는 '여성 해방주의자'라는 스테레오 타입을 통해 우회하는"(52) 흐름과 마주하게 된다.

제임슨은 이런 메커니즘이 '정신분열'과 '혼성모방'이라는 포스트모던 문화논리로 소급되고 있음을 밝히면서, 우세종으로서의 초국적 문화자본이 불안과 판타지들을 변형해 대중문화 속에 배치함으로써 관리하고 있음을 지적한다. "참을 수도 없고 실현할 수도 없지만 사라지지도 않는 욕망들을 일시적으로 가라앉히는 정도로만 만족시키는" 이데올로기적 관리망에서, 분할된 모더니즘과 문화상품 양자의 재현양식 간 상호 침투가 일어난다는 것이다. 여기에 더해 제임슨이 강조하는 것은 '장르'라는 문화적 테일러리즘이다. 제임슨은 다음과 같이 적고 있다.

고딕 소설, 베스트셀러, 추리 소설, SF 소설, 전기, 포르노그래피 등으로 모든 하위장르들의 구분이 강화되고 있다…자본주의 이전의 장르들은 문화 생산자와 어떤 일정한 동질적인 계급이나 집단적 공중(public)이 맺은 미적 '계약'과 같은 것의 기호였다. 따라서 이러한 장르들은 미적 생산과 소비의 상황이 지닌

49_ Fredric Jameson, "Postmodernism, or The Cultural Logic of Late Capitalism," *New Left Review* 146 (1984), 59-92; 한국어역: 프레드릭 제임슨, 「포스트모더니즘—후기자본주의 문화논리」, 강내희 역, 정정호·강내희 편, 『포스트모더니즘론』, 문화과학사, 1989, 181.
50_ 같은 글, 173.

사회적, 집단적 지위에서 장르의 생명력을 얻었다. 다시 말해 예술가와 공중이 맺는 관계가 여전히 사회적 제도였고 고유한 타당성과 구체성을 지닌 공고한 사회적, 대인적 관계였다는 사실에서 생명력을 얻었다는 것이다. 이러한 예술 생산과 소비의 제도적 지위는 시장의 도래와 함께 사라진다(44).

헐리우드 영화 제작시스템, TV프로그램 및 장르소설의 대량생산 속에서 장르는 일종의 규격이자 품질관리로 기능하기도 한다. 제임슨이 설명하듯이, "대중문화에서 원자화되거나 연속화된 공중은 같은 것을 반복해서 보기를 원하므로 장르 구조와 장르 신호가 절실하게 필요"(45)한 것이다. 이는 카프카나 도스토예프스키의 독자라도 경찰 드라마나 탐정물을 시청할 때 진부한 포맷을 기대하는(46) 본능적 생리에서 발견된다. 대중이 점점 더 장르에 의존적이게 되고, 리터러시가 장르라는 문법에 길들여지는 현상은 비가역적인 것이 되었을 뿐 아니라 디지털 미디어 국면에서는 기술화되는 경향으로까지 확대된다. SF, 판타지, 추리 등의 장르 분류는 정보기술 환경을 경유한 최신 대중문화에서 오히려 고전적이다. 모에화된 애니메이션 캐릭터들을 각 모에 요소(누님형 여성, 소꿉친구형 여성, 말괄량이형 여성, 삐져나온 머리카락과 같은 신체 주요 특성들까지 포함하는) 별로 분리해 데이터베이스로 관리하고, 검색엔진까지 제공하는 현실에서 아즈마 히로키가 '동물화한 포스트모던' 문화산업 논리를 목격한 것도 이와 일맥상통한다.

디지털게임과 같은 고도 기술 집약적인 환경에서 이러한 데이터베이스화 경향은 더욱 집요하고 촘촘해진다. 디지털게임에서 장르는 크게 두 가지로 분류되는데, 하나는 SF, 판타지, 전쟁, 추리, 스릴러 등 전통적인 재현양식과 서사 문법에 따른 장르 분류이고 다른 하나는 게임의 고유한 조작 방식과 메커닉에 따른 분류이다. 1인칭 슈터, 롤플레잉, 실시간 전략, 시뮬레이션, 비행, 로그라이크, MMORPG, 디펜스 등의 다종다양한 장르들이 존재한다. 모에 캐릭터 검색엔진과 같은 극단적인 형태까지는 아니지만, 데이터기술에 기반한 '동물화'의 징후들은 게임에서 더욱 가시화되고 있다. 스팀(steam)이나 에픽게임스(epic games)와 같은 거대 디지털게임 유통 플랫폼이 등장하면서, 수많은 이용자의 피드백과 커뮤니티가 거대한 데이터베이스를 이룰 수 있게 되었고 게임플랫폼들은 이를 기반으로 한 태그 분류법까지 제공한다. 이용자는 '풍부한 스토리' '선택의 중요' '협동' '어두운' '여주인공' 같은 태그 기반으로 게임을 찾아내 구매하거나 플레이할 수 있으며, 장르는 하나의 범주이자 문법을 넘어 빅데이터가 되어가고 있다.

　장르적 규격화는 비단 시각적인 재현에만 그치지 않는다. 고도의 컴퓨터 기술과 대량의 노동분업이 요구되는 게임제작에 있어 '기술적 규격화'는 매우 중요한 문제가 아닐 수 없다. 게임의 기관이라 할 수 있는 물리엔진의 규격화가 대표적인 예다. 대부분의 글로벌 게임유통사들은 제작 스튜디오에 하청을 주는 방식으로 자본을 투입하고, 균질적인 퀄리티의 게임이 제때 완성되어 판매되길 기대하기 때문에 그 일환으로 범용화된 기술 규격들을 적용하는 경우가 많다. 매해 마다 새로운 연도 넘버링을 달고 출시되는 스포츠 시뮬레이션 게임인 <풋볼 매니저> 시리즈가 새 엔진 개발 없이 기존의 엔진을 조금씩 개량해 그래픽과 데이터만 변경하는 것이 주요한 예제이다. 이런 관습은 단일한 시리즈에서만 나타나지 않는다. UBI 소프트가 제작하는 오픈월드 게임들의 경우(예컨대 <와치독> 시리즈와 <어쌔신 크리드>, <디비전> 시리즈 간 나타나는 기술적 재현양식의 유사성), 거대 도시와 군중을 세밀하게 그려낸다는 점, 그 안에서 상호작용하는 플레이의 메커닉이 대동소이하다는 점에서 '게임제작의 기술적 테일러리즘'이라고 부를 수 있을 것이다. <어쌔신 크리드: 신디케이트>에서 구현된 런던의 레벨링은 <와치

독: 리전>의 미래도시 런던에 재활용되고, <고스트리콘> 시리즈와 <파크라이>의 오브젝트 구현방식이 <디비전> 시리즈에서 소스가 되는 식이다. 플레이 양상과 메커닉은 더욱 천편일률적이다. 메인 퀘스트를 수행하면서 주 서사를 따라가, 게임 공간 안의 구역들을 하나씩 점령하고, 사이드 퀘스트를 수행하거나 아이템을 수집해서 캐릭터를 강화하는 방식은 각 게임들마다 놀라울 정도로 흡사하다. 이러한 게이밍의 테일러리즘은 단일한 회사 내에서 벌어지는 현상이 아닌 지구적인 현상이다. 다이어-위데포드가 지적하듯이, 게임제작에 들어가는 대량의 노동은 철저한 국제 분업과 서드파티 아웃소싱으로 이뤄지고 있기 때문이다.[51]

염가에 판매되는 에픽게임스의 엔진 플랫폼인 '언리얼'과 오픈소스 게임 엔진인 유니티도 마찬가지다. 자체적인 엔진 개발 자원이 부족한 1인 개발자나 중소 스튜디오의 경우 라이센스를 지불하고 엔진을 구매하는 경우가 많다. 특히 유니티는 오픈소스라는 특성을 이용해 엔진의 개량을 자체 개발자들이 아닌 이를 이용하는 다른 개발자들의 피드백에 상당 부분 의존한다. 엔진 이용자들의 피드백을 대량으로 축적한 후, 일정 기간 후에 한 번씩 대규모로 기술 개량이 이뤄지는 것이다. 이러한 표준 규격은 범용성과 확장성의 측면에서는 긍정적이지만, 게이밍 기술의 경로의존성을 확대할 뿐 아니라 제작의 다양성을 제한하는 결과를 야기하기도 한다. 초국적 게임기업들의 '관리'는 "상품화를 위한 다양한 가치의 가능성들과 동일시되는 지식의 무한한 가변성을 가진 기술로 확대된다."[52]

게이밍의 제작과 생산에 투여되는 기술적 규격화가 제임슨이 말한 장르

51_ Nick Dyer-Witheford, and Greig de Peuter, *Games of empire: Global capitalism and video games* (Minneapolis: University of Minnesota Press, 2009); 한국어판: 닉 다이어-위데포드, 그릭 드 퓨터, 『제국의 게임』, 남청수 역, 갈무리, 2015.
52_ 같은 책, 155.

적 규격화와 나선상에서 고찰되어야 하는 이유는 무엇인가? 영화산업에서 장르에 따른 제작시스템이 상이하게 규격화되는 것과 비슷한 규격화가 디지털게임에서 동일하게 벌어지는 것은 그다지 새롭지 않다. 엑스박스나 플레이스테이션 같은 독점적이고 제한적인 플랫폼 환경에서 '새로운 기술'을 투입한 실험적 게임을 만드는 것은 매우 어려운 일이다. 오픈소스 조작 및 코드 역설계가 비교적 용이한 PC에서도 마찬가지이다. 하드웨어와 소프트웨어를 넘어 코드와 알고리즘의 역학 수준에서 이런 규격화가 일어난다는 것은 에르고딕의 재현양식에 있어서도 일종의 테일러리즘이 작동할 수 있음을 암시한다. 마노비치가 지적한 것처럼, "물리적, 전자적 미디어 테크놀로지로부터 소프트웨어로의 번역 과정에서 이전엔 개별 미디어의 고유한 속성이었던 기술과 도구가 하나의 소프트웨어 환경 안에서 만나는"[53] 기술 지형으로의 전환, 즉 '소프트웨어화'가 진행되면서 "미디어, 기호현상, 커뮤니케이션의 근본적인 새 단계가 시작된다."[54] 그런데 이 전환의 전망은 그다지 밝아보이지 않는다. 신현우가 비판하듯이, "플레이의 수행성과 목적이 가치축적 운동이라는 기술적 컨버전스에 의해 구조적으로 변환되어 가는"[55] 현상은 더욱 가속화된다. 이는 기술·미디어가 사용가치의 생산을 위한 기술적 직조만이 아니라, 화폐 가치 생산과 가치투쟁들의 직조, 즉 힘 관계들의 직조를 동시에 재현하는 데서 기인한다.[56]

이러한 문화적 정경에서 게이밍의 에르고딕은 문학과 영화가 근대적 시간에서 찾아낸 것과 같은 미적 원리들을 재발견할 수 있을까? 제임슨은 지

53_ 레프 마노비치, 『뉴미디어의 언어』, 60.
54_ 같은 책, 61.
55_ 신현우, 「플레이노동 연구」, 서울과학기술대학교 박사학위 논문, 2020, 93.
56_ Massimo De Angelis, *The Beginning of History: Value Struggles and Global Capital* (London: Pluto Press, 2006); 한국어판: 맛시모 데 안젤리스, 『역사의 시작: 가치 투쟁과 전 지구적 자본』, 권범철 역, 갈무리, 2019.

구적인 문화 포획의 장막으로부터 탈주할 수 있는 주체적 가능성을 '미학적 대중주의'라는 규제적 이념을 통해 돌파하고자 한다. 제임슨은 기본적으로 후기자본주의의 강력한 문화적 '생산체계 하 경제적 힘에 의한 이데올로기 결정성을 부인하지 않는다. 이는 사회경제적 물적 토대를 구성하는 구조로서 자본주의의 동력을 비판하고, 자본주의 세계의 노동 소외와 개인의 원자화를 극복하고자 근대 예술(소설)의 주관성을 소환하고자 했던 루카치의 기획과는 반대의 접근이라 할 수 있다. 루카치가 적고 있듯이, "모든 예술 형식은 형이상학적인 삶의 불협화음을 통해 정의되어 있는 바, 이 불협화음을 자체 내에 완성된 총체성의 토대로서 인정하고 형상화한다."[57] 루카치는 소설로 대표되는 근대예술의 주관성으로부터 자본주의 경제구조로 이뤄진 총체성을 변혁할 수 있는 근거들을 찾고자 했다. 즉, 총체성에 대한 부정성이야말로 삶의 합목적성과 본질이 분리된 근대 자본주의 세계에 다리를 건설하는 작업이라 할 수 있다. 소설을 쓰는 이이자 읽어나가는 이인 '문제적 개인'은 미적 형식을 통해 굴절된 생산관계와 억압, 생활세계에 대한 권력의 지배에서 부조화를 발견하고, 잃어버린 총체성을 수복하기 위한 주체로 거듭나게 된다. "낯선 힘들의 복합체와 마주해서 그 낯선 세계에 자신이 동경하는 내용들을 각인하려 애쓰는 내면성으로서의 주관성…이와 동시에 서로 본질적인 낯선 요소들의 상호 제약성 속에서 하나의 통일된 세계를 일별하고 형상화하는 주관성"[58]은 근대예술의 정신을 관통하는 핵심적인 역사철학적 테제를 이뤄왔다. 그러나 제임슨은 후기 자본주의 문화논리에서 이러한 루카치적 주관성은 불가능해졌다고 단언한다. 그는 모더니즘적 재

57_ György Lukács, *Die Theorie Des Romans*, *Zeitschrift für Ästhetik Und Allgemeine Kunstwissenschaft* 11 (1916), 225-271; 한국어판: 게오르크 루카치, 『소설의 이론』, 김경식 역, 문예출판사, 2014, 80.
58_ 같은 책, 85.

현양식과 상품미학이 상호 침투하는 공허한 재현의 공간, "모더니즘의 형식이 가졌던 이념이 무너지면서 과거 이외에는 아무 데도 돌아갈 곳이 없는 문화생산자의 현실…먼지에 쌓인 구경거리에 불과한 역사"[59]로서 포스트모던의 공고한 소비자본주의 구조를 상정한다. 근대예술의 부정성이 추구하던 미학적 총체성은 백기를 들고, 대신 그 빈 자리에 등장한 소비문화는 미술, 음악, 건축, 영화, 문학 등 전방위에서 '혼성모방'과 '정신분열' '깊이없음'과 '노스탤지어'의 형식으로 주체의 자리를 소거한다는 것이다.

그러나 제임슨은 모더니즘의 형식과 내용이 소비주의적 스펙터클로 완전히 포획된다고 생각하지는 않는다. 그는 이러한 후기자본주의의 포위망으로부터 탈주, 역사 감각을 회복하고 계급의식을 탈환하고자 하는 미학적 기획이 필요하다고 역설한다. 그는 그 일환으로서 "각 개인의 신체가 스스로 위치를 찾아내고, 주변을 체계화하며, 주체의 위치를 외연에 인지할 수 있게끔 지도를 그리는 능력"[60]인 '인식적 지도그리기(cognitive mapping)'를 역설한다. 인식적 지도그리기는 우리가 도저히 인식할 수 없을 것만 같은 초공간적이고 지구적인 자본주의의 사회문화 지형을 드러내고자 제임슨이 고안한 실천적 개념이다. 여기서 자본주의 관계망의 지도를 그린다는 것은 평면이 아닌 삼차원적인 '사회적 공간'을 그려나가는 것을 의미한다. 후기 자본주의 문화적 재현과 소비가 펼쳐놓는 시뮬라크럼들 사이에서 길을 만들고, 지정학적 지도그리기(평면)를 수행하며, 그로 인해 드러나는 계급관계와 모순들을 짚어서 입체지도를 그려나가는 '인식적 지도그리기'가 새 미학적 실천에 동반되어야 한다는 것이다.

그렇다면 인식적 지도그리기를 위해 어떤 문화적 실천이 동반되어야 하

59_ 프레드릭 제임슨, 『포스트모더니즘—후기자본주의 문화논리』, 159.
60_ 같은 글, 188.

는가? 제임슨은 대중문화의 지배적 주류가 된 장르적 재현양식에서 하나의 정치적 무의식, 즉 '민중이 공통적으로 향유하는 유토피아적 충동'을 징후적으로 찾아내야 한다고 설명한다. "가장 타락한 대중문화일지라도 함축적으로, 그리고 희미하게나마 상품으로서 대중문화가 배출되는 사회 질서에 대해 비판적인 지점이 있다."[61] 이것들을 찾아내 비평하거나 미학적 질서로 전유하는 전략이야말로 제임슨의 '미학적 대중주의(aesthetic populism)'가 지향하는 지점, 다시 말해 수행적 차원(비평과 향유)과 창조적 차원(장르문법의 미적 변주)에서 동시에 수행되는 인식적 지도그리기이다. 이를 위해 제임슨은 기존의 근대예술이 추구했던 창작·독해·비평과 단절해야 한다고 주장한다. '세계와 불화하는 주관성'으로서 모더니즘이 추구했던 형식파괴와 내면적 진정성을 응시할 것이 아니라, 베토벤과 카지노가 융합되어버린 포스트모던 문화적 재현에서 유토피아적 충동과 억압된 '정치적 무의식'을 가시화하는 것이 새로운 과제이다. 제임슨은 텍스트에 무의식이 존재하며, 무의식이 펼쳐놓는 '의미없음'의 주술을 걷어내 억압된 것들이 재현되는 방식들, 즉 자본주의적 계급관계의 드러나지 않는 모순과 미학적 표현이 결합하는 경로들을 드러내는 '징후적 독해'를 주장한다. 그것은 어떻게 가능한가? 제임슨이 스스로 제시하는 방법은 상업적으로 흥행한 영화들, 좀처럼 미적 가치가 없다고 판단되는 작품들에서 계급적 알레고리를 드러내는 비평 작업이다. 역설적이게도 가장 대중적이고 상품적인 재현양식으로부터 더 나은 삶과 연합을 향한 무의식, 정치적 무의식을 건져 올릴 수 있기 때문이다. 요컨대 재현양식에서 장르는 문화적 테일러리즘 혹은 소비주의의 매개로 기능하지만, 역으로 지도 그리기에 도움을 주는 암시와 이정표들, 언어화되

61_ 프레드릭 제임슨, 『보이는 것의 날인』, 65.

에르고딕, 그리고 대중미학의 인식적 지도그리기 79

지 않은 비명을 감지하는 인식의 단초를 제공하기도 한다. '인식적 지도그리기'는 결국 자본주의의 경제적 토대가 문화적 전회에 성공한 오늘날, 문화의 영역에서 계급의식을 재구성하고자 하는 노력으로 평가될 수 있다.

장르와 장르기술로 범람천이 되어버린 디지털 게이밍 환경에서 에르고딕-플레이의 미학적 대중주의는 가능할까? 나아가 게이밍에서 컴퓨터적-문화적 층위로 직조된 그물망에서 무엇을 '징후적'으로 읽고 이에 대항하는 해석적 실천을 할 수 있는가? 기술·미디어의 새로운 감각이 편류하는 정보기술 환경에서 근대예술의 낡은 정신적 토대와 결별하고, 새로운 미학적 숭고를 찾아내기 위한 시도와도 정렬된다. 이 논문에서 완벽한 방법을 찾지는 못하겠지만, 적어도 규제적 이념으로서 에르고딕 미학의 맹아적 형태를 미학적 대중주의와 결부시키고자 한다. 디지털게임에서 '인식적 지도그리기'가 가능하기 위해서는 에르고딕적 성격을 띠는 게이밍의 기술적 성격과 기술적 재현양식을 전통적인 장르적 재현양식과 합치된 것으로 보는 변증법적 시도가 필요하다. 젠킨스가 말한 컨버전스(convergence)는 여기서 단절되어야 하는데, 컨버전스는 주로 상업적인 원소스 멀티유즈나 트랜스미디어적인 횡단을 사용하는 용어로서 이미 점유되어 있고, 실제로 그런 현상들을 설명하는 데 더 적절하기 때문이다. 갤로웨이는 디지털게임의 재현양식과 이용자의 인풋(버튼 누르기, 조작하기, 인터페이스 등)이 상호적인 합을 이루는 플레이의 미디어적 특성을 두고 합치(congruence)라는 개념으로 설명한다. 플레이에 동반되는 물리적 행위와 능동적 탐색을 통해서 게임이라는 미디어는 비로소 현상학적 실재로서 구성된다는 것이다.[62] 합치의 요건들이 자아내는 복합적인 재현양식 비판을 통해 우리는 게임이 표현하는 사회적 실재

62_ Alexander R. Galloway, *Gaming: Essays on Algorithmic Culture*.

들을 문학적 리얼리즘이 '반영'하는 것과는 다른 방식으로 '리얼리스틱'하게 재구성할 수 있을 것이다.[63] 이러한 설명을 통해 우리는 에르고딕-플레이가 재현양식과 합치되어 게임만의 독특한 미디어 경험을 주조하는 지점들을 조망하고, 나아가 그것의 비판적이고 성찰적인 지향점인 '미학적 대중주의'로 나아갈 수 있는 지평들을 물색한다. 요컨대, 게이밍 기술과 조작(컴퓨터적 층위)은 게임플레이의 서사와 재현(문화적 층위)에 영향을 미치는 주된 심급이며, 그것들을 어떻게 설계하느냐에 따라 '자본주의의 상징 지배구조에 징후적으로 저항하는' 합치 요건들을 창출할 수 있다. 이런 예제들은 그렇게 많지 않을뿐더러 여전히 게임에서의 재현양식 변화는 기술 변화에 민감한 영역이지만, 수많은 게임플레이가 발걸음하며 길을 만들고 기술화된 자본주의 세계에 대한 인식적 지도를 그려나가는 것은 여전히 중요하다. 고도의 하이테크 기술이 인간을 지배하는 상황에서도 "'우리가 만드는 것'과 '우리가 무엇인지'는 함께 공진화한다"[64]는 것을 인식해야 한다.

4. 사이버 루덴스의 문화적 실천

1) 억압을 플레이하기: 사회적 억압의 시뮬레이션을 역설계하기

보고스트에 따르면, 대부분의 디지털게임은 사회적으로 만연한 편향을 기술화하는 방식으로 제작되며, 이는 플레이의 성격과 메커닉에도 영향을 미친다.[65] 공전의 히트를 기록한 도시 건설 시뮬레이션게임인 <심시티>

63_ Ibid.
64_ N. Katherine Hayles, *My Mother Was a Computer: Digital Subjects and Literacy Texts* (Chicago: University of Chicago Press, 2005); N. 캐서린 헤일스, 『나의 어머니는 컴퓨터였다』, 이경란, 송은주 역, 아카넷, 2016, 367.

시리즈의 경우, 도시 철거민이나 이주민의 문제들을 보여주지 않으며, 지대 상승으로 인한 서민들의 고통을 보여주지도 않는다. 보고스트가 지적하듯이 심시티의 플레이에 가장 중요한 요소는 도로, 배수, 상점가, 빌딩, 공장 등 주로 산업과 운송, 소비에 관련된 인프라스트럭쳐 건설이다. 이용자는 이 인프라스트럭쳐 건설을 시뮬레이션하며, 시설을 짓고 파괴하는 과정에서 발생하는 소요는 공감의 대상이 아닌 관찰과 반응(correspondence)의 기폭제가 된다. 도시 빈민의 사회적 삶에 관한 논평은 '흥'을 좇기 위해 설계된 게임의 역학이 건설과 확장이라는 메커닉에 의해 작동하면서 사라지게 된다. 프라스카는 이런 점 때문에 게임플레이가 진정으로 사회적인 감각으로 등재되기 위해서는 기획 단계에서부터 '비판적 시뮬레이션'이 전제되어야 한다고 생각했다.[66]

프라스카는 이런 구상을 이론적인 수준에서 그치지 않고 직접 게임을 설계하는 행동으로 증명하고자 했는데, 그중 가장 잘 알려진 완성물이 <셉템버 12>라는 웹 기반 게임이다. <셉템버 12>의 메커닉은 간단하다. 이용자에게 이라크의 도시가 분명해 보이는 맵이 주어지고, 그 안을 지나다니는 시민들 중 테러리스트로 보이는 인물을 조준해 폭격을 하면 된다. 그런데 이 게임은 이용자가 폭격을 하면 반드시 부수적인 데미지가 발생하도록 설계되어 있다. 폭격의 범위는 넓은데, 테러리스트와 시민은 항상 뒤섞여 있기 때문에 폭격 순간마다 민간인 학살이 이뤄진다. 테러리스트를 죽이면 점수가 올라가지만, 죽은 민간인만큼 더 많은 테러리스트가 태어나 길거리를 활보하기 시작한다. 이 게임은 결국 테러리스트를 쓸어버리고 평화를 이룩

65_ Ian Bogost, *Unit Operation: An Approach to Videogame*.

66_ Gonzalo Frasca, *Videogames of the Oppressed: Videogames as a means for critical thinking and debate*; 한국어판: 곤살로 프라스카, 『억압받는 사람들을 위한 비디오게임』.

하는 미군의 '테러와의 전쟁'이 허구임을 깨닫게 만든다. 테러리스트는 줄기는커녕 멀쩡한 시민들마저 테러리스트가 되고, 게임은 끝이 나질 않기 때문이다. 프라스카는 자신이 직접 제작한 게임들을 두고 사회적 비판과 성찰을 고무하는 비판적 게임(critical game)이라 명명한다. 또한 브레히트의 서사극과 아우구스토 보알의 입법 연극 등에 관한 게임 시뮬레이션적 논의를 경유해, 지배적인 사회적 권력이 자아내는 하중을 견디며 살아가는 사람들, 랑시에르의 표현을 빌리면 '자신의 목소리가 들리지 않는 사람들'이 억압을 스스로 플레이하는 게임, "억압받는 자들을 위한 비디오 게임"이라는 규제적 이념을 구축하기에 이른다.

그러나 동역학적 에르고딕이라는 관점에서 보면 프라스카가 제작한 다양한 게임들은 지속성의 부재라는 한계가 너무 명백하다. 2절에서 전술했듯이, 에르고딕은 플레이로 발생하는 차이들이 반복되면서 축적되는 수학적 미에 더 가까운 개념이다. 주사위가 계속 던져져야 하고, 아이템을 얻기 위한 최선의 세팅과 시도들이 반복되어야 한다는 뜻이다. <셉템버 12>에서는 이러한 반복이 설계되어 있지 않다. 이용자는 단 30초만 플레이하고도 메시지를 파악할 수 있으며, 더이상 플레이하기를 멈추게 된다. <셉템버 12>와 같이 평면적이고 일회적인 메커닉은 복잡한 역학을 구축할 수 없으며, 프라스카가 제안하는 억압받은 사람들을 위한 '페다고지'는 될 수 있어도 '게임'이 되기는 더욱 어렵다. 또한 셉템버 12가 던지는 메시지도 그것을 만드는 데 드는 수고에 비하면 지나치게 단순하기 짝이 없다. 간단히 말해 <셉템버 12>는 게임이라기보다는 '게임에 관한 메시지'에 더 가깝다.

그러나 프라스카의 간단한 시도는 결국 하나의 아젠다가 되는 데는 성공한 것으로 보인다. 이정엽은 이러한 시행착오적 시도들이 인디 영화나 인디 음악처럼 '인디 게임 제작 씬'을 형성하는 데 하나의 교두보 역할을 마련

[그림 1] <셉템버 12>의 게임화면

했으며, 시간이 지나면서 정교화된 인디 게임의 메커닉은 "탈관습적 인터랙션 메커니즘을 통해…그리고 낯선 조작방식을 통해 작품 전체의 '낯설게하기(verfremdung)'"가 가능해졌다고 평가한다.[67] 이러한 시도들이 성공적으로 완결성을 띠게 되는 사례들은 2010년대 이후 구체화 되기 시작했으며, <프로스트 펑크>(2018)와 같은 게임에서는 에르고딕성과 사회적 알레고리 비판이 성공적으로 어우러지는 양상을 보인다.

<프로스트 펑크>는 그 시뮬레이션의 내용이 '지배계급의 사회적 알레고리를 실행성의 수준에서 조작하도록 강제하는'[68] <심시티> 시리즈나

67_ 이정엽, 「인디게임의 인터랙션 매커니즘과 서술방식 연구」, 『한국 게임학회 논문지』, 14권 4호, 2014, 20.

68_ Gonzalo Frasca, *Videogames of the Oppressed: Videogames as a means for critical thinking and debate*; Alexander R. Galloway, *Gaming: Essays on Algorithmic Culture*.

<문명> 시리즈와 달리 '억압으로부터의 해방'을 테마로 삼는 타이쿤류 게임이다. 이용자는 혹한의 빙하기가 닥쳐 인류가 더이상 생존할 수 없게 된 1887년의 대체 역사를 배경으로, 심시티와 문명과 거의 비슷한 방식으로 도시를 설계하고 관리해 나아간다. 중앙에 위치한 거대한 발전기를 중심으로, 한정된 자원을 관리하며 도시 유지에 필요한 노동과 기계설비들을 운영해야 하는 것이다. 그러나 이 게임을 플레이하는 과정은 매우 복잡하고 고통스러운 결정의 분기들을 제공함으로써 '도시를 건설하는 재미'를 비판적으로 변주한다. 예컨대 이용자는 끊임없이 식량 부족에 마주하며, 한정된 음식을 생존자들에게 어떻게 배분할지를 결정해야만 한다. 이 선택의 결과는 언제나 냉혹한 다음 시퀀스로 전개된다. 제대로 된 음식을 제공하면 식량이 떨어져 인구 전체가 굶주림에 시달리게 되고, 음식에 톱밥을 섞어 제공하면 생존자들의 불만도가 높아져 노동 효율이 떨어지거나 봉기를 일으키는 결과가 뒤따른다. 이용자는 선택의 매 순간마다 신중해야 하며, 그에 따르는 결과들을 꼼꼼하고 현실적으로 머리에 그리지 않으면 안 된다. <심시티> 시리즈와 같이 가벼운 의사결정을 마구잡이로 할 수 없는 것이다. 이와 같은 모든 종류의 사안(노동, 에너지, 기술, 자원)에 대한 선택은 서로에게 복잡하게 연결되어 있다. 식사량이 부족하면 노동력이 줄어들고, 노동력이 줄어들면 건설 시간이 줄어들어 재난에 대비하기 어렵게 된다. 자동기계의 개발에만 집중하면 노동에 투입된 사람들이 장애인이 되는 빈도가 증가하고, 장애인과 비노동인구가 많아지면 이용자는 그들을 도시 밖으로 버릴지를 선택해야 한다. 자원이 되지 않는 인구를 내치면, 에너지 효율은 올라가겠지만 시민들의 불만은 높아진다.

　<프로스트 펑크>는 자본주의 문명이 지닌 부족경제의 한계를 포스트 아포칼립스적 장르 문법으로 알레고리화하면서도, 도시건설류 시뮬레이션

[그림 2] <프로스트 펑크>의 게임화면

게임의 복잡한 기능역학을 사회적 억압에 관한 성찰적 플레이에 접목시킨 좋은 예제이다. 무엇보다 <프로스트 펑크>가 단순한 인디 게임이 아니라 크라우드펀딩을 통해 희망자들로부터 직접 제작비를 지원받고, 제작 과정을 이용자들과 공유하면서 투명한 프로세스 위에 만들어진 게임이라는 점에서 더 큰 의미가 있다 하겠다. 그러면서도 <프로스트 펑크>의 외관은 대규모 자본이 투입된 AAA게임(블록버스터 게임을 칭하는 게이머 용어)과 크게다를 바 없이 수려하고, 라이센스 엔진이 아닌 자체 개발한 리퀴드 게임엔진을 사용했다는 점이 주목할 만하다. 이러한 게임들에서는 플레이어가 게임 안에서 자신의 의지로 게임의 본질적 구조의 의미를 파악하려는 의지와 전략 실행의 능력을 가지고 있어야만 마지막 층위, '시스템으로서의 규칙의 형식 층위'까지 진입할 수 있다.69) 그런데 이 층위는, 빈틈없는 사회비판적

69_ 이장원·윤준성, 「게임의 미학적 잠재성과 가치 특성」, 『한국 게임학회 논문지』 16권 5호, 2016, 141.

레토릭과 선택 시퀀스들이 도시 건설 관리의 메커닉과 유기적인 성좌로 연결되어 있으며, 이 점에서 과도기 단계인 <셉템버 12>에서 진보된 측면들이 포착된다. 문명적 위기의 상태를 '포착'하고 그것을 극복하기 위해 플레이를 단순한 재미 차원에서가 아니라 '총괄'하면서, 그것을 극복하는 메커닉을 이용자로 하여금 능동적으로 창출하는 것이 <프로스트 펑크>와 같이 사회적 억압의 시뮬레이션을 역설계한 게임들에서 나타나는 특징이라 할 수 있다.

2) 게임 행동주의: 소통과 연결의 플레이장

행동주의(activism)는 정치, 생태, 경제 등의 영역에 직면한 위기에 대응하기 위한 즉각적 현장 실천을 뜻하며, 파편화된 개인들을 하나의 대항적 프로파간다 아래 연결시키기 위한 협력과 소통의 전술을 의미하는 것이기도 하다. '함께 하기'와 '수평적 소통'은 이 전술에서 핵심이며, 이를 통해 목소리 없는 자들이 몫을 요구할 수 있는 민주적 출구 전략을 창출하고 즉각적인 변화를 촉구한다. 이는 아렌트가 인간 활동의 세 층위를 노동(labour), 작업(work), 행위(action)로 구분하면서, 행위를 정치적 공동체라는 유기적인 신체를 조직하기 위한 대사활동으로 강조한 것과도 일맥상통한다.[70] 아렌트에게 정치적 행위란 무엇보다 일상적 삶의 핍진성을 연결하는 공통감각의 형성을 이끌고, 각 개인이 서로를 지탱하는 '서로-인간'적 삶을 지향하는데서 출발하는 것이다. 우리가 잘 알고 있는 것처럼 행동주의는 다양한 정치적 운동(성평등, 생태, 반자본주의) 형태들을 주조하는 데 큰 역할을 했고, 예술에 있어서도 행동주의는 공공미술이나 점거운동(squat) 급진적 예술운동의 전개에 중요한 영향을 미쳤다.

70_ Hannah Arendt, *The Human Condition* (Chicago: University of Chicago Press, 1958); 한국어판: 한나 아렌트, 『인간의 조건』, 이진우 역, 한길사, 2002.

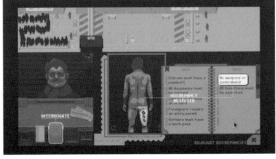

[그림 3] 사회적 억압의 알레고리를 플레이하는 인디 게임의 예제들. <페이퍼, 플리즈>(2013)는 플레이어로 하여금 공산주의 국가의 출입국 심사관이 되어 노동과 플레이의 경계를 흐리는 경험을 강제하며, <레플리카>(2016)는 경찰국가의 감시와 억압에 관한 게임적 기능을 휴대폰 디바이스에 매체화한 플레이를 기존의 어드벤처 게임의 방식으로부터 역설계한 예이다.

와크(Mckenzie Wark)는 이러한 행동주의의 이념이 디지털게임에서도 가능할 뿐 아니라 새로운 기술적 형식으로 전개될 가능성이 있음을 강조했다. 와크는 게임의 공간에 들어서는 순간 게이머는 신념과 분리되는 존재라고 설명한다.[71] 게임이용자에게 신은 게임 디자이너이며, 게임 디자이너가 펼쳐낸 기술적 실타래를 풀어가는 과정에서 신념을 내면에서 규격화한다는 것이다. 그러나 이것은 이용자가 게임 디자이너의 꼭두각시나 장기말이라는 뜻이 아니다. 와크는 재미추구가 본질인 게임플레이가 실천적인 슬로건으로 전회되기 위해서는, 적어도 알고리즘 디자인의 수준

71_ Mckenzie Wark, *Gamer Theory* (Cambridge: Harvard University Press, 2007).

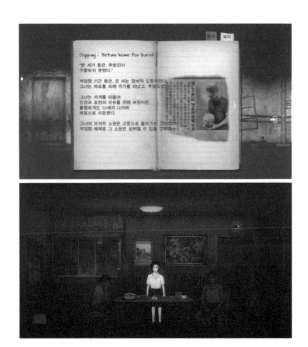

[그림 4] 대만의 백색테러 시기 역사적 트라우마를 '공포 게임'의 형식으로 맞이하고, 해소될 길 없는 전체주의 국가권력의 억압을 폭로하는 어드벤처 게임 <반교: 디텐션>(2017). <반교>는 귀신과 유령이 출몰하는 학교라는 시공간을 공포장르의 분법으로 설계한다. 또한 플레이어가 공간을 탐색하며 퍼즐을 풀어나가는 과정에서 대만 국민당의 계엄령 시기 민중이 경험했던 공포를 역사화한다. 게임에서 아이템을 수집하고, 공간을 탐색해 비밀을 풀어나가는 과정은 이러한 경험을 조심스레 마주하고자 하는 에르고딕적 알레고리로 소구된다.

에서부터 그것이 설계되어야 한다고 주장한다. 그에 따르면, 플레이는 초창기에 '해방의 슬로건'을 내포하고 있었다. 최초의 게임 개발자들인 히긴보덤(William Higinbotham)과 러셀(Steve Russel)은 국가가 소유한 전쟁 테크놀로지를 해킹해 게임을 만들어냈으며, 지극히 심플한 플레이만 구현할 수 있음에도 불구하고 반전 평화와 안전이라는 정치적 메시지를 지니고 있었다. 그러나 '행동주의' 게임에서 이 메시지는 단지 게임의 알고리즘과 플레이 내부에만 갇히지 않는다. 직접적으로 이용자들이 서로를 연결하고 행동할 수 있는 차원을 외부에 만들어줌으로써 행동주의적 게임은 매개자가 될 수 있다.

이런 맥락에서 이탈리아의 급진적인 게임개발자 그룹인 몰레인두스뜨리아(molleindustria)의 플래시게임들은 게임 행동주의의 선구자로 평가될 수 있다. 앞서 소개한 <프로스트 펑크>와 같은 게임이 비판적 알레고리와 플레이 사이에 펼쳐진 성간을 게이밍으로 연결하고자 한 시도라고 한다면, 몰레인두스뜨리아의 대표작인 <메이데이 넷 퍼레이드>는 개별 플레이어들의 노드를 게임적으로 연결하고, 노드 간 소통과 협력을 현상하는 게임이다. 이 게임은 독특한 단절성과 연속성을 띤다. 게임의 구동 체계는 플래시와 넷 기반이기 때문에, 여타의 스탠드 얼론 게임 또는 플랫폼 기반 클라우드 구동 형태를 취하는 스팀 게임 등과는 존재론적으로 차이가 있다. 플래시 기술이 사멸된 현재, 이 게임은 몰레인두스뜨리아의 공식 홈페이지에서도 관람할 수 없게 되었으며 플레이 자체는 2005년에 종결되었다. 이용자는 몰레인두스뜨리아의 홈페이지에 접속해 플래시를 구동시켜서 게임에 참여할 수 있다. 자신의 아바타를 만들어 넷에 구현된 5월 1일 노동절 행진에 참여하는 것이다. 아바타들의 행진은 반복적인 루프로 구현되며, 참여자들은 자신의 메시지를 입력해 다른 참여자와 공유할 수 있다.

메이데이 넷퍼레이드의 참여는 일시적으로 이뤄졌지만, 행진은 그보다 훨씬 긴 시간 동안 이어졌다. 플래시플레이어 서비스가 종료된 2020년 12월 전까지도 게임 속 행진은 별탈없이 구동되고 있었으며, 2004년과 2005년에 참여한 이용자들의 아바타와 메시지는 고스란히 남아 있었다. 15년이 넘는 시간동안 이들은 변함없이 시위를 이어가고 있었던 것이다. 양립 불가능하다고 여겨졌던 플레이의 일시성과 영속성을 이어붙인 뒤 소실된 <메이데이 넷퍼레이드>가 우리에게 던져주는 시사점은 분명하다. 에르고딕-플레이의 대중미학화 경향을 이해하는 데 있어 반드시 근대적 예술이 가져야

[그림 5] <메이데이 넷퍼레이드>의 플레이화면

하는 덕목들이 추구될 필요가 없다는 것이다. <메이데이 넷퍼레이드>는
참여자들을 하나의 공간에 밀어넣고 각자의 고독한 작업을 수행하게끔 하
는 MMORPG와 달리, 캐주얼한 연결과 소통 그 자체를 메커닉으로 삼음으
로써 노동절의 의미와 구호를 전파하는 데 성공했다.

　<메이데이 넷퍼레이드>와 같은 게임은 이를 넘어서 플레이를 통해 상
호적으로 생성되는 의미작용들이 복잡한 상업주의적 테크닉 없이도 가능하
다는 점을 보여준다. 또한 플레이를 하나의 정치적 행위로 승급시키고 넷상
에서 영구적으로 전시하는 독특한 넷 행동주의의 성격을 띠기도 한다. 이러

한 게임들로 대표되는 행동주의적 게임들은, 에르고딕을 구현하는 것이 아니라 해체하고 미디어적으로 재배치한다. 관계맺기-행동하기로 이어지는 사회적 미메시스의 순환을 촉진하고, 실제 차원에서 인간 행위 능력의 성공적 고양에 기여한다.[72] 또한 현실세계와 관계맺기를 통해 이용자는 플레이뿐만 아니라 미디어 행위에도 적극적으로 참여하며(예컨대 소셜미디어를 통한 확산) 사회적 실재감을 고무하기도 한다.

3) 플레이(play)에서 만들기(making)로의 전회: 오픈소스 게이밍

오픈소스 게이밍은 오픈소스 소프트웨어와 하드웨어를 활용한 게임제작과 플레이를 통해 DIY(Do it Yourself)의 성격이 디지털적으로 재구성되는 경향이 있으며, 최초의 게임개발자들인 히긴보덤과 러셀 이후에도 '코드의 자유로운 공유와 배포'라는 규약으로 지속되어 왔다. 특히 개별 노드들이 네트워크화된 다중(multitude)이 협업하며 게임제작의 일부이자 전체로서 창조해나간다는 점에서 행동주의가 지닌 '관계맺기'의 측면들이 기술적으로 구체화되는 프로세스로 이해될 수 있다. 거대 다국적 자본의 중앙집중적 게임제작이 아닌, 분산 배치된 개별 이용자들이 스스로의 코드 리터러시를 통해 플레이의 감각을 설계한다는 점에서 '모드제작(modding)'과는 다른 측면을 보인다. 모드제작이 개량(enchantment)이나 2차 창작의 성격을 갖고 있다면 오픈소스 게이밍은 역설계(reverse engineering)의 성격을 지닌다 할 수 있다. 기술·게이밍 환경에서 오픈소스 게이밍은 기계요소들(입력장치, 연산장치, 메모리, 통신망, 서버)과 비물질적 기계요소들(컴퓨터 언어, 프로토콜, GUI, 인터페이스, 알고리즘)을 제작자(혹은 이용자)가 능동적으로 탐색하는 과정이며, 자본

72_ 권보연, 「가상현실 시위의 사회적 미메시스 특성 연구: 홀로그램 포 프리덤 사례를 중심으로」, 『인문콘텐츠』 제40호, 2016. 3, 95.

주의적 비즈니스 모델의 설계와 단절할 수 있는 기회들을 창출한다. '탐색'
과 '과정'의 미학을 내재한 에르고딕-플레이가 대중미학화 하는 경향에 있
어 오픈소스 게이밍은 새로운 기술적 지평들을 열어준다.

　세넷(Richard Sennett)이 강조했듯이, 사물을 만져가며 물건을 만드는 제작행
위는 공동체 차원의 물질적 인식을 확대하는 경향으로 나아간다.[73] 리눅스
기반의 게임제작, 오픈 하드웨어인 아두이노(arduino)와 라즈베리 파이(raspberry
pi) 기반의 콘트롤러 기기 등은 상업적인 게임제작의 질서로부터 게이밍을
탈영토화하고, 무엇보다 기술과 손의 감각을 공통화(commoning)하는 차원에
서 플레이의 새로운 영역들을 체험하도록 만들어준다. 또한 오픈소스 기반
제작게임은 규격화와 테일러리즘으로부터 제작 환경을 민주화하고, 향유자
들로 하여금 제작 환경과 소통하게끔 만듦으로써 사회적 기여를 고무하기
도 한다. 리눅스 기반 인디게임들을 발굴해 번들로 판매하는 험블 번들
(Humble bundle)사의 유통방식인 <험블 인디 번들> 또한 좋은 예이다. 넷에
서 구매할 수 있는 이 번들에는 기존의 AAA게임에서 찾아볼 수 없는 독창
적인 리눅스 기반 게임들을 플레이할 기회가 담겨 있으며, 구매자가 자신이
원하는 가격을 결정할 수도 있다. 또한 게임 구매 비용을 자신이 원하는 비
영리단체에 기부할 수 있게끔 설정할 수도 있다. <험블 인디 번들>은 자
신의 게임을 알리고 수익을 거두고자 하는 인디 게임 제작자와 독창적인
게임플레이 경험을 추구하는 이용자 사이에 경제적 선순환고리를 형성하는
계기들을 마련해 준다. 이러한 실험적인 시도들은 게임 내적인 플레이뿐 아
니라 이용자로 하여금 잘 분배된 노동과 예술적 창조를 추구하는 사회적
외연과 접촉하도록 한다는 점에서 게임의 미학적 대중주의에 있어 시사하

73_ Richard Sennett, *Craftsman* (London: Yale University Press, 2009); 한국어판: 리차드 세
　　넷, 『장인』, 김홍식 역, 21세기북스, 2021.

[그림 6] 오픈 하드웨어 DIY 게이밍의 예제들. Creoqode 2048(위)는 확장과 개조가 가능한 오픈소스 하드웨어 콘솔을 제공하고, 이용자가 손수 프로그램한 코드와 커스텀 디바이스를 연결해주게끔 하는 개방형 게이밍 플랫폼이다. MAKERbuino(아래) 역시 8비트의 자가 프로그램 가능한 아두이노 게이밍 컨트롤러로, '게임의 코드를 직접 조작하고 만드는 과정' 자체를 게임화하는 독특한 장난감이다.

는 바가 크다 할 수 있다.

오픈소스 게이밍은 인디게임제작이나 상업게임 제작에서나 아직 주된 대안적 게이밍의 형태로 등장하지는 않았다. 그러나, 게이밍에서의 '인식적 지도그리기'가 작품에 대한 비평과 독해 수준이 아닌 창작의 수준으로 이어질 수 있는 가능성을 담지하고 있다는 점에서 긍정적이다. 자본-노동의 대규모 산업적 관계 및 이로 인한 기술적 경로의존성(게임엔진, GUI, 디바이스의 규격화)으로 얽혀져 있는 현재 게임제작 환경에서 오픈소스 게이밍은 지금까지 발견할 수 없었던 게이밍 에르고딕을 발견할 수 있는 지평을 시사한다. 오픈소스 게이밍의 제작 환경이 활성화된다면, 다시 말해 거대자본-집

적노동이 아닌 새로운 게이밍의 경제적 토대가 가능하다면 지금까지 소외되거나 기각되었던 개인 개발자 및 게임이용자의 미적 감각들이 출현할 수 있는 기회들을 엿볼 수 있기 때문이다. 이를 위해서는 자유로운 개발 환경을 위한 독립적인 소규모 자본, 1인 제작, 비주류 게임이용자들로부터의 소규모 크라우드펀딩 등 대안적 펀딩 방법들도 필요하지만 무엇보다 위키피디아나 리눅스와 같이 집단지성에 기반한 새 게임제작의 기술장이 요청되는 바이다. 이러한 진단은 게이밍의 인식적 지도그리기와는 별개로, 게임산업의 토대를 개혁하고, '만드는 손'의 감각을 게임개발자와 이용자에게 돌려놓는다는 점에서 중요한 단초를 제공할 것이다. 천편일률적인 게임 메커닉, 상업적이고 편향적인 게임 재현, 스펙터클에 치중한 플레이를 탈피해 들리지 않던 것들을 들리게 하고, 보이지 않던 것들을 보이게 하는 오픈소스 게이밍의 기획들이 점진적으로 가시화되고 있다. 오픈소스의 이념은 개방된 접근을 토대로 정보기술의 민주화 또는 공통화(commoning)를 꾀하는 시도로 귀결될 수 있는데, 게이밍을 공통화한다는 것 또한 게이밍의 유적인 가치를 자아내는 물적 환경을 개선하는 노력과 일치하는 것이기도 하다.

5. 강도의 플레이그라운드

이 글은 디지털게임의 '에르고딕'이 1) 컴퓨터적 2) 문화적 층위의 인식적 지도그리기를 통해 미학적 대중주의로 나아갈 수 있는 경로들을 이론적으로 탐색하였다. 디지털게임은 새로운 컴퓨팅 기술의 도입과 그것을 이어붙이는 놀이의 사회적 행태들을 통해, 짧은 역사에도 불구하고 새로운 사회문화적 지평들을 열어젖히고 있는 삶활동 중 하나이다. '게임은 현실과 삶에 대한 진지한 고찰을 담을 수 있는가?'라는 질문은, 결국 '게임으로부터 문화적 소비를 넘어서는 새로운 미적 숭고를 발견할 수 있는가?'라는 또 하나의 질문으로 귀결되는 것이기도 하다. 그간 게임을 둘러싼 사회적 담론의 질서는 주로 '게임이 비교육적인가?'나 '게임의 경제적 효과가 무엇인가?'라는 현실추수적인 수사들에 천착되었고, 오늘날에도 이런 인식은 크게 변하고 있는 것 같지 않다. 무엇보다 게임산업의 규모나 수출액 등의 경제주의적 잣대로 '게임이 문화다'라고 성급히 천명하기 전에, 진정으로 디지털게임이 삶속에서 어떤 미학적 공통감을 자아내고 있는지를 포착하는 것이 중요한 문제라 할 수 있다. 이 글은 게임을 둘러싼 경제 담론의 맹점들을 넘어서기 위해, 그리고 게이밍의 '예술계'를 지향하기 위한 하나의 규제적 이념으로서 디지털게임의 미적 에르고딕을 이론적으로 고찰하고자 했다.

물론, 이 글이 가진 한계 또한 존재한다. 이 글은 '탐색적 고찰' 또는 '탐색적 시론'으로서 구체적인 텍스트 분석을 수행하기보다는 기존의 뉴미디어 연구와 게임 연구의 이론적 작업들을 연결시키고, 에르고딕-플레이의 대중미학적 경향을 규명하는 데 대부분의 지면을 할애하고 있다. 이 글은 하나의 대문자적인 구상에 관한 것으로서, 지면 한계상 혼종·다종적인 수많은 게임을 실제적으로 분석하는 데는 도달하지 못했다. 이는 후속 연구에서 문학비평이나 영화연구가 그랬던 수준의 구체적인 텍스트 분석 방법론을 완성해야만 하는 당위로도 연결된다.

그럼에도 불구하고 이 글의 의미를 스스로 찾자면, 이 글을 통해 사회전체 수준에서 산업규격 바깥의 게이밍 기술들을 실험하는 미학적 시행착오들이 필요하다는 것을 역설했다는 점이다. 이런 과도기적 이행을 거치지 않고서는, 우리는 진정으로 게임이라는 뉴미디어의 본질과 새로운 놀이의 질서들을 이해할 수 없을 것이다. 컴퓨터 기술의 발전과 정비례한 게임의 그래픽 및 드라마 기법의 발전은 엄밀히 말해 자본의 승리이지 게임의 승리가 아니다. 그것들은 문화산업의 부산물이지 뉴미디어가 고유한 매체성을 획득하며 진전시키는 보편적 공통감과는 거리가 먼 것이다. 점점 더 기술적이 되어가는, 그리고 더욱 현실을 옥죄는 자본주의적 현실로부터 디지털게임의 가능성들을 끌어내 새로운 감각을 열어내기 위해서는, 디지털게임의 사회문화적 궤도를 기웃거리는 산책자들로부터 그 좌표를 획득할 수 있어야 한다.

그리스인들이 '테크네'라고 말한, 기술과 예술의 변증법적인 원형태들을 오늘날의 정보기술 환경은 새로이 보여주고 있는 것은 아닐까? 그리고 이런 흐름이 비가역적이라면, 우리는 게이밍을 어떻게 사회적인 것으로서 재구성할 것인가? 이는 기술-예술과의 관계를 설정하기 이전의 또 다른 문제인 놀이-예술과의 커플링을 다시 질문하는 계기이기도 하다. 노동의 시간에서 벗어나 여가를 즐긴다는 것, 그중에서도 놀이를 한다는 것은 문명사에서 매우 중요한 순간이 아닐 수 없다. 광섬유와 반도체가 복잡한 소비 시공간을 펼쳐놓은 시대이지만, 놀이의 본질은 화톳불을 돌며 원무를 추던 시대와 크게 달라지지 않았다. 우리는 여전히 가치를 생산하기보다는 무언가를 즐겨야 하는 존재이고, 놀이는 공통감각과 유대감, 형제애 속에서 크기가 더 커지며, 인간은 그로 인해 앞으로 나아간다. 디지털게임의 에르고딕은 예술과 기술이 격자구조로 얽혀져 펼쳐진 투망에 인간 유희의 색채들을 어떻게 덧입힐지를 기다리고 있다. 니체가 말했듯이, "우리가 성숙해진다는 것은 곧 어릴 때 놀이에 열중하던 진지함을 다시 발견하는 데서 시작한다."

2 부

루도퍼블릭: 게이머에서 사회적 담론·문화로의 확장

3장

플럭서스:
포스트디지털 문화에 대한 고찰과 개념의 제안

진예원 | 연세대학교 커뮤니케이션대학원 객원교수

1. 들어가며

지난 30여 년의 디지털 혁명을 거쳐, 이제 우리는 포스트-디지타이제이션(post-digitization), 즉, 포스트-디지털(Post-digital)시대에 접어들었다. 기술적 변화와 더불어 인간 삶의 조건과 환경이 근본적으로 재구성되는 이 역사적 시기는, 문명 전반에 걸친 패러다임 전환을 동반한다. 또한, 기술적, 사회적, 문화적 생태의 변환기는 전례 없는 속도로 새로운 문화현상을 지속적으로 창출하고 있다. 그러나, 이 시기에 나타나는 새로운 문화현상들은 특유의 혼종적이고 유동적인 속성으로 인해 기존 규범적 사유의 틀로는 본질적으로 접근하기 어려운 공통점을 지닌다. '새 술은 새 부대에'라는 표현처럼, 또 프랑스 기술철학자 스티글러(Bernard Stiegler)의 제안처럼 이 시대는 새로운 지식을 요구하며, 이를 통해서만 변화하는 인간 문명을 이해할 수 있을지 모른다.[1)]

　따라서 본고에서는 포스트디지털이라는 시대적 맥락을 바탕으로, 그 지

1　베르나르 스티글러, 『자동화 사회 1: 알고리즘 인문학과 노동의 미래』, 김지현 외 역, 새물결, 2019.

표적인 문화영역인 이스포츠를 고찰하고, 이를 바탕으로 기존의 개념적 구분을 넘은 플럭서스(Fluxus)라는 잠정적 개념을 제안하고자 한다. 이는 포스트디지털 시대를 이해하기 위한 개념의 부재 혹은 그와 동시에 파편화된 개념의 범람을 극복하자는, 나아가 더욱 다양한 분야가 협력적으로 방안들을 찾아 나가자는 제안이기도 하다.

2. 포스트디지털: 문명의 전화기

> 5년 전에 대부분의 사람들은 1초 분량의 4,500만 비트짜리 오리지널 디지털 비디오가 120만 비트로 축소될 수 있다는 사실을 믿지 않았다. 그러나 1995년에 우리는 질을 크게 훼손하지 않으면서 싼 비용으로 여러 가지 비디오를 압축-복원하고, 인코딩-디코딩할 수 있게 되었다. 마치 물만 부으면 이탈리아 레스토랑 커피의 맛과 향기로 되살아나는 냉동 건조 카푸치노를 만들 수 있게 된 것이나 마찬가지다.[2]

1995년, 네그로폰테(Nicholas Negroponte)가 『디지털이다*Being Digital*』에서 점차 '세상이 아톰에서 비트로 이동할 것'이라 논의할 때만 해도, 디지털 기술의 일상적 의미는 대중에게 깊이 체감되지 않았다. 하지만 그로부터 20여 년 넘게 우리는 전 지구적 범위에서 실시간으로 상호 연결된 기술계(system of technology)가 역동적으로 작동하는 디지털 '테크늄(technium)'[3] 속에 살아가고 있다. 이제 디지털은 규범적인 것이 되었고, 일상적인 문화와 분리될 수 없

2_ 니콜라스 네그로폰테, 『디지털이다』, 백욱인 역, 커뮤니케이션북스, 1999, 18.
3_ 케빈 켈리, 『기술의 충격』, 이한음 역, 민음사, 2010.

게 되었다. 특히 20세기의 마지막 사분기는 변혁의 규모, 범위, 속도 면에서 전례 없는 시기로 평가되어왔다.4) 컴퓨터, 웹, 소프트웨어로 대표되는 디지털 및 네트워크 기술이 전면적으로 확산되면서, 우리는 급격한 변화의 흐름 속에 살아가고 있다. 이 새 기술종은 조금씩 간헐적으로 발전하는 중공업 기계와는 달리 습관적이고 일상적으로 업데이트하며 끊임없이 변화하고 있는 디지털 세계를 건설해내었다. 그리고 그 발전의 결과로 이제 포스트디지털 시대에 살게 되었다.5)6)

포스트디지털은 단순한 기술적 발전이 아니라, 문명의 '역사적 시기'7)를 의미한다. 이는 기술적 변혁과 함께 인간 삶의 조건, 양식, 환경이 근본적으로 재설정되는 문명의 전환점이기 때문이다. 지금까지의 디지털 혁명은 디지털로의 이행을 준비하고, 디지털 기술의 역량을 통해 기존 삶의 효율성을 극대화하는 데 초점이 맞춰져 있었다. 그에 반해 포스트디지털 시대는 디지털 기술로 인해 한층 더 대화-구조화(cross-dialogue)된 세계에서, 탈중심화, 세계화, 조화력, 분권화 등 디지털의 강력한 특질들이 그 발생적 힘을 발휘하는 시대이자 새로운 가능성을 열어가는 시기이다. 즉, 지금까지의 보편적이었던 것을 초월하는 문명 전반의 '패러다임 전회의 과도기'인 것이다.8)

이러한 기술적, 사회적, 문화적 생태의 변환기는 그와 함께 그간 경험하지 못한 혼성적이고 역동적인 문화현상들을 동반하고 있다. 특히 이러한 시

4_ K. Robins, & F. Webster, *Times of the technoculture: from the information society to the virtual life* (London; New York: Routledge, 1999).

5_ F. Cramer, "What Is 'Post-digital'?," in D.M. Berry & M. Dieter, eds., *Postdigital Aesthetics* (London: Palgrave Macmillan, 2015), 12-26.

6_ D.M. Berry, "The Postdigital Constellation," in D.M. Berry & M. Dieter, ed., *Postdigital Aesthetic*, 44-57.

7_ Ibid., 50.

8_ 정화열 · 김정현 · 배윤기, 「지구화 시대 횡단적 연계성과 비교 정치철학의 의의」, 『코기토』 64호, 2008, 155-191.

대적 변혁은 일상적이고 대중적인 문화의 영역에서 먼저 그 가능성을 드러낸다. 소셜네트워크서비스, 유튜브 등의 디지털 플랫폼은 더이상 '신기술'이 아닌 수도 배관이나 전기와 같은 기반-기술이 되었고, 인간의 사유, 관계, 그리고 사회의 작동방식을 슬그머니 그러나 본질적으로 변형시키고 있다. 사실 디지털, 정보통신 기술에 기반한 혁신적인 기술문화 현상들은 전에 없던 끊임없이 새로운 담론들의 출현으로 이어져 왔다. 90년대 '정보고속도로' '네트워크 사회' '사이버 스페이스' 등의 거시적인 의제들에 이어 2000년대 이후 게임, SNS, 플랫폼, AI 등에 대한 관심이 증가하였다. 공론화는 점차 사회·정치·경제적인 맥락으로도 확장되었다. 정보화 사회, 포스트산업 사회의 노동의 특성이나 가상 기술의 민주주의의 강화 가능성, 가상세계에서의 젠더 이슈나 정체성 등 비판적인 시각에서 고찰되기도 했다. 그러나, 이제까지의 담론은 그 지속적인 기술 변혁과의 연계 속에 문화의 진화 궤적보다는 다소 공시적인 맥락에서의 새로운 문화현상의 특성이나 특정 시점의 현상에 대한 비판적 분석에 집중해온 것은 아닐까?

덧붙이자면, 필자가 문화연구적 관점에서 게임과 이스포츠를 연구하는 것과 실제 산업에서 게임과 이스포츠를 생산하는 일을 병행하면서 느꼈던 안타까움도 유사한 맥락을 지닌다. 산업의 발전은 생산자들조차 버거울 정도로 빠르게 이루어지며, 많은 결정이 깊이 사유되지 않은 채 기술적 논리에 의해서나, 혹은 우발적으로 이루어지고 있다. 그러나 이러한 결정들을 안내할 수 있는 이론이나 사유의 바탕은 항상 몇 걸음 뒤처져 있었다. 예를 들어, 국내 게임 산업이 PC 온라인 중심에서 모바일 중심으로 전환되는 시기에, 생산 현장은 새로운 기술적 환경 변화와 적대적인 정치적 맥락의 당혹감을 동시에 겪고 있었지만, 그 당시 참고할 수 있는 학술 담론은 존재하지 않았다. 어쩌면 이는 현상 이후에 분석이 이루어질 수밖에 없는 현실과

학문의 구조에 따른 본질적인 한계일 것이다.

그럼에도 불구하고, 지난 30여 년의 경험을 통해 우리가 확신할 수 있는 것은 기술의 발전이 멈추지 않을 것이며, 그와 함께 우리 문화 양상의 변화도 더욱 가속화될 것이라는 점이다. 그리고 학술적 이해도 그 속도에 발맞추어 실천적 개입으로 나아갈 필요가 있다는 점이다. 즉, 우리는 지금 포스트디지털 시대의 문화를, 즉 디지털 기술과 인간의 결합이 의미하는 바와 그로 인해 변화할 인간 문명의 미래에 대해 더욱 적극적으로 탐구해야 하는 시점에 와 있다. 지금까지의 기대와 실패를 성찰하고, 다가올 변화에 대비하며 무엇을 준비해야 할지 논의해야 한다. 이를 위해 우리는 포스트디지털 시대의 문화를 위한 새로운 사유의 틀을 마련해야 한다. 앞서 언급한 '새 술은 새 부대에'라는 표현처럼, 이 시대는 새로운 지식을 요구하며, 이를 통해서만 변화하는 인간 문명을 이해할 수 있을 것이다. 따라서 이 글은 포스트디지털 시대의 주요 문화영역인 이스포츠를 고찰하며, 이를 바탕으로 기존의 개념적 구분을 넘어서는 포스트디지털 문화를 이해하기 위한 새로운 개념을 제안하고자 한다.

3. 포스트디지털 문화의 지표적 영역: 이스포츠

포스트디지털 시대의 문화의 이해하기 위해서는 디지털 기술이 '습관적으로 업데이트(habitual update)'[9]한다는 점에 주목할 필요가 있다. 기술적 생태의 변화와 함께 문화현상도 이와 함께 지속적으로 변화하고 있기 때문이다. 이러한 포스트디지털로의 시대적 이행을 표상하는 문화현상 중 지표적인

9_ W.H.K. Chun, *Updating to remain the same: habitual new media* (Cambridge, Mass.: The MIT Press, 2016).

영역으로는 이스포츠가 있다.

포스트디지털 담론에서 특유의 '놀이적 태도(ludic attitude)'를 통해 '스스로에 대한 기획'을 '큐레이션'하는 과정[10]이자 디지털-비(非)디지털 관계성을 역동적으로 생산하는 과정으로 특수한 활동인 '게임플레이'는 패러다임의 단절적 이행을 부드럽게 연결할 '세구에(segue)'로 논의되기도 한다. 실제 동전 투입식 오락 기계에서부터 디지털 온라인게임을 아우르며, 게임은 스크린 내 게임 세계와 외부의 현실 세계의 경험의 질적인 차이를 극복하며, 개념적이고 혼성적으로 재구성해왔다.[11][12] 이스포츠는 이러한 게임으로부터 출발하여 아날로그 기술과 디지털 기술이 혼합된 네트워크, 가상적인 것과 현실적인 것의 복합적인 결합, 그리고 전례 없는 발전 속도 등 포스트디지털 시대의 문제의식들을 다양한 층위에서 경유하는 특징적인 문화현상이다.

그렇다면 이스포츠는 지금, 여기의 역사적 유물로서 기존 문명과의 어떤 차이를 드러내는가? 혹은 포스트디지털이라는 변곡점에서 무엇이 새롭게 가능해졌다고 이야기하는가? 나아가, 그 특유의 문화양상을 통해 인간 사회를 어떻게 변화시키는가? 하나의 예시로서 이스포츠가 그 과도기적 이행에 대해 온전한 이해를 제공하지는 못하겠지만, 그가 선행하는 궤적은 포스트디지털 시대의 문화를 이해하기 위해 주목되어야 할 몇몇 지점들로 우리를 안내한다. 이는 과거와 현재, 그리고 미래 문화의 이해에 대한 관점을 제시하고, 통합적으로 사유할 수 있는 계기를 제공할지 모른다.

10_ J. Farman, *MobileInterface theory: Embodied space and locative media* (London: Routledge, 2012), 32.

11_ 진예원, 「게임과 일상의 혼성 공간 속 플레이어의 경험과 인식에 관한 연구: <아이온> 플레이어와의 심층 면접을 중심으로」, 연세대학교 석사학위 논문, 2013.

12_ 진예원, 「'게이밍(Gaming)' 경험에서의 일상과 게임 세계의 개념적 혼성」, 『한국컴퓨터게임학회논문지』 vol. 31, no. 2, 2018, 131-142.

우선, 엄청난 속도의 산업적 발전으로 인해 이스포츠는 그 경제적 가치 측면에서 주목받고 있으나, 포스트디지털 시대의 문화의 측면에서 그 함의는 '유동성(fluidity)' 측면에서 더욱 주목될 필요가 있다. 사실 얼마 전까지 이스포츠는 한국을 제외한 대부분의 국가에서 진지하지 않은 비웃음거리처럼 취급되곤 했다. 하지만, 그런 비웃음의 장면들을 반대로 비웃음거리로 만드는 데는 오랜 시간이 걸리지 않았다. 처음에는 게임의 마케팅 도구나 주변부 산업으로 인식되곤 했으나, 게임의 대중화 분위기, 디지털 동영상 플랫폼의 발전, 그리고 여러 실험적인 시도들을 통해 양적인 성장과 질적인 확장을 거듭했기 때문이다. 그리고 현재 이스포츠는 글로벌 차원에서 '가장 주요한 청년문화(Youth Culture)', 그리고 '가장 빠르게 성장하며 높은 수익성을 지닌 문화산업' 중의 하나로 자리하고 있다.[13] '올림픽 스포츠'이자 '엔터테인먼트 산업의 최대 트렌드'[14]로 이스포츠는 게임이라는 영역을 초월한 영향력을 행사하고 있다. 독자적인 영역이자 경계가 없는 영역으로 이스포츠는 기존 문화산업의 범주를 넘어 교육, 군사, 의학 등으로 지속적으로 확장되고 있다.

　그 발전과정을 되돌아보면, 짧은 시간에, 게임 대회가 이루어진다는 그 중심 개념을 제외하면 그 외연이나 경험은 계속 갱신되어왔다. 이스포츠 콘텐츠가 소비되는 방식도, 그 콘텐츠가 담고 있는 내용이나 의미도, 또 그 생산의 양식도 계속해서 변화하고 있는 것이다. 여러 상이한 아날로그·디지털 기술들을 넘나들면서 복합적인 네트워크를 새롭게 연결하고 기존 네트워크를 변형하는 동안, 그 기술적 생태와 더불어, 노동, 수용, 의미, 미적

13_ D.Y. Jin, *Global Esports: Transformation of Cultural Perceptions of Competitive Gaming* (New York: Bloomsbury Publishing, 2021).

14_ C. Hu, 'Music & Esports in 2018: A Comprehensive Timeline,' *Medium*, 2018.

플럭서스 : 포스트디지털 문화에 대한 고찰과 개념의 제안　107

양식 등 문화의 포괄적인 차원들 역시 그와 더불어 변화할 수밖에 없었기 때문이다. 단편적인 예시로 현대 10대 이스포츠 팬덤에게 이스포츠 참여는 '여가 시간 때우기'가 아닌 '사회생활'의 목적이 더욱 강하다는 점은,[15] 이스포츠가 아직은 기존의 미디어 혹은 스포츠의 일환으로만 논의되고 있는 상황에서, 그 현상의 본질적인 함의에 대한 재고의 필요성을 제시한다.

나아가, 현대 이스포츠는 "태생적으로 글로벌적이고 디지털적(born global and born digital)"[16]인 속성을 지녔다고 논의되나, 다른 한편으로는 지역의 수준에서 기존 아날로그 문화산업과 관련 산업 영역과도 적극적으로 융합하는 궤적을 보였다. 이러한 관점에서 이스포츠는 현대사회에 존재하는 기술적 존재들을 하나의 네트워크로 오밀조밀 조직화해 놓은 그물망과 같다. 불과 10여 년 전만 해도 대중문화의 화려한 중심에 있었던 '텔레비전 방송'과 오랜 시간 오해받는 하위문화로 빛을 발하지 못했던 컴퓨터게임부터, 비교적 최근의 스마트폰, 동영상 스트리밍 플랫폼, 데이터 분석과 AI, 그리고 지금 도래 중인 웹3.0의 속성까지 각자 독립된 개체로 존재하던 다양한 기술들이 특수한 연결을 지닌 체계이자 환경으로 형성되면서 이스포츠로 인식된다. 그리고 그 과정에서 그 각자의 영역들마저 체계와의 내적 공명을 위해 자신을 조정하거나 구체화하면서 우리는 이스포츠라고 부르는 영역 내에서 지속적으로 다양한 층위의 수없이 많은 상들을 경험하고, 만들어내며 공진화한다. 이처럼 이스포츠는 끊임없는 시도를 통해 규범 외의 상이한 존재들의 동맹을 구축하고, 그로 인해 비정형적이고 횡단적인 움직

15_ Newzoo, 'Generations of Gamers: How Different Generations Engage with Games,' Newzoo, 2021. https://newzoo.com/consumer-insights/games-esports/

16_ T.M. Scholz, "eSports is business: Management in the world of competitive gaming," in *eSports is Business: Management in the World of Competitive Gaming* (Cham: Springer International Publishing; Imprint: Palgrave Pivot, 2019), 4.

임을 보인다.

또한 이스포츠는 인간 사회적 차원에서 새로운 것과 오래된 것들이 상호 침투하고 충돌하는 권력투쟁의 장이기도 하다. 기존 경계를 초월하여 특정 디지털 존재를 매개로 형성되는 새로운 유형의 사회적 연대를 구축하는 과정과 기존의 방식이 만나는 지점이기 때문이다. 이 새로운 사회적 관계는 아날로그와 디지털의 중첩된 영역들을 그 터전으로 한다. 지정학적 경계나 현실과 가상의 경계에 얽매이지 않고, 실시간으로 디지털 연결망을 통해 소통하고 협업하며 공동으로 문명 건설 활동을 수행한다. 이스포츠 시스템 내의 인간들은 '거미줄처럼 얽힌 네트워크 속에서 긴밀히 연결되어 상호 의존적인 관계를 형성'[17][18]한다. 복합적인 인간-기술 앙상블의 일부로서 개인은 단순히 규범적이거나 주어진 기능적 역할을 수동적으로 받아들이지 않는다. 대신, 집단으로서는 지배적인 사회 기술-논리를 해체할 잠재력을 지닌 상향적인 역동성을 발휘한다. 이는 "자신들이 어떤 존재가 될 수 있는지를 함께 결정"[19]하는 포스트휴먼 식의 연대이자, 개인을 초월한 집합적 연대로 새로운 규범들을 스스로 구축하는 과정이다. 이러한 연대는 어떠한 "초월적 도덕률에서가 아니라, 인간 존재의 관계적 성격에서 나오는 내재적 요구"에서 나온다. 상호 협력적 관계는 "개인의 자기 보존 노력"[20]에서부터 시작되어, 이들은 '협력을 통해 서로의 행동이 지닌 힘을 강화하고 증폭시키면서 더 큰 집합적 역능을 실현하는 것[21]으로 이어진다. 이러한 관점에

17_ S. Murray, J. Birt, & S. Blakemore, "eSports diplomacy: towards a sustainable 'gold rush'," *Sport in Society*, 2020, 1-19.

18_ T.M. Scholz, & V. Stein, "Going Beyond Ambidexterity in the Media Industry," *International Journal of Gaming and Computer-Mediated Simulations*, vol.9, no.2 (2017), 47-62.

19_ 김은주, 「포스트휴먼은 어떻게 지구 행성의 새로운 유대를 만드는가?」, 『21세기 사상의 최전선: 전 지구적 공존을 위한 사유의 대전환』, 이성과감성, 2020, 123.

20_ 이항우, 「알고리즘 분자적 횡단의 정동 정치: 자유 소프트웨어 운동 사례」, 『경제와사회』 131호, 2021, 323.

서 이스포츠는 서로 다른 존재들의 소통, 협력, 상호 구성적 작용을 통해 다양한 문화를 연결한다. 이를 통해 사회적 모델의 창발을 유도하며, 기존 사회의 규범적 기반에 대해 질문하고, 이를 해체하고, 궁극적으로는 업데이트하는 과정을 실천하고 있다.

프랑스 기술철학자 시몽동(Gilbert Simondon)의 표현을 빌리자면, 오늘날 지배적인 청년문화 현상으로서 이스포츠는 "인간 문명의 사회·기술적 진화에 등장하는 일련의 흐름이자 과정(process)"이다. 동시에 현시대의 '중대한 사회-기술적 문제를 드러내는 지점이면서도 잠재적인 해결책을 제시하는 지점'으로 볼 수 있다.22) 무엇보다도, 향후 사회-기술 진화의 방향을 설정하고, 유인하며, 강화하는 지표적 현상 중의 하나로 간주될 수 있다.

4. 규범적 이해의 한계를 넘어서

하지만 이스포츠와 같이 유동적이고 혼성적인 포스트디지털 문화는 학술적인 접근에서 매우 특수한 도전과 기회를 마주하게 한다.23) 이스포츠 연구는 2000년대 중반부터 서서히 시작되어 2010년 중반부터 본격적으로 활성화되었지만, 여전히 탐색적 성격을 띠고 있다. 특정 분야가 짧은 기간 동안 급격히 확장하는 과정에서 나타날 수 있는 불가피한 한계일 수 있으나, 이스포츠 연구 지형은 기본적인 개념 정의조차 합의되지 않았으며, 학제간 차이 역시 뚜렷하게 존재한다. 선행 연구에서도 지적된 바와 같이, '생산적인 지

21_ S. Ruddick, "The Politics of Affect: Spinoza in the Work of Negri and Deleuze," *Theory, Culture &Society*, vol. 27, issue 4 (2010), 21-45.

22_ G. Simondon, "The genesis of the individual," *Incorporations*, 6 (1992), 318.

23_ E.E. Cranmer, D. Han, M. van Gisbergen & T. Jung, "Esports matrix: Structuring the esports research agenda," *Computers in Human Behavior*, 117 (2021).

식 구성을 위해 서로의 연구에 대해 논의하는 것이 힘든 상황[24]이라는 '발아기'적 한계는 여전히 극복되지 못한 상태로 보인다. 그렇다면, 수많은 학문 분야가 논의에 동참하고, 연구결과가 지속적으로 축적되고 있음에도 불구하고, 이러한 난점이 여전히 존재하는 이유는 무엇일까?

아마도 느슨하지만 세 가지 원인으로 분류할 수 있을 것이다.[25] 첫째는 학제간 관점의 간극이다. 이스포츠가 영역의 경계를 넘나들며 발전해 온 만큼, 이스포츠 연구도 게임 연구, 스포츠, 마케팅, 경영, 심리학, 커뮤니케이션학, 법학 등 수많은 학문 분야에서 접근되어왔다. 하지만, 연구 지형에서 각 분야는 "'다른 관심사'를 '다른 관점'에서 바라보고, '다른 역사'를 지닌 '다른 언어'로 발화하기에, 이스포츠의 논의는 '폭넓은 다양성을 지닌 활동이나 참여'를 각각 지칭하게 되었다."[26] 특히 이 과정에서 이스포츠를 구성하는 물질적 조건, 기술에 대한 논의는 자주 경시되곤 했다. 두 번째로는, 초기 연구의 지형이 선점된 지배적인 담론을 중심으로 구축되면서, 다양한 관점과 다층위의 질문들이 충분히 누적되지 못했다. 세 번째로는, 앞서 언급한 바와 같이 공시적인 현상의 순간적인 상에 집중하는 경향이 지배적이었다는 점이다. 지속적으로 변화하고 또 진화하고 있는 유동적인 이스포츠의 복합적인 측면들은 이해에서 소외되고, 당시의 부각되는 측면들이 주로 이스포츠의 이해에 적용되었다. 그렇다면, 이스포츠와 같은 새로운 문화에 대한 담론은 어떻게 기존의 한계들을 보완하면서 대안적인 접근을 할 수 있을까?

24_ C. Steinkuehler, "Esports Research: Critical, Empirical, and Historical Studies of Competitive Videogame Play," *Games and Culture*, Vol. 15, Issue 1 (2019), 3-8.

25_ 진예원, 「해외 이스포츠 연구의 비판적 검토: 2005~2020년 발행된 영문 논문의 메타분석을 중심으로」, 『한국게임학회논문지』 제24권 제1호, 2024, 89.

26_ 같은 글, 92.

우선, 지배적인 관점에서 벗어나, 파편화된 담론들을 골고루 조망하고, 경시된 부분들까지 담아낼 수 있는 총체적인 시각이 필요하다. "연구자의 '존재 제약적 시각 구조'[27]와 '완전히 새로운 상황에 직면할 때, 늘 특정 대상, 즉 가장 최근 과거의 풍미에 자신을 부속시키는 경향'[28][29]을 고려했을 때, 초기 연구 경향의 상황은 이스포츠뿐만 아니라 새로운 존재에 대한 지식 생산이 마주하게 되는 보편적인 상황일지 모른다."[30] 예를 들어, 2000년 전후 독자적인 학문 분야로 구축되기 시작한 게임연구(Game Studies) 역시 유사한 과정을 겪어왔다. 게임을 보는 두 상이한 관점의 이분법적 논쟁이 초기 담론을 지배했다. 「게임 정의하기 게임」이라는 논문에 따르면 '게임은 무엇인가?'에 대한 물음이 '저주 혹은 병충해'가 될 수밖에 없었는데, 그 원인은 게임을 사회적으로 협의된 행위로 이해하는 관점과 게임을 시스템적 인공물이라는 대상으로 이해하는 두 관점이 좁혀지지 않았기 때문이다. 어쩌면 지난 수십 년간의 게임연구의 논의가 제안하는 것은 디지털 이후의 문화를 어떠한 기존의 분류 속에서 설명하거나 혹은 규범적 방식으로 정의하는 것은 불가능하다는 교훈일지도 모른다. 따라서, 포스트디지털 문화의 이해에 있어서는 '제약적 사유를 벗어날 필요'가 있다.[31] 현재 이스포츠 연구 지형에서도 폭넓은 현상의 부분만 조망하게 하는 학제적 관점의 제약에서 벗어나, 거시적이고 총체적인 관점의 필요성이 강조되고 있다.[32][33]

27_ 칼 만하임, 『이데올로기와 유토피아』, 임석진 역, 김영사, 2012, 525.

28_ M. McLuhan & Q. Fiore, *The Medium is the message: An inventory of effects* (New York; Toronto: Bantam books, 1967).

29_ M. Levinson, *The Demand of Liberal Education* (Oxford; New York: Oxford University Press, 1999).

30_ 진예원, 「이스포츠의 기술성(technicity)분석을 통한 포스트디지털 문화연구」, 연세대학교 박사학위 논문, 2022, 7-8.

31_ B. Hutchins, "Signs of meta-change in second modernity: The growth of e-sport and the World Cyber Games," *New Media and Society*, 10(6) (2008), 851-869.

32_ E.E. Cranmer, D. Han, M. van Gisbergen & T. Jung, op. cit.

정리하자면, 이스포츠는 과도기적 변화의 여러 면모를 안고 있는 '지금, 여기'의 문화적 유산이자, 나아가 미래 문화의 토대를 구성할 현재의 것들을 전달하는 문명사적 유물이다. 그러나 우리 사회에서의 이스포츠와 같은 새로운 문화현상에 대한 시각은 여전히 기존 사회의 규범적 틀 속에서 벗어나지 못하고 있는데, 이는 새로운 유형에 대한 인식이나 미래를 위한 기반 지식생산의 발목을 잡고 있다. 과도기적 현재로부터 미래로의 더욱 순조로운 이행을 위해, 더욱 적극적인 방안들이 모색될 필요가 있다. 현시대의 새로운 문화현상은 단순히 경제적, 정치적 효용성뿐만 아니라, 인간과 비인간 혹은 아날로그와 디지털의 혼성이 기본 상태가 될 포스트디지털 시대에 인류의 지속가능성, 새로운 보편적인 가치의 발굴, 그리고 행복한 사회의 가능성을 탐색하기 위해서 말이다. 이는 과도기적 현재로부터 더욱 순조로운 이행에 도움이 될 수 있을 것이다. 이러한 관점에서, 아직 거친 개념화이지만 포스트디지털 복합적인 문화를 사유하기 위한 개념으로 플럭서스 (Fluxus)를 제안하고자 한다.

5. 플럭서스: 새 현상은 새 바구니에

2021년 4월 출시된 BAYC(Bored Ape Yacht Club) 컬렉션은 NFT 시장에서 가장 성공적인 프로젝트 중 하나로 거론된다.

'암호화폐의 급상승으로 너무 부자가 되어 세상의 모든 것들이 지루해져 버린 원숭이들이 그들만의 비밀 사교클럽을 만든다'는 세계관을 지닌다. 2021년 1월

33_ J.A.C. Vera & J.M.A. Terrón, "The esports eco system: Stakeholders and trends in a new show business," *Catalan Journal of Communication and Cultural Studies*, 11(1) (2019), 3-22.

발행 당시, 약 25만 원에 판매된 1만 개의 디지털 원숭이 이미지들은, 2022년 1월 기준 최소 가격이 약 3억 원을 상회하며 무한복제가 가능한 디지털의 역능을 무색하게 한다.

지난해 동안 원숭이NFT를 보유한 사람들에게는 원숭이들을 위한 네 발 달린 강아지NFT, 원숭이들의 지하 하수구에 살고있는 돌연변이 원숭이NFT가 무료로 제공되었는데, 이 두 NFT의 가격은 8천여만 원에 이른다.

보유자들은 일종의 멤버십으로 가상 무도회, 맨하탄 허드슨강의 요트파티, 전시회 등 행사에 참여할 수 있고, 그 행사는 보유자 중 유명 밴드가 직접 공연을 한다. 행사들은 세계 각국에서 자발적으로 개최되기도 한다. NFT 보유자만 참여할 수 있는 '화장실 낙서' 게시판에서는 15분에 한 번씩 한 픽셀만 입력할 수 있는데, 다 같이 힘을 모아 그들의 표현을 완성한다.

BAYC의 일러스트는 보유자들의 경우에는 지식 재산권의 제약 없이 상업적 활용이 가능하다. 상품을 제작하거나 마케팅에 활용하거나, 혹은 한 원숭이의 일러스트를 기반으로 '관리인 젠킨스'와 같은 새로운 프로젝트를 시작하기도 한다.

BAYC의 트위터 팔로워는 90만 명이고, 10만 명이 넘는 사람들이 디스코드에서 활동한다. 주로 트위터를 공식적인 '언론'처럼 사용하고, 게임 팀플레이를 위해 만들어진 디스코드를 그 거버넌스 도구로 활용한다. 최근 블록체인 기술과 함께, DAO · NFT 프로젝트와 같은 경제 시스템은 게임 아이테미제이션 (Itemization) 로직과 표현 양식을 차용한다.[34]

현재 가상화폐 시장에 대한 여러 우려에도 불구하고, 관련 논의를 제시

34_ 진예원, 「이스포츠의 기술성(technicity) 분석을 통한 포스트디지털 문화연구」, 연세대학교 박사학위 논문, 2022, 184-185.

하는 것은 이 새로운 유형의 프로젝트들이 이스포츠와 혼성적이고 유동적인 포스트디지털 문화의 속성을 같게, 또 다르게 공유하기 때문이다. 한편으로 그 각각은 미디어, 예술, 산업, 게임, 경제 등과 같은 여러 영역과 접목되어 있지만, 엄밀히 말하자면 어떠한 영역에도 온전히 속한다고 보기는 어렵다. 그래서 우리의 규범적 이해 속에서는 유사한 분야로 인식되기도 어렵다.

그럼에도 이러한 유형의 문화를 통합적으로 조망해야 할 필요성이 제기된다. 왜냐하면 이들 모두가 특정 디지털 존재를 매개로 새로운 유형의 사회적 연대를 구축하는 과정으로 보이기 때문이다. 또한, 가상화폐 시장의 요동치는 변동성에 기반한 '두 유어 온 리서치(Do your own research, DYOR)'적 태도, 게임플레이를 지원하기 위한 일종의 메신저, '디스코드(Discord)'를 그 거버넌스의 중심 도구로 활용한다는 점, DAO(decentralizedautonomous organization)·Web3 프로젝트의 상당 부분의 경제구조가 게임 아이테미제이션(Itemization) 구조와 로직을 차용한다는 점에서 게임문화 특유의 '두 잇 유어 셀프(Do It Your Self, D.I.Y)' 정신, 끊임없는 지식 탐구의 필요성 등의 기술성의 계보가 계승되고 있음을 알 수 있다. 겉보기에는 상이해 보이는 새로운 문화현상들 사이에서 어떠한 유형의 기술성들이 보존되고 구체화되는지, 또한 상호 협력적 증폭과정을 거치는지에 대해 고찰한다면, 문명의 과도기적 상황에 대한 보다 깊은 이해에 다가갈 수 있을 것이다.

하지만, 이 상이한 문화의 유형들을 통합적으로 사유함에 있어 가장 큰 걸림돌은, 그들을 동일선상에서 인식하고 생산적인 방향으로 논의를 개진할 수 있게 하기 위한 개념들의 부재로 보인다. 이러한 한계는 '메타버스(Metaverse)' '웹 3.0 커뮤니티(Web3 Community)' 등의 용어로 대변되기도 하지만, 마케팅 버즈워드를 넘어 구체적으로 개념화될 필요성이 있다. 따라서,

대안적인 사유의 활성화를 위해 '새 포대'의 의미로 '플럭서스'라는 개념을 제안한다.

플럭서스는 라틴어로 '흐름, 끊임없는 변화, 움직임'을 의미한다. 또한 플럭서스는 1960년대 전통적인 예술 형식과 양식을 탈피하고자 했던 예술가들의 연합이자 운동의 명칭이기도 하다. 플럭서스는 "전통적인 예술의 장르 구분, 예술가와 관객의 경계, 예술작품의 영구성에 대한 정의를 철저히 거부"하고, "삶/예술의 이분법을 해소"하며, "놀이를 예술행위의 본질"로 간주했다.[35] 이러한 경계-해체적 접근, 유통의 양식, 개방적 공동 창작 활동 등은 포스트디지털 문화의 특징과 많은 유사성을 지닌다. 플럭서스가 '예술이 무엇이 될 수 있는지?'라는 물음에서 출발했다면, 포스트디지털 문화의 실천 공동체는 이미 '패러다임의 전회 후 어떠한 사회가 될 수 있는지?'라는 질문을 제기하며, 이에 대한 나름의 답을 모색하고 있다.

일차적으로 이 개념은 포스트디지털 문화적 가능성을 지닌 특정 유형의 디지털 대상에 대한 관점의 필요성을 제시한다. 이제까지 대부분의 디지털 기술이 활용과 효율의 측면에서 유형화되곤 했는데, 이는 대안적인 분류의 가능성을 제공한다. 물질과 비물질의 경계를 넘어 새로운 존재성과 사회적 연대가 생성 및 확장될 수 있는 디지털 존재와 타 디지털 존재에 대한 상대적인 유사성과 차별성을 검토하는 작업을 의미한다. 예를 들어, 이스포츠와 디지털 플랫폼은 모두 참여를 독려하고, 새로운 상상력과 환상을 부여하고, 점차 사회적 실재로 팽창하는 디지털 대상이지만, 두 존재는 동일하다고 볼 수 없다. 이스포츠는 게임으로부터의 디지털 기술-논리가 사회로 확장되게 한다면, 플랫폼은 가상보다는 현실과 밀접한 차원에서 기능적인 절차를 제

35_ 정낙림, 「니체의 예술생리학과 현대예술: 플럭서스 운동을 중심으로」, 『철학연구』 vol. 120, 2011, 300-301.

공하기에, 그 자체가 디지털 바탕의 역량을 지니지 못한다. 오히려 기존 사회의 규범적인 것들이 통과하는 경로에 불과하고, 본질적인 카운터 흐름을 발생시키지 않는다. 그보다는 효율성의 추구, 소비문화와 계층 갈등과 같은 문제들을 보다 강화하는 기능을 수행한다. 따라서, 후자는 플럭서스가 의미하는 디지털 존재로는 유형화될 수 없을 것이다.

'플럭스(flux)'는 또한 왈칵 쏟아져 나오는 것 혹은 촉매제의 의미도 가진다. 이는 플럭서스로 불릴 수 있는 디지털 존재와 그를 통한 문명으로부터 어떠한 디지털 기술의 논리, 혹은 기술성들이 사회로 전달되어 오는지, 또 어떤 방식으로 투과율을 높여서 지속적으로 팽창하게 하는지를 파악하기 위한 개념적 정립이 될 수도 있을 것이다. 포스트디지털 문화가 플럭서스의 디지털 기술성과 기존 사회적 실재의 기술성을 혼합하는 재매개 양식은 어떠한 효용성의 목적을 위해 융합하거나 하나로 통합되는 것과는 달리 연속적 변이를 의미하는 플럭싱(Fluxing, Fluctuation)으로도 고려될 수 있다. 왜냐하면 어떠한 뚜렷한 청사진을 지닌 구체적인 대상을 상상하고 창조하는 과정보다는, 오히려 현시대에 가능해진 기술성들을 바탕으로, 무엇이 가능할지에 대한 산발적인 실험에 가깝기 때문이다. 흩어지고 느슨한 확장의 방식은 "적응형 메타미디엄"[36]이라는 개념으로 설명될 수 있을 것이다.

한편으로 포스트휴먼 담론과도 함께 논의될 수 있을 것이다. 브라이도티(Rosi Braidotti)는 "새로운 주체는 근대가 배제한 인간 타자뿐 아니라 환경적 타자들과 기술적 장치들을 포함하며, 인간 아닌 관계들의 연결망에 있는 다양한 타자들과 상호 접속"하고, "공동의 생활 공간에 공동체, 묶음, 집단, 무리로 거주하며 다수의 타자들과의 관계를 통해 긍정의 연대를 촉진"한다

36_ 진예원, 「이스포츠의 기술성(technicity) 분석을 통한 포스트디지털 문화연구」, 179.

고 논의한다.[37] 도래하고 있는 포스트디지털 시대에 인간은 디지털 혹은 그 이상의 외계(外界)의 조건, 논리, 사유의 복합적인 영향 속에서 어쩌면 개체변이라고 느껴질 만한 개체화를 연속적으로 진행하게 될지도 모른다.

이러한 디지털 대상의 인식, 디지털 기술-논리의 확장, 그리고 그 혼합의 메커니즘을 인식함으로부터 우리는 플럭서스와 그 문명, 그리고 기존 물리적 영토의 사람들과 제도의 기술성을 새로운 관점에서 이해하는 작업으로 나아갈 수 있을 것이다. 기존 사회적, 경제적, 정치적 기술성들은 풍요와 소유를 위한 기능적 효율성에 집중했고, 과학 역시 산업적 유용성을 바탕으로 주로 발전되면서 지속적으로 동일한 논리 속에 포획되어왔다. 하지만, 이러한 정치적, 사회적 논리에 바탕한 기술을 향한 태도와 대부분의 제도와 통치 규범들은 그 구성된 시대의 생태와는 동시성을 지니지만, 과도기적 상황에서 지속적으로 계속성을 유지하기는 어렵다. 제도적인 논리나 기술은 당대의 주요한 문제의 해로 등장했을 것이지만, 그들이 지닌 동시성은 새로운 기술적 활동이 진행됨에 따라, 서서히 그 효력을 상실한다. 포스트디지털 시대는 기존 기술성이 동시성을 상실하고 새로운 문화와 소외가 확장되는 시기로, 이러한 차이에 대한 인식이 필수적인 상황이다. 따라서, 상이한 문명 간의 기술성의 시간차와 그로 인해 발생하게 될 여러 소외와 갈등의 문제 지점들을 고찰하는 것이 필요할 것이다. 시대적 이행은 스티글러가 지적하듯 궁극적으로는 기존 기술성의 '일시성' 문제이기 때문이다.[38] 미래를 향해 전례 없는 역동성으로 나아가는 플럭서스는 점차 기존의 것들과의 시간적 간극을 벌리고 있다.

이는 또한, 전 지구적으로 지리적 기술성의 간극을 인식하고, 또 우리의

37_ 김은주, 앞의 글, 123.
38_ 베르나르 스티글러, 앞의 책.

지역사회가 새로운 플럭서스를 마주할 준비가 얼마나 되어있는지에 대해 사유하는 데에도 도움이 될 수 있을 것이다. 단편적으로 이스포츠 영역을 보더라도, 국내 이스포츠 산업은 여전히 '미디어 스포츠'에 머무르고자 하는 경향이 짙어, 타 외국 리그들 대비 기존 형식을 벗어나지 못한다는 평가를 받기도 한다. 숄츠는 "과포화(saturated), 비활성화(inert)"되었고, "한계를 마주(have hit a ceiling)한 것으로 보인다"는 평가를 하기도 했다.[39] 대한민국은 '현대' 이스포츠 양식을 개척하는 데 주요한 역할을 하였으나, 그에 대한 문화사회학적 의의를 본질적인 차원에서 이해하거나, 문화적 유산으로 가꾸어 나갈 수 있는 토대를 충분히 마련하지 못한 것이 현실이다. 우리 사회를 지탱하는 다양한 규범적 논리가 동시성을 잃어가는 국내 상황에서 이러한 한계를 극복하려는 노력이 필요하다.

따라서, 플럭서스라는 개념을 통해 제안하는 것은, "'본질적으로 다른 비-지구적 유형의 문명과 그 건설을 이해하는 것", 그리고 "그로부터 여러 상이한 기술성들의 시간차가 사회적 갈등을 최소화할 수 있도록 조율하는 것"이다. 새로운 존재는 늘 도덕적 공황을 동반한다. 그리고 그에 대한 가장 효율적인 해결책은 역사적으로 '시간'이었다. 그럼에도 "그 변화에 소요되는 시간을 줄이는 것이 학자의 사명"이다.[40] 그렇다면 전례 없는 기술성들이 쉼 없이 생산되고, 기존의 기술성과 충돌하며 동시에 존재하고, 나아가 점차 그 시간의 간극이 벌어져가는 이 포스트디지털 시대에 그 거리를 조율하는 것도 사명의 연장일 것이다. 좀더 상상력을 발휘해, 디지털 우주를 넘어서 어느새 도래할 다행성 인류나 새로운 비인간적 존재와의 관계까지

39_ T.M. Scholz, op. cit., 143.
40_ 윤태진, 「추천사」, 패트릭 M. 마키, 크리스토퍼 J. 퍼거슨, 『모럴 컴뱃: 게임의 폭력성을 둘러싼 잘못된 전쟁』, 스타비즈, 2021, 4-7.

전망에 포함한다면, 우리가 '자연적인 것'이라고 여기지 않는 존재와의 '공존', 그리고 다른 차원의 '이방인'에 대한 '환대'의 문제도 함께 논의할 수 있을 것이다.

6. 나가며

이 글은 포스트디지털이라는 시대적 이행의 과도기에, 새롭게 등장하는 복합적이고 유동적인 문화현상을 살피고, 그를 바탕으로 더욱 적극적인 이해로 나아가기 위한 하나의 개념을 제안했다. 이는 '근본적인 질문의 필요성'과 '총체적 시각의 중요성'을 강조한 선행 연구들의 요청에 대한 응답일 뿐만 아니라, 새로운 철학적 접근을 요구하는 과도기적 문제의식에 대한 해법을 모색하려는 시도이기도 하다.

울리히 벡이 『위험사회: 새로운 근대성을 향하여』에서 논의하듯, '위험을 해석하여 제거하는 일은 위험을 자각하는 일과 관련된다.'[41] 변혁의 속도가 점차 빨라지는 오늘날의 기술 환경에서, 복합적인 포스트디지털 문화에 대한 플럭서스라는 개념화는 포스트디지털 시대를 이해하기 위한 개념의 부재 및 파편화되어 있는 개념의 범람을 극복하기 위해 주요한 논의가 필요한 지점을 제시하는 것이다. 또한, 다양한 분야가 더욱 끈질기게 협력해 방안들을 모색하자는 제안이기도 하다. 특히, 게임과 이스포츠 연구는 모두 학제간 연구방법의 탐구를 목표로 했으나 여전히 많은 한계를 마주했는데, 그 교훈 역시 꼼꼼히 사후-검토(post-mortem)되고, 그로부터 더욱 새로운 시도가 개진될 필요가 있다. 이에 추상적인 개념의 제안을 넘어, 학제간

41_ 울리히 벡, 『위험사회: 새로운 근대성을 향하여』, 홍성태 역, 2014, 새물결.

접근, 개방적 지식생산 및 공유, 활발한 협업이 연구방법론의 차원에서부터 치열하게 고찰되어야 할 것으로 보인다.

그리고 그를 수행하는 데 있어, 현대 기술의 잠재력을 적극적으로 활용하며, 역동적인 변화의 흐름에 맞춰 실천적으로 개입할 수 있는 방안들을 함께 상상하며 모색해 나갈 수 있길 바란다. 이 "역사적 시대가 부재하는 역사적 시대"42)는 새로운 지식을 필요로 하고, 새로운 지식생산을 위해 새로운 질문들과 대답을 찾아야 한다. 그리고 "사회적 발명은 지금 생산되어야 하며, 우리는 그것을 통해 미래 세대와 함께 그리고 그들을 위한 이행에 동참해야 한다."43)

42_ 베르나르 스티글러, 앞의 책, 319.
43_ 같은 책, 441.

4장

능동성과 수동성의 이분법을 넘어서는
게이머의 존재론적 지위에 관한 고찰

서도원 | 문화사회연구소 물질팀, 연세대학교 커뮤니케이션대학원 박사 수료

1. 게이머, 그들은 누구인가?

오늘날 게임은 일상적인 문화생활의 한 영역이 되었다. 한국콘텐츠진흥원
이 매해 발간하고 있는 『대한민국 게임백서』에 따르면, 2023년 기준 최근
5년간 한국의 게임이용률은 해마다 등락이 있을지언정 60%에서 70%를 맴
돈다.[1] 이에 게임에 관한 연구나 보도도 많아졌다. 과거에는 게임에 관한
논의를 시작할 때 게임산업의 경제적 규모라거나 성장 가능성 등을 제시하
며 해당 논의의 필요성을 역설해야 했지만, 게임을 즐기는 사람들이 늘어나
면서 이러한 서설 없이도 게임이 하나의 문화 매개체로 주요하게 다루어지
게 되었다. 그리고 이러한 변화는 게임 담론의 다양화에도 영향을 미쳤다.
게임이 일반적인 취미 중 하나라는 인식이 퍼지면서 경제적, 산업적 주제의
논의에서 벗어나 게임에 관한 사회적, 문화적 분석을 하는 경우가 늘어나고
있는 것이다.

　　게이머에 관한 논의 역시 마찬가지이다. 2000년대 초반까지 게임은 남

1_ 한국콘텐츠진흥원, 『2023 대한민국 게임백서』, 2024.

성과 청소년의 전유물로 인식되었지만, 최근 여성 게이머에 관한 연구들과 중년, 노년 게이머들을 다루는 연구가 나오면서 다양한 게이머에 관한 조망이 시도되고 있다. 특히, 지금 한국의 중년 세대는 유년기에 디지털게임을 접하여 디지털게임의 보편화 과정을 함께 겪은 세대로서, 노년 세대는 새로운 게임문화의 향유자층으로서 다루어지기도 하였다.[2] 이러한 맥락에서 게이머에 대한 사회 전반의 관심이 이전보다 올라가고 이해도 높아졌다고 이야기할 수 있다.

그러나 여전히 게이머에 관한 구체적이며 총체적인 접근은 부족한 실정이다. 한국에서 게임 연구가 잘 시도되지도 않을뿐더러, 아직까지 많은 게임 연구는 교육적 가능성이나 역기능, 산업 현황이나 전략 등에 치우쳐져 있기 때문이다. 또한, 게이머에 관한 논의를 하고자 하더라도, 그들이 하는 게임의 특성과 그들이 처한 사회문화적 맥락, 게임의 소통 방식, 게임이용 동기 등에 따라 게이머의 특질이 다양하게 나타나기에 개념적 정의를 시도하기조차 쉽지 않다. 물론, 게이머에 관한 일반적 이해를 구축하고자 한 시도들이 없진 않았지만, 이러한 연구들은 인구통계학적 특성이나 게임이용 방식을 통해 게이머를 일반화하려는 시도들이 대부분이었고, 그마저도 핵심적으로 게임을 이용하는 코어 집단에 관한 연구에 그치는 경우가 많았다.[3] 이에 게이머를 다루는 많은 연구는 게이머가 플레이하는 게임 매체, 즉 PC, 콘솔, 모바일, 아케이드 등에 따라 게이머를 분류하거나, 게임이용

2_ 윤태진·김용찬·심보선·이경혁·편미란·신혜진·피연진·김윤진·김준기·김지운·박수진·최서현, 『그레이게이머 연구』, 게임과학연구원 연세대학교 게임과 사람 연구센터 연구보고서, 2022; 윤태진·이경혁·서도원·하태현·박다현·박수진·박영규·박혜정·이미몽·이연우, 『중년게이머 연구』, 게임과학연구원 연세대학교 게임과 사람 연구센터 연구보고서, 2023.
3_ T. Fritsch, B. Voigt, & J. Schiller, "Distribution of online hardcore player behavior: (how hardcore are you?)," in Proceedings of 5th ACM SIGCOMM workshop on Network and system support for games (Singapore: ACM, 2006).

동기에 따라 게이머를 단편적으로 나누며 게이머의 위치를 고정시키고, 그 위에서 논의를 쌓아간다.

이러한 경향은 문화 행위자로서의 게이머가 가지는 가능성과 한계를 총체적으로 보지 못하게 만든다. 게이머는 게임산업의 상품을 향유하는 소비자이지만, 동시에 게임 내적으로 무언가를 만들어내는 창조자이기도 하고, 게임 안과 밖을 횡단하는 생성행위자이면서, 게임과 관련된 사회적 실천을 행하는 수행자이기도 하다. 이에 게이머를 지칭하는 표현으로 플레이어, 매체 이용자, 문화 수용자, 게임산업 소비자, 하위문화 향유자, 상호작용적 행위자, 수행자 등이 활용되고 있지만, 이러한 개념을 사용하는 연구에서 게이머는 특정한 관점에 의해 포착되어 다른 역할로의 가능성을 보여주지 못하고 있다. 가령, 게임의 상호작용적 특성을 강조하는 관점은 다른 매체 이용자와 다르게 게이머가 무언가를 만들 수 있다는 문화적 창조성과 능동성에만 초점을 맞춘다. 반대로 게임의 영향과 효과를 살피는 관점은 일반적인 미디어효과론의 입장처럼 게이머를 '미디어의 영향을 받는 수동적 존재'로만 상정한다. 물론, 여전히 한국 사회에선 게임중독 담론이나 부정적 효과 담론, 산업적 경제적 담론 등이 우세하여 게이머의 창조성을 강조하는 작업이 더욱 필요한 것은 부정할 수 없다. 그러나 게이머를 바라보는 관점이 분열된 상태로 고착되는 것은 각 학문분과의 관점 차이를 강화시키고, 더 나아가 게이머에 관한 사회적 이해를 저해할 수 있다. 따라서 게임으로부터 직간접적인 영향을 받으면서도 능동적으로 게임을 하는 게이머의 다면성을 포착할 필요가 있다.

이에 이 장에서는 창조성과 수동성을 넘나드는 게이머의 존재론적 지위에 대해 고찰해보고자 한다. 다만, 게이머에 관한 총체적 접근을 시도한다는 것이 게이머의 모든 면모를 포괄할 수 있는 일반적 정의 도출을 의미하진 않는다. 오히려 유동적인 사회 속에서 게이머가 어떻게 만들어지는지, 반대로 게이머가 만드는 문화적 현상은 무엇이 있는지 등에 관해 다양한 가능성들을 펼쳐둠으로써 게이머를 특정 모습으로 고착시키지 않으려는 시도에 가깝다. 즉, 게이머가 게임 내에서 이스터에그를 찾고, 이를 사람들과 공유하며, 더 나아가 트럭시위를 하는 등의 능동적인 측면부터 게임사의 의도대로 게임을 즐기고, 게임의 소통 방식에 영향을 받는 수동적인 측면까지 모든 가능성을 열어두려는 것이다. 이때 유동적인 사회라는 표현이 중요한데, 쇼(Adrienne Shaw)의 주장처럼 게이머는 게임 내적 차원에서만 만들어지는 것이 아니라 인종이나 젠더 등 다양한 정체성 및 사회적 관계들과 교차하며 구성되기 때문이다.4) 따라서 게이머가 놓인 정치적, 문화적, 사회적 상황과 맥락 속에서 게이머가 만들어내는 문화적 실천의 의의와 한계를 읽어내야 한다.

특히, 최근 고조되고 있는 지능정보기술 미디어 환경은 게이머와 게임의 관계를 주체와 객체의 관계로만 고정하지 않기에, 이와 같은 탐색적 작업이 필수적이다. 오늘날의 게이밍은 과거 디지털게임이 처음 만들어졌던 시기와 상당히 다른 면모를 보인다. 이전에는 게이머가 게임 잡지나 게임사의 광고를 보고 직접 자신이 플레이할 게임을 골랐지만, 이제는 AI의 추천을 받으며 게임을 선택한다. 또한, PC나 콘솔 앞에 앉아 집중적으로 게임했던 것과 다르게, 회사에 출근하여 일하는 시간 동안 모바일 게임의 자동사냥이 돌아간다. 이러한 차이는 게이머가 무언가를 만든다는 표현 자체를 모호하게 만든다. 그리고 이용자와 기술적 도구의 경계를 흐리게 만든다. 이런 상황에서 게이머의 능동성과 수동성을 묻는 질문은 여전히 유의미할까?

4_ Adrienne Shaw, "Do you identify as a gamer? Gender, race, sexuality, and gamer identity," *New Media & Society*, Vol. 14, Issue 1 (2011), 28-44.

변화하는 미디어 환경 속에서 게이머는 무엇을 할 수 있고, 무엇을 해온 존재인가? 행위의 개념을 어떻게 구성해야 실질적인 게이머 분석에 도움이 될 수 있는가? 이와 같은 질문들에 답하려면, 게이머를 바라보는 시각이 어떻게 변해왔는지 살피고, 작금의 문화창조와 행위성의 문제를 고민할 필요가 있다.

2. 게이머의 능동성이 조망된 과정

오늘날에도 한국의 게임 담론은 게이머를 수동적 주체로서의 이용자나 소비자로 바라보는 경우가 많다. 여기에는 여러 원인이 있겠지만, 국내에서 이뤄진 초기 게임 연구를 살펴보면 그 원인을 대략적으로 유추할 수 있다. 전은기는 국내의 게임 연구가 게임의 놀이문화적 측면과 문화산업적 측면으로 나뉘어 진행되었다면서, 놀이문화적 성격을 강조하는 입장에서는 게임의 부정적 효과와 역기능을 이야기하는 연구가, 산업적 측면을 강조하는 입장에서는 콘텐츠로서의 게임을 분석하려는 연구가 만들어졌다고 이야기한다.[5] 물론, 놀이문화적 측면으로 게임을 바라보면서도 게이머의 창조성을 이야기한 연구나, 산업적 측면으로 시작했지만 게이머들의 문화를 바라보는 연구가 전혀 시도되지 않은 것은 아니다. 그러나 위와 같은 분석은 당시 주류를 차지했던 한국 게임 연구의 시각이 상당 부분 한쪽으로만 경도되어 있었음을 보여준다. 그리고 이러한 연구들에서 게이머는 수동적인 면모가 강조되어 그려졌다. 주로 교육학이나 심리학 등의 분과학문에서 이뤄졌던 역기능에 관한 연구에서 게이머는 게임을 무비판적으로 수용하는 이

5_ 전은기, 「조이스틱-아케이드 게임 문화의 생산자」, 『한국언론정보학보』 96호, 2019, 116-139.

용자로, 경제학이나 경영학 등에서 이뤄졌던 연구에서는 게임 상품을 사용하는 소비자로 인식된 것이다. 그러나 게임이 대중화되며 게임 문화에 관한 조명이 필요해졌고, 게이머의 능동적인 측면을 강조하는 시각이 다음의 과정을 통해 대두되었다.

문화연구 전통의 수용자연구[6])에서 홀(Stuart Hall)의 부호화 해독 모델(encoding/decoding model)은 이미 고전으로 평가받는다. 홀이 활동했던 당시, 학계는 구조주의적 마르크스주의의 영향이 강했다. 이에 수용자는 미디어 메시지의 내용을 일방적으로 수용하는 존재로 상정되었고, 특히 프랑크푸르트 학파의 대중매체 비판은 미디어가 생성하는 자본주의적 이데올로기를 강조함으로써 이러한 경향을 더욱 강화시켰다. 그러나 홀은 텍스트의 의미가 텍스트 자체에 담겨 수용자에게 전달되는 것이 아니라, 수용자와 텍스트가 만나는 순간 만들어진다고 봄으로써 다의적 해독이 가능하다고 주장했다.[7]) 그리고 홀은 다의적 해독이 수용자의 개별적 경험이나 지식, 정체성, 욕망 등에 의해 영향을 받는다며, 텍스트 수용 방식을 지배적 해독, 교섭적 해독, 저항적 해독으로 구분했다. 이때 지배적 해독은 이미지와 텍스트에 내재한 메시지를 작가의 의도대로 받아들이는 것을 의미하고, 교섭적 해독은 지배적 의미와의 타협과 절충으로 해석하는 것을 의미하며, 저항적 해독은 텍스트에 내재한 지배적 의미를 정확하게 파악하지만 이에 대항하여 해독하는 것을 의미한다. 이와 같은 홀의 논의는 이론적 차원에서 기호와 해독 사이에는 어떤 필연성이 없고, 정치적 차원에서 대중에 의한 의미화 투쟁을 가

6_ 게이머에 관한 논의에서 왜 문화연구 전통이 나오는가? 학술적 기반이 마땅치 않았던 게임 연구 분야는 인접한 학계를 참조할 수밖에 없었고, 그 과정에서 텍스트로부터 점차 수용자를 다루게 된 문화연구 전통이 지적 자극을 주었기 때문이다. 자세한 논의는 윤태진, 「텍스트로서의 게임, 참여자로서의 게이머」, 『언론과 사회』 15권 3호, 2007, 96-130 참조.

7_ S. Hall, "Encoding/Decoding," in S. Hall, D. Hobson, A. Lowe, and P. Willis, eds., *Culture, Media, Language* (London: Hutchinson, 1980), 128-138.

능하게 했다는 평가를 받는다. 결과적으로 영국 문화주의 전통과 구조주의적 관점을 결합시킨 홀의 개념은 능동적 수용자 개념의 모태가 되었다. 그리고 이후 데이비드 몰리의 '네이션와이드 시청자' 연구[8]나 이엔 앙의 '댈러스 보기의 즐거움',[9] 존 피스크의 '텔레비전 문화'[10] 등의 연구를 통해 능동적 수용자 개념은 이론적으로, 방법론적으로 더욱 구체화되는 과정을 거친다.

　　이러한 관점의 이면에는 반엘리트주의로서 영국 경험주의에 기초한 창의성 개념이 있었다. 레이먼드 윌리엄스는 고급문화와 대중문화를 구분하던 리비스의 엘리트주의에 반대하며, 모든 경험은 창조성에 기반을 둔 인간적 견해이고 환경과 상호작용한다고 주장했다.[11] 창의성이 예술가의 것만이 아니라, 모든 인간 정신의 행위라는 것이다. 그리고 이러한 관점은 딕 헵디지의 창의적이고 저항적인 하위문화 개념으로,[12] 피스크의 '저항적 즐거움' 개념으로, 젠킨스의 '참여문화'와 '창의적 전유 능력'에 관한 논의[13]로 이어지며 하나의 학문적 전통을 형성했다. 물론, 앞서 언급된 학자들이 이야기하는 창의성과 저항성의 관계는 학자마다 차이가 있다. 가령, 몰리는 수용자의 능동성이 항상 일어나지 않는다면서, 피스크의 능동적 수용자론이 항상 텍스트의 영향력을 벗어날 수 있는 존재로 수용자를 상정하게 만들었다며 비판하기도 했다. 그러나 큰 틀에서 이들의 논의는 텍스트 결정주의와 정치적 비관주의가 팽배했던 당시의 정치사회적 맥락 아래 이론적 돌파구를 찾으려는 시도였고,[14] 그 안에서 창의성과 능동성, 저항성이 개념적

8_　D. Morley, *The 'Nationwide' Audience* (London: British Film Institute, 1986).
9_　메이 이엔 앙, 『댈러스 보기의 즐거움』, 박지훈 역, 나남, 2017.
10_　존 피스크, 『텔레비전 문화』, 곽한주 역, 컬처룩, 2017.
11_　레이먼드 윌리엄스, 『기나긴 혁명』, 성은애 역, 문학동네, 2007.
12_　딕 헵디지, 『하위문화: 스타일의 의미』, 이동연 역, 현실문화연구, 1998.
13_　헨리 젠킨슨, 『컨버전스 컬처』, 김희원·김동신 역, 비즈앤비즈, 2008.

으로 얽히는 수용자연구 전통을 만들어왔다. 즉, 후기 자본주의에 저항하는 정치적 수단을 고안하기 위해 수용자의 창의성을 강조한 것이다.

정리하자면, 수용자의 능동성을 강조하는 학문적 흐름은 크게 구조주의적 관점과 엘리트주의적 관점에 대응하면서도 자본주의에 저항하기 위한 정치적 기획으로 구축되었다. 그런데 게임의 특수성을 더한다면 또 하나의 축이 만들어진다. 그것은 바로 게임의 상호작용성에 관한 논의이다. 디지털 게임이라는 매체는 이전의 매스미디어를 상징하던 텔레비전이나 영화와 다르게, 메시지가 일방향적으로 전달되는 것이 아니라 쌍방향적으로 움직인다는 특성을 가진다.15) 이에 볼터와 그루신16)이나 마노비치17) 등은 비디오게임을 '새로운 미디어의 가능성을 연 미디어 패러다임의 변화'로 꼽기도 했다. 이러한 담론은 게이머의 위상도 바꾸었는데, 이들을 문화적 의미생산의 주체로 보게 만든 것이다.18) 특히, 90년대 말에서 2000년대 초에는 인터넷 기술이 송신자와 수신자의 비대칭성을 해소하고, 대중의 의견을 직접적으로 수용하여 더 나은 민주주의와 공론장을 만들 수 있다고 보는 디지털 유토피아적 시각이 대두했다. 이러한 흐름에 힘입어 게임의 상호작용성이라는 특징은 게이머의 창의성과 능동성이라는 특질을 부여했고, 더 나아가 게이머가 게임 내 의미생산뿐 아니라 문화와 사회의 영역에서도 혁신적이고 창의적인 사고를 할 수 있을 것이라는 주장도 나오게 하였다. 디지털게

14_ 김수정, 「수용자연구의 해독모델과 존 피스크에 대한 재평가」, 『언론과 사회』 제18권 1호, 2010, 2-46.

15_ 제임스 뉴먼, 『비디오 게임』, 박근서·홍성일·곽경윤·나보라·강신규 역, 커뮤니케이션북스, 2008.

16_ 데이빗 볼터·리차드 그루신, 『재매개: 뉴 미디어의 계보학』, 이재현 역, 커뮤니케이션북스, 2006.

17_ 레브 마노비치, 『뉴미디어의 언어』, 서정신 역, 생각의나무, 2004.

18_ 윤선희, 「PC방과 네트워크 게임의 문화연구」, 『한국언론학보』 제45권 2호, 2001, 316-348. 참조

임의 상호작용이 게임텍스트와 게이머 사이에서만 일어나는 것이 아니라, 게이머와 게이머 사이에도 발생한다는 점에 근거한 전망이었다.

실제로 규칙을 통해 게이머의 선택을 반영하는 게임의 매체적 특성은 게이머의 창조성을 드러냈다. 이경혁은 <펌프 잇 업>의 사례를 통해 게임 매체 수용이 일종의 창조 행위라고 이야기한다.[19] <펌프 잇 업>의 게이머는 음악에 맞춰 발판을 밟아야 한다는 리듬 게임의 규칙을 따르면서도, 양발 외의 다른 부위를 자유롭게 움직이면서 다채로운 퍼포먼스를 만들어낸다. 설령 <펌프 잇 업>을 잘하지 못하는 사람이어도 발판을 밟을 때 느껴지는 흥겨움과 즐거움을 통해 창조적 움직임이 만들어질 수 있다. 또한, 게이머의 창조적 상호작용은 게임의 규칙을 넘어서기도 하는데, 박근서는 모드, 머시니마, 핵과 같은 문화적 실천이 비디오게임의 높은 상호작용성과 능동성을 보여준다고 이야기한다.[20] 모드는 게임 텍스트의 구성요소나 구조 자체를 변형함으로써, 머시니마는 시스템을 이용해 새로운 텍스트를 만듦으로써, 핵은 텍스트의 규칙을 변경함으로써 게임텍스트를 변형시킨다는 것이다.

이처럼 수용자의 능동성을 강조하는 관점은 게임의 상호작용성과 접합하며 능동적 주체로의 게이머를 가시화했다. 특히, 온라인게임의 대중화는 게이머의 능동성을 사회적 차원까지 확장시켰는데, 게임 텍스트 외부에서도 게이머가 새로운 실천을 만들어낼 수 있다는 주장이었다. 대표적으로 타일러(T.L. Taylor)의 '파워 게이머' 개념은 MMORPG에서 게이머들이 목표지향적인 모습을 보인다는 측면에 초점을 두고, 능동적이면서 사회적인 게이머

19_ 이동연·신현우·강신규·나보라·박근서·양기민·윤태진·이경혁·이정엽·임태훈·천정환·홍현영, 『게임의 이론: 놀이에서 디지털게임까지』, 문화과학사, 2019.
20_ 박근서, 「모드하기의 문화적 실천에 대한 연구」, 『한국언론정보학보』 55호, 2011, 100-118.

의 역량을 보고자 하였다.[21] 이때의 파워 게이머는 첫째, 게임을 생산적으로 이용하는 사람들이면서, 둘째, 게임을 사회적으로 이용하는 사람들을 지칭한다. 게이머들이 게임을 하는 과정에서 자신의 역할에 대한 책임감과 애착을 가지고 적극적으로 사회화된 행동을 만들어간다는 것이다. 이러한 파워 게이머 개념은 게임중독 담론이나 고립된 게이머 등 게이머에 관한 부정적 인식이 파다하던 시대적 맥락에서 능동적이면서도 관계적인 게이머의 면모에 초점을 맞췄다는 의의를 가진다.

3. 능동성과 수동성의 다차원성

그러나 게이머의 능동적 측면이 강조되자, 오히려 게이머의 다차원적 면모를 보지 못하고 있다는 비판이 제기되었다. 파워 게이머 개념에 관한 비판으로 예를 들어보자. 타일러의 파워 게이머 개념은 당시의 시대적 맥락에서 중요한 이론적 발견이기도 했지만, 동시에 지나치게 낭만적이라는 비판을 받았다. 게이머가 놓여있는 권력관계를 살피지 못하고, 게임산업 안에서의 행위를 능동성과 창의성의 시각으로만 바라본다는 것이다. 특히, 앞서 언급했던 것처럼 문화연구의 전통에서 강조되었던 창의성 개념은 이데올로기를 일방적으로 재생산하는 후기 자본주의에 대항하여 만들어진 개념이다. 그러나 파워게이머 개념은 개인의 의미생산 과정에만 몰두하여, 게이머를 둘러싼 구조적 요인, 즉 사회적, 문화적 맥락을 간과하게 할 수 있었다. 또한, 파워게이머의 범주에서 '사회적인 것'에 관한 정의가 불분명하다는 비판도 존재했다. 단순히 다른 사람을 만나서 무언가를 만드는 실천이 사회적이라

21_ T.L. Taylor, *Play between worlds: exploring online game culture* (Cambridge, Mass.: The MIT Press, 2006).

고 볼 수는 없다는 것이다.

이에 게이머의 다층적인 면모를 함께 봐야 한다는 주장이 제기되었다.[22] 기존의 수용자 논의에서 텍스트에 대한 저항적 해독이 사회적 차원에서 이데올로기에 대한 저항으로 항상 이어지지 않는다는 논의가 있었던 것처럼, 게이머의 능동성이 꼭 사회적 저항성이나 이데올로기적 실천으로 이어지지 않는다는 것이다. 이러한 관점은 얼핏 당연한 이야기이지만, 게이머 개념이 가지는 가능성과 한계를 어떻게 상정할 수 있을지에 있어 많은 고민을 낳게 한다. 기존에 논의되었던 홀의 부호화 해독 모델의 변증법으로 현실의 게이머를 바라보고 경험 연구를 진행하기에는 어려움이 따르기 때문이다.

대표적인 사례를 몇 가지만 살펴보자. <리니지2>의 바츠 해방 전쟁은 게임이용자의 능동적 정치 활동을 보여주는 대표적 사례로 연구자들에 의해 조망 받아왔다.[23] 바츠는 <리니지2>의 첫 번째 서버로, 베타 서비스 때부터 활동을 이어온 세 개의 혈맹(리니지의 길드 시스템을 의미함. 세 개의 혈맹은 드래곤 나이츠, 제네시스, 신의 기사단)이 지배했던 곳이다.[24] 이들 혈맹은

22_ 오해를 피하기 위해 덧붙이자면, 이 장은 게이머의 존재론적 지위가 어떤 식으로 변모했는지 이론적 흐름을 정리하고자 한 글이다. 이에 각 이론가의 이론을 구체적이고 체계적으로 분석하기보다 거칠게나마 관련 지형을 그리고자 하였고, 해당 관점을 보여주고자 인용한 국내 학자들의 글은 게이머의 능동성을 강조했던 시기의 지배적 인식을 무비판적으로 따라가지 않는다. 가령, 게이머를 문화적 의미생산의 주체로 바라봤던 윤선희도 게이머의 능동적 측면만 바라본 것이 아니라, 기술적 전위가 문화적 실천의 전위성을 담보하지 않는다고 이야기했고(「PC방과 네트워크 게임의 문화연구」, 『한국언론학보』 45권 2호, 2001, 316-348), 게이머의 광범위한 참여가 기존의 작가와 수용자의 구분을 불분명하게 했다고 이야기한 윤태진 역시, 그럼에도 게이머의 참여가 게임 안팎의 모든 영역을 해석할 수 있는 도구가 될 수 없다며, 게이머의 다차원성을 봐야 한다고 주장했다(「텍스트로서의 게임, 참여자로서의 게이머」, 2007). 앞선 예시에서 사용된 박근서나 이경혁의 글도 게이머를 단면적으로 상정하지 않는데, 이는 서구의 이론적 작업들이 진행된 후 한국의 게임 담론이 생성되었기 때문이다.
23_ 류철균·권보연, 「디지털 게임에 나타난 미학의 정치」, 『인문콘텐츠』 37호, 2015, 91-114.
24_ 이인화, 『한국형 디지털 스토리텔링: 「리니지2」 바츠 해방 전쟁 이야기』, 살림출판사, 2005.

게임 시스템의 규칙과 강력한 동맹 권력을 이용하여 서버 내 윤리적 지침을 만들고 독점적 통제 권한을 이어왔다. 그러나 2004년 2월, 혈맹들이 게임 내 세금을 인상하자 서버의 86%를 차지하던 저레벨 게이머들이 반발했고, 이것이 '바츠 해방 전쟁'으로 이어졌다. 당시에 주목받았던 것은 미약한 세력이었던 '붉은 혁명 혈맹'과 '내복단'이었는데, 특히 내복단은 기본 의상과 기본 무기만 착용한 저레벨 유저를 의미한다. 약육강식의 논리와 고레벨 유저의 통치가 일반적이던 <리니지2>의 게임 환경에서 갓 게임을 시작한 것 같은 내복단은 사실 존재감을 확인할 수도 없는 미약한 존재였다. 그러나 이들은 캐릭터가 죽은 시체의 산을 통해 지배 혈맹의 군사 이동을 막았고, 특히, 다른 서버의 사람들도 자신이 일구어놓은 타 서버의 지위를 포기하면서까지 내복단으로 참가하는 사례들이 늘어나며, 바츠 해방 전쟁은 게이머들이 만들어내는 이른바 '아래로부터의 정치적 행위'의 상징이 되었다.

그러나 이미 많이 알려진 것처럼, 해방군의 승리는 영원하지 않았다. 결과적으로 해방군의 정치적 실천은 다시 내부 권력의 이익을 나누는 양상으로 회귀되었기 때문이다.[25] 물론, 이들의 해방이 권력과 이익을 온전히 나누지 못한다고 해서 의미가 없다고 볼 순 없다. 게임의 내적 규칙과 이를 이용한 이용자 간의 윤리 규칙을 무비판적으로 따르는 것이 아니라, 시스템을 이용하는 지배 권력에 균열을 내고 정치 공동체를 구성했다는 점에서 게이머의 능동성과 비판성을 보여주기 때문이다. 그러나 한편으로 이들이 게임 내에서 느꼈던 분노가, 현실적 차원에서 체제에 균열을 내는 정치적 능동성으로 이어질 수 있을지에 관해서는 의문이 붙는다. 이는 게이머들의

25_ 류철균·권보연, 앞의 글.

게이머들의 트럭시위. 출처: 파이낸셜 이코노믹 TV

실천이 현실 정치에 영향을 주지 못해서 한계가 있다는 윤리적 판단을 내리고자 함이 아니라, 이전에 논의되었던 게이머의 능동성에 대해 재고할 여지가 생긴다는 것이다. 설령, 이들의 실천이 사회적으로 저항적이고 능동적인 실천으로 이어질 수 있다고 하더라도, 능동성이라는 표현으로 이것이 증명되는 것이 아니라 이에 관한 추가적 논의와 연구가 필요하다.

2022년에 일어났던 게임계 트럭시위도 게이머의 다차원성을 보여주는 좋은 사례이다. 트럭시위는 LED 전광판을 탑재한 트럭을 대여해 게이머들의 항의를 표출하는 시위 방식이다. 2022년만 해도 여러 사례가 있었지만, 게임 서비스가 타국 서버에 못 미치는 것과 부적절한 게임사의 대응방식에 항의했던 <페이트 그랜드 오더Fate/Grand Order> 트럭시위, 문양 시스템 롤백 사건으로 인한 <리니지 M> 트럭시위, 확률형 아이템 조작으로 논란이 일은 <메이플 스토리> 트럭시위 등을 대표적으로 꼽을 수 있다. 당시 과도한 과금 유도나 소통하지 않는 게임사의 운영 방식에 불만을 가진 게이머들은 게임 커뮤니티를 통해 의견을 공유했고, 이를 정치적 실천으로 만들었다. 이는 게이머의 능동성이 게임 밖의 상호작용에서도 만들어진다는 것을 보여줬다. 특히, 이때 게임 커뮤니티에서는 단순히 분노를 표출하는 것이 아니라, 어떻게 하면 효과적인 정치적 실천이 될 수 있을지에 관한 전략이 만들어졌다. 가령, '고래'라고도 불리는 헤비 과금 게이머가 '과금하는 금액보다 트럭을 대여하는 금액이 싸다'고 이야기하자, '1인 트럭 시위는 사람들에게 금방 잊힐 수 있고, 회사 측에서도 유저 한 명의 반발로 인식할 수 있다'면서 공론화를 위해서 함께 돈을 내자는 의견이 오갔다.

그러나 이와 같은 정치적 행위를 이전의 능동성 개념으로 볼 수 있을지에 관해서는 여전히 모호함이 남는다. 이들이 트럭시위를 하게 된 이유부터, 트럭시위라는 시위 방식까지 소비자 운동의 일환으로 볼 수도 있기 때문이다. 게임마다 구체적인 트럭시위의 이유는 달랐지만, 결과적으로는 자신의 자산가치 보존 및 소비자로서의 권익 보호라고 요약할 수 있다. 또한, 관점에 따라서 트럭을 대여해서 시위를 하는 방식에 대해, 이전의 시위와 다르게 자본주의적 교환 논리가 적용된 시위 방식이라는 비판도 가능하다. 다시 한번 강조하자면, 이 글은 이러한 시위에 한계가 있다는 주장을 하고자 함이 아니다. 게임을 둘러싼 게이머들의 능동적 행위를 읽을 때에는 게임과 게이머의 관계, 게이머와 게이머의 관계, 게이머와 게임 환경의 관계 등에서 능동성과 저항성, 상호작용성이 각각 고민되어야 한다는 것이다. 트럭시위의 사례만 하더라도, 게이머들의 능동성이 단순히 게임 내부에서 일어나는지, 외부에서 일어나는지로만 나누어 이야기하는 것은 불충분하다. 트럭시위를 매개한 온라인 커뮤니티의 기술적, 매체적, 정치적 특징과 플레이하는 게임의 재화가 현실에서 어떤 가치를 가지는지, 게임 내 소통방식이나 커뮤니티가 어떻게 작동하는지, 게이머들의 요구가 수용될 수 있는 사회정치적 분위기가 형성되어 있는지 등을 함께 살펴야 이들의 능동성을 다룰 수 있다.

4. 새로운 미디어 환경의 게이머를 어떻게 포착할 수 있을까?

이처럼 능동성과 수동성의 이분법으로 게이머의 다차원성을 읽기 어렵기에 완전히 다른 방식으로 게이머를 부르는 이론적 시도들도 존재한다. 가령, 플레이어나 행위자라는 호칭은 수동성을 내포하는 수용자 개념이나, '이용과 충족 이론'의 가정을 암묵적으로 받아들이는 것 같은 이용자 개념, 자본주의적 관점의 소비자 개념이 가지는 성격을 탈거한 중립적 표현으로 활용된다. 또한, 게이머의 게이밍이 자본주의적 상품의 소비이지만 동시에 의미 생산의 실현이라는 점을 강조하는 차원에서 수행 개념도 사용된다. 게임의 규칙 안에서 무언가를 선택하는 행위에서부터 외부 세계에 참여하는 과정까지를 통칭하고자 하는 것이다.[26]

결론부터 이야기하자면, 상설한 모든 시도들이 무의미하다고 단정지을 수는 없다. 오늘날에도 저항적 해독 개념을 활용한 능동적 수용자 이론에 적절한 사회 현상이 있을 수 있고, 수행자나 생성행위자 등의 용어가 가지는 추상성에 파묻혀 어떠한 의미도 갖지 못하는 연구가 만들어질 수도 있기 때문이다. 결국, 게이머 개념에 관한 이론적 접목은 이론에 현실을 맞추는 것이 아니라, 구체적 경험을 읽어내기에 적합한 이론을 활용해야 한다. 다만, 게이머 개념에 어떤 성격을 부여할지 선택하는 과정에서 특정한 의미가 어떤 시대적, 정치적 맥락으로 만들어졌는지 살피는 작업이 필요하다. 특히나, 변화하는 미디어 환경에서 게이머는 이전과 다른 게임 경험을 만들어가기에 이를 정확히 읽어내려면 게이머가 어떤 존재인지 매순간 다시 물어야 한다.

하위징아는 매직서클 개념을 통해 마법과 같은 게임의 안과 밖의 경계

26_ 김겸섭, 「디지털게임 텍스트와 '게임하기'의 수행성」, 『문화와융합』 43권 9호, 2021, 101-122.

를 지었지만,[27] 오늘날의 게임 환경은 이 경계를 해체한다. 이는 단순히 레돈비르타(Vili Lehdonvirta)의 비판[28]처럼 실제와 가상이 상호교차할 수 있다는 의미가 아니다. 물론, 과금과 같이 게임 외부의 조건이 게임 내부로, 게임 내부의 관계가 게임 외부로 영향을 미치는 지점은 물론 존재한다.[29] 그러나 변화하는 미디어 환경은 현실과 게임의 경계를 넘나드는 것이 아니라 해체하기까지 한다. 2023년 새로운 게이밍 형태로 주목받았던 <포켓몬 슬립>은 게이머가 수면 계측 기능을 켜놓고 잠을 잘 때, 잠든 포켓몬을 수집하고 게이머의 수면의 질과 잠버릇을 알려주는 게임이다. 게이머의 수면 데이터에 따라 포켓몬들의 상태나 자세가 달라지는데, 이 경우에 게임 내부와 외부에 관한 구분 자체가 어려워진다.

또한, 오늘날의 게임 환경은 게임 주체와 객체의 경계 역시 해체한다. 최근 소니는 게이머의 플레이 스타일을 AI에게 학습하게 한 뒤, 이를 기반으로 반복 플레이를 하거나 다음 행동을 예측하는 기술을 개발하여 미국 특허청에 등록했다.[30] 모바일에서 이미 활용되고 있는 자동사냥 기술을 넘어서, 플레이어의 데이터를 학습시키는 것이다. 단순하게는 콘솔에서도 자동사냥을 경험하게 될지 물을 수 있지만, 게임의 상호작용적 특성에 기인하는 행위자성이 어떻게 변하는지 묻고자 한다면 문제가 복잡해진다. 게임과 게이머의 상호작용 가운데 기술이라는 변수가 생기면서 어디까지 주체이

27_ 요한 하위징아, 『호모 루덴스』, 김윤수 역, 까치, 1993.

28_ Vili Lehdonvirta, "Virtual worlds don't exist: Questioning the dichotomous approach in mmo studies," *Game Studies*, vol. 10, no. 1 (2010).

29_ 이정엽·강신규, 「'현질'은 어떻게 플레이가 되는가: 핵납금 게임 플레이어 심층인터뷰를 중심으로」, 『한국방송학보』 36권 1호, 2022; 이경혁, 「게임 아이템 구입은 플레이의 일부인가?: 납금방식의 변화에 따른 '게임 플레이' 개념의 확장 연구」, 연세대학교 커뮤니케이션대학원 석사학위 논문, 2020 참조.

30_ 방승언, 'PS 싱글게임에서 '자동사냥'하게 될까?···소니 특허 눈길', <This is game>, 2024. 4. 24. https://www.thisisgame.com/webzine/news/nboard/4/?n=187951

고, 어디까지가 객체인지 구분할 수 없기 때문이다.

이러한 변화를 읽기 위해 새로운 존재론적 시도들이 나오고 있다. 가령, 시몽동은 기술을 인간 외부에서 작동하는 개념이 아니라, 인간과 상호작용하며 공진화하는 관계적 존재로 이해한다.[31] 또한, 스티글러는 시몽동의 개체화 이론에 빚지면서도 기술을 인간 기억이 외화된 것으로 파악하여, 기술적 맥락 위에 개인적 개체나 사회와 같은 집단적 개체가 만들어진다고 본다.[32] 게임 연구에도 이러한 존재론적 확장이 접목되었는데, 전은기는 시몽동의 논의를 따라 조이스틱을 하나의 행위자로 간주하고 한국 아케이드 게임문화가 어떻게 형성되었는지를 살폈으며,[33] 진예원은 기술-인간 앙상블로서 이스포츠를 다루었다.[34]

그러나 새로운 존재론적 시도 역시 만능열쇠는 아니다. 존재론적 경계를 해체하는 작업은 기존 이론들이 포착하지 못했던 대상을 조망하고, 기술적, 매체적 환경 변화를 더욱 잘 포착해낼 수 있지만, 동시에 인간 주체를 해체함으로써 구체적이고 경험적인 지점을 추상화할 위험이 존재한다. 또한, 능동적 수용자론이 견지해왔던 후기 자본주의 비판이라는 목적에서도 사회적 실천과 대안을 제기하기 어려운 지점도 존재한다. 따라서 이상길의 말처럼, 새로운 미디어의 발달이 장기적으로 사회에 어떤 영향을 미칠지에 대하여 기술의 변화나 수용자들의 미디어 사용에서 만들어지는 역동성, 다양한 권력관계 등 현실의 복합성을 고려해야 한다.[35]

31_ 질베르 시몽동, 『기술적 대상들의 존재 양식에 대하여』, 김재희 역, 그린비, 2011.
32_ 베르나르 스티글러, 『자동화 사회 1: 알고리즘 인문학과 노동의 미래』, 김지현·박성우·조형준 역, 새물결, 2019.
33_ 전은기, 「조이스틱-아케이드 게임 문화의 생산자」.
34_ 진예원, 「이스포츠의 기술성(technicity) 분석을 통해 본 포스트디지털 문화 연구」, 연세대학교 커뮤니케이션대학원 박사학위 논문, 2022.
35_ 한국언론정보학회, 『현대사회와 매스커뮤니케이션』, 한울, 2006.

새로운 미디어 환경의 게이머를 어떻게 포착할 수 있을까? 결국, 게이머의 수행성과 행위성, 능동성과 저항성을 모두 포착하는 마스터키는 존재하지 않는다. 그렇다면 다시 게이머의 경험으로 돌아가서 이들의 가능성과 한계가 무엇인지 질문하는 문제화 과정이 필요할 것이다.

5장

게임저널리즘과 이용자 공동체는 미디어를 어떻게 변화시키는가

이경혁 | 웹진 GG 편집장, 게임평론가

1. 들어가며

디지털게임에서의 비판적 담론장은 어떻게 형성되는가? 종합일간지의 문화 면에서 디지털게임을 따로 다루지 않는 2024년 현시점을 기준으로 볼 때, 과거 혹은 다른 매체와 같이 미디어에 의해 선별된 특정한 전문가집단에 의해 게임의 담론이 만들어진다고 말하기엔 디지털게임은 여전히 서브컬처 영역에 속하는 것으로 보인다. 그리고 게임마니아들을 중심으로 돌아가는 이들 게임전문지 영역에서의 담론은 분명 디지털게임을 둘러싼 일련의 담론에 기여하는 바가 있기는 하나, 대중문화상품의 소비자로서 게이머들이 갖는 입장을 대변하는 것은 아니다. 사실 게임전문지의 담론은 게임콘텐츠를 생산, 유통하는 산업주체의 관점을 가져오는 데 치중하고 있다는 한계를 벗어나지 못하고 있다.

그렇다면, 오늘날 매체담론의 주요한 유통지로 이야기할 수 있을 이용자 커뮤니티는 어떨까? 2020년대 이후 한국 사회에서는 이른바 트럭시위로 일컬어지는 디지털게임 이용자들이 적극적으로 게임산업에 개입하는 것이 일상화되면서 담론의 형성과 실천이라는 맥락이 커뮤니티 등지를 통해 이뤄진 바 있기도 했다. 그러나 이 또한 후술하겠거니와 자본주의 대중문화상품 체제 자체에 대한 비판적 담론이라기보다는 소비자로서의 게이머 정체성에 입각해 이루어지는 실천에 가까웠다는 점을 생각해 본다면, 아직까지 디지털게임 전반에 대한 비판적 담론장은 크게 활성화되지 않았다고 평가할 수 있다.

비판적 담론의 형성과 이를 통한 디지털게임 미디어에 대한 적극적인 실천과 개입은 어떻게 가능할까? 이를 위해 이 글에서는 다른 매체에서 담론의 생산처이자 유통처로 거론되었던 전문지와 커뮤니티라는 두 흐름을 역사적 차원에서 검토하며 이들이 디지털게임의 어떤 면을 주로 다뤄왔는지를 살펴보고자 한다. 이를 통해 자본주의 대중문화산업에서 일정 수준 이상을 차지하게 된 디지털게임에 대한 비판적 담론의 구축을 위해 우리가 준비해야 할 것은 무엇인지를 탐색해 보고자 한다.

2. 일반매체에서의 게임문화 담론

디지털게임을 우리 사회가 어떻게 이야기하는가를 살펴볼 때 가장 먼저 눈에 띄는 것은 신문, 방송과 같은 일반적인 미디어들이다. 한국에서의 디지털게임 대중화 시점을 대략 1980년대 초로 상정한다면, 미디어에서 이제 막 전자오락이라는 이름으로 태동하던 한국 디지털게임 초창기에 우리 사회가 게임을 어떻게 바라보고 있었는지를 엿볼 수 있다.

80년대에는 불량한 청소년들의 놀이로 금지되어야 할 대상으로 다루어졌던 디지털게임은 90년대 들어 디지털게임의 보편화가 시작되면서 한국 사회에서 두 개의 담론축을 갖게 된다. 산업진흥 담론과 중독규제 담론그것들이다. 1990년대 후반부터 온라인 네트워크를 기반으로 한 국산 디지

전자오락실 청소년 출입금지

문교부는 18일 전국적으로 성업중인 전자오락실이 청소년들의 갖가지 비행과 낭비를 조장하고 있다고 분석, 초중고교생들의 출입을 금지하도록 하라고 전국 시, 도 교육위원회에 지시했다.

문교부는 이 지시에서 최근 전자오락실이 유기장으로 변해 도박게임까지 벌이고 있어 학생들의 비행을 유발하고 있다고 지적했다. 문교부는 특히 여름방학 중의 생활지도에서 전자오락실 출입을 강력히 막도록 일선 교육청 관계자들에게 당부했다.

전자오락실은 최근 당국의 양성화 움직임에 따라 더욱 번창, 서울에 6천여 개소, 전국에서 7천6백 개소가 영업을 하고 있는 것으로 추정되고 있는데 현재 서울에서 허가를 받은 곳은 27개뿐이며 나머지는 모두 무허가 업소이다.[1]

털게임들이 큰 성공을 거두면서 이들의 성공은 산업적으로 주목받기 시작했고, 동시에 1990년대 말부터 나타나기 시작한 게임중독에 관한 의학적 접근들을 배경으로 우려도 함께 나타났다.

이러한 추세는 지속적으로 이어지고 있다. 2020년대 초반까지도 '4차산업혁명의 주역' '미래 콘텐츠산업의 핵심 먹거리'라는 칭송과 함께 '중독유발물질'이라는 오명이 동시에 거론되며, 디지털게임에 대한 사회적 논의는 문화적 영향력이 배제된 채 일반 미디어에서 다뤄지고 있다.

디지털게임에 대한 사회적 논의가 오로지 산업적 진흥과 중독으로서의 규제라는 두 가지 주제로만 이뤄지면서 가장 중요한 문화로서의 가치를 다루는 담론은 설 자리를 잃었다. 소규모로 시도되던 문화비평 기반의 목소리들은 '게임은 문화다'라는 선언을 내세우는 정도에 머물러 담론장에서 주도

1_ 경향신문, 「전자오락실 청소년 출입금지, 문교부 전국 교위에 지시」, 『경향신문』, 1983. 6. 18.

권을 갖지 못한 채 2020년대 현재까지도 큰 영향력이 없다.[2]

디지털게임은 오랫동안 서브컬처로서 소수의 향유자들에 의해 플레이되어왔기에 일반 미디어에서 이뤄지는 게임에 대한 오해와 편견은 과거보다는 많이 개선된 상황이다. 그렇다면 디지털게임을 오랜 세월 동안 전문적으로 다뤄온 게임전문지들에서는 어떤 문화적 접근을 시도했고, 어떤 성과가 있었을까?

3. 디지털게임 전문지의 탄생과 발전

텔레비전이나 신문, 라디오 같은 종합미디어와 달리 잡지는 일반론보다는 보다 전문적이고 특수한 영역을 전문성을 띤 시각으로 접근하는 매체다. 오랫동안 서브컬처 환경에서 이어져온 디지털게임이었기에 게임에 대한 문화비평 담론은 다른 어떤 매체보다도 게임전문지에서 유의미하게 시도된 바 있다.

최초의 게임전문지는 1981년 11월 영국에서 창간된 『컴퓨터 & 비디오 게임즈*Computer and Video Games*』다.[3] 창간호에서 타이토 사의 <스페이스 인베이더*SapceInvader*)>를 다루며 등장한 이 전문 디지털게임 잡지는 게임 안에서 어떻게 승리할 수 있는지와 같은 게임 공략을 중점적으로 다루었다.

실제 게임플레이에 도움을 줄 수 있는 공략의 형태로 최초의 디지털게임 전문지가 탄생했다는 것은 게임전문지의 독립적인 출간 이전부터 존재했던 서드 파티 형식의 게임 공략집이 이미 보편적이었다는 배경과 무관하지 않다.

2_ 이경혁, 「중독규제–산업진흥 사이 갈 곳 없는 게임 '문화담론'」, 『뉴스톱』, 2018. 10. 26.
3_ 조광민, 「최초의 게임 전문 잡지는?」, 『게임동아』, 2013. 6. 18.

콘살보(Mia Consalvo)는 디지털게임에 관한 정보를 다루는 최초의 잡지 형태의 미디어가 독립적인 출판사에서 발간되기 이전부터 각 게임사들에서 이미 서드 파티 형태로 등장했음을 이야기한 바 있다.[4] 닌텐도와 같은 게임 제작사들은 자사의 게임을 유통한 뒤, 게임플레이 과정에서 막히는 부분들에 대한 플레이어들의 질문이 많음을 인지했고, 이를 콜센터 등으로 처리하는 방법을 활용하다[5] 점차 정기간행물의 형태로 게임에 대한 공략과 정보를 제공하는 방식으로 변화했다. 최초에는 게임사의 서드 파티로 제작되던 초창기의 게임 관련 정보지들은 이후 게임사가 아닌 독립적 출판사에서 발간하는 디지털게임 전문지의 형태로 발전하게 되었다.

게임사의 서드 파티로서 게임의 공략 정보를 전달하는 데서 시작된 게임전문지의 기원은 이후 게임잡지의 발전과정에서 잡지의 중심이 어디를 향하는지에 적지 않은 영향을 미쳤다. 독립적인 출판물로 게임잡지가 자리잡기 시작한 이후에도 잡지들의 중심은 주로 신작 게임의 출시 정보와 공략에 필요한 정보 등에 초점이 가있었다. 문화비평으로의 시도가 아주 없었던 것은 아니지만, 중심은 여전히 '어떻게 이 게임을 완벽하게 클리어할 것인가?'라는 공략에 맞춰져 있었다.

유사한 맥락은 한국의 게임잡지에서도 이어졌다. 한국에서 게임전문 잡지는 1990년대 초반부터 활성화되기 시작했는데, 첫 번째 게임전문잡지로는 1990년 8월 첫선을 보인 『게임월드』[6]가 거론된다. 다만 전문적인 게임잡지의 등장 이전부터 컴퓨터, 전산 관련 잡지들의 기사 섹션 중의 일부로 디지털게임이 다뤄지는 흐름은 『컴퓨터학습』과 같은 잡지에서 시도된 바

4_ Mia Consalvo, *Cheating* (Cambridge, Mass.: The MIT Press, 2007).
5_ France Costrel, *High Score* (documentary), Netflix, 2020.
6_ 강신규, 「한국 게임비평의 궤적과 방향」, 『게임제너레이션』, 2021. 6. 10.

있었다. 이들 한국 게임전문지에서도 해외와 마찬가지로 핵심은 신작 게임의 소개와 주요 게임의 공략 정보였다.

4. 게임 전문지의 문화담론

그러나 문화담론 시도가 아예 없었던 것은 아니다. 핵심적인 신작/공략 정보의 수록 외에 이들 잡지는 별도의 섹션을 통해 디지털게임에 대한 사회적 인식의 전환을 촉구하는 글들을 수록하는 노력을 보였다. 특히 한국에서는 디지털게임이 앞서 소개한 바처럼 8-90년대에 교육과 산업에 반하는 놀이로 취급되며 불량문화로 규정되고 있었기 때문에, 마니아층들로 하여금 디지털게임 문화를 이른바 '긍정적이고 건전한' 대중문화의 일원으로 인정받고자 하는 욕망을 갖도록 만드는 상황이었다. 그래서 주로 문화적 담론은 '게임은 불건전한 오락이 아니다'라는 메시지를 중심으로 이루어지게 되었고, 이는 게임전문지 안에서 주로 기사가 아닌 '칼럼' 형태를 통해 시도되었다.

한편으로는 디지털게임 텍스트에 대한 심도있는 분석을 통해 기존의 리뷰, 공략을 평론의 영역으로 재정립하고자 하는 시도도 지속되었다. 디지털게임을 전문적으로 다루는 게임평론가라는 직함이 1990년대부터 서서히 나타났으며, 평론가 타이틀을 달고 시도되는 게임에 대한 분석과 고찰들이 비평의 일부로 자리잡기 시작했다.[7]

게임전문지들의 문화담론은 1990년대 이후 더욱 본격화했다. 여기에는 몇 가지 배경이 작용했는데, 첫 번째로는 디지털게임이 보다 대중적인

7_ 오영욱, 「레트로 시대 한국 게임비평의 흔적들」, 『게임제너레이션』, 2021. 8. 10.

매체로 자리매김하고 컴퓨팅 기술이 발전하면서 게임이 과거보다 더 다양하고 방대한 사회상을 재현하기 시작하며 사회 전반에 미치는 영향력이 과거보다 커졌다는 점을 들 수 있다. 동시에 이 무렵부터 활성화되기 시작한 PC통신 커뮤니티를 통해 게임이용자들이 자발적으로 자신들의 비평적 요구를 드러낼 수 있게 되면서 게임전문지들 또한 이러한 이용자들의 수요에 발빠르게 대응할 필요가 생겼다는 점 또한 적지 않은 영향을 미쳤다. 동시에 온라인 네트워크가 보편화되면서 인쇄매체 기반의 전문지들은 서서히 웹진의 형태로 변화하기 시작했다. 이 과정에서 서구권에서는 기존에 주로 실었던 리뷰나 게임공략보다 심층적인 비평과 연구결과에 높은 비중을 두고자 하는 『가마수트라』, 『코타쿠』와 같은 매체들이 탄생하기도 했다.

그러나 태생부터 비평보다는 리뷰로서의 기능에 방점을 찍어온 게임전문지가 소화하는 비평의 역할에 대한 비판은 2000년대까지도 지속적으로 있었다. 2004년 게임개발자 컨퍼런스(GDC)에서 비탄티(Matteo Bittanti)는 현재 게임비평이라는 이름으로 만들어지는 글들이 여전히 게임의 외형과 플레이 방식에만 주의를 기울이고 있어 게임 텍스트가 가지고 있는 맥락과 문화적 분석이 소홀한 상황임을 지적한 바 있었다.[8] 2008년의 GDC에서도 비슷한 지적이 이어졌는데, 코스티키안(Greg Costikyan)은 자신의 강연에서 디지털게임의 리뷰와 비평을 엄격하게 구분하고, 오늘날 우리에게 필요한 것은 리뷰가 아니라 비평임을 강조하였다.[9] 게임연구자인 이들은 공통적으로 게임전문지들이 다루는 리뷰와 공략이 결국 대중문화상품으로서 게임이 갖는 속

8_ M. Bittanti, "Make better criticism," *GDC 2004*, 2004. 3. 24. https://gdcvault.com/play/1013566/Make-Better-Criticism-A-Mature

9_ Greg Costikyan, "Game Criticism, Why WeNeed It, and Why Reviews Aren't It," *GDC 2008*, 2008. 2. 24.

성에만 충실하게 복무할 뿐이라고 보고 있다. 이들은 상품관계 외부에 미치는 문화적 영향력에 대한 접근이 현재의 리뷰 중심 기사 구성에서는 불가능하다는 점을 지적하며 디지털게임의 문화담론이 부재하다는 점을 비판한다.

상품으로서 게임을 다루는 리뷰와, 문화소로서 게임을 다루는 비평의 차이를 구분하고 비평의 부재를 이야기하는 일은 특히 한국의 게임전문지 경우, 더욱 두드러진다. 웹진 시대로 전환된 이후 그나마 비평적 시도가 두드러지는 매체들이 존재하는 서구권과 달리, 한국에서는 아직까지 디지털게임에 대한 전문적인 문화비평을 꾸준하게 유지해 오고 있는 전문지를 손에 꼽기 어려운 상황이다.

강신규[10]는 한국에서 디지털게임의 비평 담론을 만들기 위한 다양한 시도들을 살펴본 바 있다. 전문지로는 한국의 게임 관련 민간재단인 게임문화재단이 2012년부터 시도한 월간지 『게임 컬처GameCulture』가 있었으나 채 1년을 채우지 못하고 폐간했고, 정부기관인 문화체육관광부가 2008년부터 주최한 <게임비평공모전>도 2012년 제5회 공모전을 마지막으로 폐지되었다. 2000년대 초반 한국의 1세대 게임평론가로 불리는 박상우, 이상우 및 2010년대의 이경혁과 같은 게임평론가들이 진행한 단행본 작업들 또한 담론을 형성할 만큼의 연속성을 만들지 못했다는 점은 아쉬움으로 남는다고 지적한다. 전반적으로 비평적 접근에 대한 시도는 늘 있어왔으나, 이들이 연속적인 흐름을 만들며 비평 담론을 형성하는 데는 이르지 못했다는 분석이다.

10_ 강신규, 「한국 게임비평의 궤적과 방향」.

5. 게임 커뮤니티와 게임문화담론

90년대 이후 텔넷 기반의 PC통신 게시판 커뮤니티와 이후 월드와이드웹 도입과 함께 이루어진 인터넷 커뮤니티 시대에 들어 디지털게임의 담론은 전문지보다 오히려 커뮤니티에 의해 추동되는 상황을 맞았다. 북미의 레딧, 일본의 2ch, 한국의 디시인사이드와 루리웹과 같은 커뮤니티를 통해 게이머 집단이 같은 주제를 공유하며 한자리에 모이게 되었고, 여기서 오가는 이야기들이 게임 담론을 형성하기 시작했다.

오영욱[11]은 PC통신 활성화 시절부터 나타난 디지털게임에 대한 이용자들의 평가와 분석에 주목했다. 게시판에 올라오는 게임에 대한 평가, 소감을 게임제작사가 홍보에 활용하며 '평론가'라는 호칭을 달아주는 등의 흐름 속에서 게임을 플레이하고 이에 대한 감상과 일련의 분석을 남기는 활동들이 평론에 준하는 형태로 커뮤니티에서 받아들여졌다.

특히 2010년대 이후 간신히 명맥을 이어 오던 인쇄매체 기반의 많은 게임전문지들이 폐간하면서 디지털게임을 다루는 이야기들은 사실상 커뮤니티를 중심으로만 남게 되었다. 온라인 웹진으로의 전환에 성공한 게임전문지나 온라인 이후 웹진을 기반으로 창간한 게임전문지들의 경우는 자체적으로 보유한 커뮤니티를 동시에 운영하는 등의 방식을 활용하며 전문지와 커뮤니티 사이의 간극을 줄여나가기도 했다. 이러한 과정 속에서 과거 인쇄매체 기반의 게임전문지가 가지고 있던 담론장으로서의 영향력은 2010년대 이후 커뮤니티 혹은 커뮤니티화한 웹진으로 그 기반을 옮겼다.

게임 커뮤니티의 영향력은 한국의 경우 특히 2020년대 이후 게임산업에 대한 사회적 압력으로까지 현실화하며 크게 주목받았다. 이른바 '트럭시위'

11_ 오영욱, 「레트로 시대 한국 게임비평의 흔적들」.

로 불리는, 부분 유료결제와 확률형 아이템 중심으로 재편된 한국 게임산업 생태계에서 일어난 불합리한 아이템 판매에 관한 이슈들은 한국 디지털게임 이용자들로 하여금 온라인 커뮤니티에서의 감정 토로를 넘어 일련의 집단행동을 불러일으키며 현실 공간의 실천력으로 변모했다. 게임산업과 사회문화 전반에 유의미한 변화를 만들어낼 수 있을 만큼의 영향력을 보유했다는 점에서 게임 커뮤니티를 통해 일련의 디지털게임 담론이 형성된다고 평가할 수 있을 부분이다.

그러나 게임 커뮤니티의 담론장 성격이 마냥 긍정적으로만 평가될 수 있는 것은 아니다. 커뮤니티를 통해 형성, 유통되는 담론들이 동시대 디지털게임의 사회문화적 영향력을 비판적으로 검토하고 발전적인 방향을 제시할 수 있는 비평적 역량을 갖췄다고 평가하기 어려운 사례들이 적지 않기 때문이다.

이를테면 트럭시위 이후 2020년대에 등장한 이른바 '손가락 사태'가 대표적이다. 특정 게임 안에서 활용된 캐릭터의 일러스트레이션에 표현된 손가락 모양이 페미니즘을 지지하는 아이콘이라며 게임제작사와 영상제작 하청업체, 제작노동자에게 사과와 사퇴, 해고를 요구하며 불거진 이 사태는 페미니즘이라는 개념을 반대하는 이들이 특정 대상을 타게팅하여 벌인 일련의 사이버불링에 가까운 형태였다. 이러한 집단행동은 사건과 사회를 숙고하고 검토하기보다는 감정적 분노를 쏟아내는 방식으로 커뮤니티의 동력을 활용하는 여타 유사한 사례들과 다르지 않다. 사회적 영향력은 확보했지만, 확보된 영향력은 비판적 성찰의 결과로 나왔다고 보기 어려운, 온라인 커뮤니티가 가진 특성만이 도드라진 사례로 볼 수 있는 성질의 것에 가까웠다.

트럭시위를 위시한 온라인 커뮤니티를 기반으로 이루어지는 활동들이 근본적으로 소비자 정체성에 입각해 게임을 바라보고자 하는 의도로부터 이루어지고 있다는 점은 현재의 커뮤니티가 비판적 담론장으로 기능하기 어렵다는 것을 뒷받침한다. 2020년대 이후 이루어진 한국 게임 커뮤니티에서 게임이용자들을 중심으로 이루어진 담론들의 주요 소재는 언제나 소비자로서의 이용자가 판매자로서의 제작/유통사에게 항의하는 형태로 이루어졌다고 보여진다.

자본주의 대중문화 상품을 중심으로 작동하는 현대의 대중문화 시스템에서 디지털게임의 상품적 속성에 대한 이야기는 당연히 중요한 부분이겠지만, 이를 비판적 담론으로 정체화하기 위해서는 소비자라는 정체성이 아닌 보다 중립적인 시선에서 상품의 제작-유통-소비 과정 전체를 체제의 틀 밖에서 바라볼 수 있는 조망점이 요구된다. 게임 커뮤니티 등에서 이러한 시도가 없다고 단언할 수는 없지만, 이러한 담론들은 주요한 의제로 올라오지 못한 채 커뮤니티는 소비자로서의 게이머들이 갖는 항의의 수단으로만 제한적으로 활용되고 있는 상황이다.

6. 비평담론 자체가 소멸해가는 시점의 문제

이런 점을 종합해 살펴본다면 한국에서 디지털게임에 대한 비판적 문화담론은 아직까지 이렇다 할 매체도, 장도 갖지 못한 상황이며 시작도 못한 마당에 그 연속성과 효과를 논하기는 어려운 수준이라고 볼 수 있다. 그러나 디지털게임 외부의 상황에서 우리는 추가적인 변화 또한 고려해야 하는데, 애초에 비평이라는 이름의 비판적 담론 자체가 대중문화 전반에서 점차 줄어들어가고 있다는 점이다.

대중문화비평에서 디지털게임과 나름의 친연성을 가지면서도 독자적으로 확고한 비평담론장을 오랫동안 확보, 유지해 왔던 영화비평계 또한 21세기 이후 지속적으로 비평의 쇠락이라는 문제에 직면하고 있다. 문학, 미술, 음악 할 것 없이 전반적인 문화비평들이 과거만큼 독자층을 확보하지 못한 채 줄어들고 있는 상황을 부인하기 어려운데, 비평의 몰락이라 불러도 틀리지 않을 시대에 디지털게임이라는 새 영역에서 비평의 장을 열고자 하는 시도는 당연히도 두 배 이상의 어려움에 직면할 수밖에 없다.

과거와 같은 의미의 비평, 평론은 이제 대중적인 유통처를 확보하지 못한 채 각 분과의 학술지나 대중적 영향력을 갖지 못하는 소규모 무크지 등에서만 활동력을 유지하고 있는데, 비평의 전통조차도 확보하지 못하고 있는 디지털게임 영역에서 이러한 흐름을 역행하여 새로운 장을 세울 수 있다고 말하는 것은 다소 무모하고 허황한 일일 수 있다.

그러나 디지털게임의 영향력이 과거와 달리 사회구성원 전반에 크게 미치는 시대가 되었고, 그 성과의 크기가 어떠한지와 무관하게 이 매체의 영향력과 구조에 대한 비판적 성찰은 반드시 필요한 것 또한 사실이다. 어느 때보다도 어려운 시기에 디지털게임의 담론장을 어떻게 구축할 수 있을까에 대한 고민과 실험이 요구되는 시기다.

7. 디지털게임의 문화담론은 왜 필요한가?

디지털게임은 최초의 대중화에 도달했다고 평가받는 <퐁>부터 그랬듯이, 상품으로서의 속성과 결부될 수밖에 없는 존재다. 오랫동안 게임전문지들이 신작 게임의 출시 정보, 공략 정보를 중심으로 매체를 꾸려온 데에는 이러한 상품으로서의 속성이 크게 작용했다. 하지만 이것만으로 디지털게임이 사회와 관계 맺는 방식을 모두 다 설명했다고 말하기는 어렵다. 게임이라는 매체의 방식이 보편화되면 될수록 이 매체가 인간과 사회를 이야기하는 방식과 소재, 주제는 동시대의 게임이용자들 전체에 일련의 영향력을 행사하기 때문이다.

게임을 통해 사람과 사회가 변화하고, 변화한 사회는 다시 디지털게임에 영향을 주며 루프 피드백을 형성한다. 게임이 사회에 미치는 영향력은 초창기의 간단한 게임과 비교할 때 과거와 매우 다른 수준의 양적, 질적 확대를 겪어왔고, 이로 인해 게임이 사회에 미치는 피드백은 훨씬 더 강력해졌다. 2020년대의 한국 청년들은 과거 유년기에 <메이플스토리>를 공통의 놀이경험으로 가졌으며, 태어나 처음으로 익명의 사람과 게임 안에서 협업하는 법을 배우거나, 태어나 처음으로 누군가에게 아이템 사기를 당해보았다. <리그 오브 레전드>를 통해 자동매칭에 의해 일회성으로 만들어졌지만 공통의 목표를 가진 다섯 명의 팀워크라는 개념에 익숙해진 게이머들은 기성세대가 이야기하는 *끈끈한* 팀워크가 없어도 팀 협업이 가능하다는 사실을 알고 있으며, 일을 위해 팀워크를 다져야 한다는 기성세대와 대립한다.

어제보다 더 나은 사회를 위해서는 이러한 게임의 영향력에 대한 심도 깊은 이해가 필요하며, 이해를 넘어 실천의 영역에서 디지털게임의 발전 방향성에 유의미한 영향력을 발휘할 수 있는 담론의 장을 필요로 한다. 전술한 바처럼 디지털게임은 상품 속성과 깊은 관계를 가지고 있기에, 이러한 문화적 영향력에 대한 이해와 실천이 부재한 상태가 이어진다면 최근 들어 크게 우려를 자아내고 있는 과도한 확률에 기반해 점점 도박 유형에 가까워지고 있는 게임산업의 변화를 그저 자본의 이윤추구라는 단일한 목적에 그대로 맡겨둘 수밖에 없다.

앞서 살펴본 것처럼, 기존의 일반 미디어와 게임전문지를 통틀어 현재까지 이러한 게임문화담론은 설 자리를 갖지 못하고 있다. 한국에서 디지털게임은 K-한류 미디어콘텐츠 수출산업의 중심으로서 진흥해야 할 대상이면서도 동시에 사람들을 중독시키는 유해물질이라는 서로 상충하는 산업진흥-중독규제라는 담론으로 점철되어 있다. 그런가하면 이에 반대하는 영역에서도 단지 소비자 정체성에 기반해 과도한 부분 유료결제 및 확률형 아이템에 의해 피해받는 소비자 이익을 보호한다는 자본주의 체제 내적인 대항담론에 머물고 있는 형국이다. 디지털게임이 매체로서 가지고 있는 새로운 재현방법이 품고 있는 가능성이 인간과 사회를 위해 보다 효율적으로 쓰이기 위해서는 게임문화담론이 자리할 수 있는 기반의 마련이 시급한 상황인 것이다.

8. 게임문화담론, 어떻게 만들 것인가?

게임문화담론의 필요성은 사실 오랜 시간 동안 각계각층을 통해 제기되어왔다. 그러나 기존의 목소리들은 구체적인 실천 방안을 제시하기보다는 다분히 선언적인 수준에 오랫동안 머물러 왔으며, 이조차도 산업주체들에 의해 다분히 오용되어온 바가 없지 않았다.

2000년대 이후 오랫동안 일종의 슬로건으로 활용되어 온 '게임은 문화다'가 대표적이다. 한국의 많은 게임 관련 단체들이 외쳐온 이 슬로건은 한국에서 오랫동안 부정적인 것으로 터부시되어왔던 디지털게임의 위상을 올바르게 정립하고 게임을 다른 매체와 동등한 조건으로 바라봐줄 것을 요구하는 선언이었다.

그러나 '게임은 문화다'는 적어도 2020년대 이후부터는 여러 가지 이유로 그 의미를 상실한 상태다. 스마트폰 대중화를 거치며 모바일을 중심으로 디지털게임이 대중화된 이후, 게임은 굳이 문화라고 선언하지 않아도 이미 많은 이들에게 대중문화로 받아들여지고 있어 굳이 문화라고 선언하고 규정지어야 할 이유가 사라진 상태다. 오히려 이 슬로건은 게임질병코드 등재 사태, 청소년 셧다운제 문제 등 디지털게임에 관한 부정적인 이슈들이 있을 때마다 주로 게임산업계가 꺼내드는 카드가 되며 단순히 게임산업에 부정적인 영향을 끼치는 이슈들을 막아서는 카드로만 활용되었다.[12]

오히려 필요한 것은 게임이 문화라고 선언하는 것이 아니라, 이미 대중문화가 된 게임을 어떻게 사회와 긴밀하게 영향력을 주고 받는 유의미한 문화담론으로 설명할 수 있을 것인가라는 질문에 대한 답변이다. 앞서 이야기한 대로 한때 문화담론의 기지 역할을 수행했던 전문지는 커뮤니티에 그 영향력을 내주며 초창기와 같은 게임의 상품정보 카탈로그 역할에 더욱 가까워졌다. 커뮤니티는 소비자정체성을 중심으로 한 담론에 그치고 있는 데다 비평문화 전반이 침체기를 맞이하고 있어 '어떻게 게임문화담론을 만들 것인가?'는 그 어느 때보다도 어려운 질문이 되었다.

9. 물적 토대의 구축과 담론 지향점의 설정

게임문화담론의 장을 만들기 위해 가장 먼저 고민해야 할 것은 물적 토대의 구축이다. 디지털게임에 대해 연구하고 이야기하는 일이 전문적인 직업으로 인정받아 사회에서 일련의 보수를 받아 누군가가 전문적으로 이 일을 수행할 수 있도록 하는 경제적 생태계를 구축하는 것은 담론의 진원지를

12_ 송주상, 「게임은 문화? "이제는 말이 아닌 행동이 필요한 시기"」, 『디스이즈게임』, 2019. 8. 21.

형성하는 데 있어 가장 중요하면서도 기초적인 일이다. 게임문화담론에서 입장을 구축하고 의견을 개진하는 일이 생계가 될 수 있는 수준으로 인정받아야 지속적인 담론의 생산과 유통이 가능해지기 때문이다.

현실의 물적 기반을 딛고 생산되는 담론은 입장의 다양성을 해치지 않는 범위 내에서 어느 정도의 공통적 방향성을 갖출 수 있어야 하며, 이를 담론의 지향점이라고 일컬어볼 수 있을 것이다. 각각의 담론생산자들이 자신의 개인적인 디지털게임 플레이 경험에 매몰되어 개인적 특수성에만 천착하지 않고, 연구와 분석, 발화와 토론이 이른바 '씬'을 형성할 수 있는 발전적 지향점을 갖출 때 각각의 목소리는 개별적으로 사그라들지 않고 끊임없이 새로운 의견의 생성과 논쟁을 반복하는 살아있는 장으로서 의미지어질 수 있다.

물적 토대의 구축과 담론 지향점의 설정이라는 두 목표를 기반으로 2021년부터 국내에서 실험적으로 시도되고 있는 게임문화 담론 구축을 향한 실험으로 『게임제너레이션*GameGeneration*』(이하 『GG』)의 사례를 소개한다. 『GG』의 시도는 아직 진행형이고 대단한 성과를 거두었다고 말하기에는 섣부른 상황이지만, 적어도 그 지향에 대해 함께 생각해 봄으로써 『GG』 이외에도 한국 게임문화담론의 구축과 발전을 위한 보다 나은 아이디어들의 시발점이 될 수 있을 것이라고 생각한다.

10. 『GG』의 시작과 목표

『GG』는 2021년 8월에 첫 선을 보인 한국의 격월간 디지털게임 전문 온라인 문화비평지다. 게임문화재단이 주관해 창간하고 <배틀그라운드>의 성공으로 글로벌 게임계에 이름을 알린 크래프톤이 후원해 만드는 『GG』는

앞서 이야기한 한국 게임담론의 부재를 극복하기 위한 실천적 계획의 일환
으로 창간해 2024년 10월 현재까지 총 20호를 발간했다.

『GG』는 서브컬처 시절부터 게임담론의 중심에 위치해 왔던 게임전문
지의 역할을 계승하면서도 동시에 한국 게임전문지가 가졌던 한계인 상품
리뷰 중심의 흐름에서 벗어나 본격적인 문화담론으로서 디지털게임을 다루
는 웹진을 구축하자는 의도로 시작되었다. 같은 게임문화재단에서 이전에
시도되었던 『게임 컬처』가 채 1년을 버티지 못하고 폐간했다는 점을 돌이
켜보며 무엇보다도 중장기적 연속성을 유지할 수 있는 물적 토대 구축에
힘썼고, 여기에 게임사 크래프톤이 동의하며 중장기 후원을 맡아 만3년 이
상을 꾸준히 유지해 옴으로써 연속성 부문에서는 일련의 성과를 거두었다
고 평가할 수 있을 것이다.

『GG』의 주요 모토 중 하나는 '학술지보다 가볍게, 웹진보다 무겁게'라
는 톤 앤 매너에 대한 지향이다. 『GG』는 그동안 디지털게임에 대한 문화
비평으로서의 접근이 학계에서는 논문이나 보고서와 같은 형태로 소규모나
마 시도되어왔다는 점에 주목했다. 그러나 학술지를 기반으로 생산되는 디
지털게임 문화담론은 현재 논문이라는 매체의 접근성 측면에서 일반대중들
에게 널리 퍼지기 어려워 학계 내에서의 논의에만 머문다는 점과, 학술용어
중심이어서 대중들에게 널리 읽혀지기 어렵다. 바로 이런 점들 때문에 사실
상 대중문화 담론장으로서의 역할 수행에는 한계가 있는 상황이다.

게임전문지가 갖는 대중성과 학술지가 갖는 문화담론으로서의 전문성
을 상호보완해 대중에게 널리 읽히고 유통될 수있는 문화담론지로서의 성
격으로 『GG』를 구축해 나가는 것은 그러나 개념처럼 쉬운 일은 아니다.
자칫 어렵고 재미없는 글이 되거나 학술지의 지향과는 판이하게 다른 기존
게임전문지에 가까운 형태로 굳어버릴 수 있는 패착이 손쉽게 나올 수 있

기에 이러한 지향은 한 번의 설정으로 끝나는 일이 아니라 꾸준한 기획과
보완으로 유지보수해야 하는 속성이 된다.

11. 『GG』는 무엇을 이루었는가

『GG』는 2개월에 한 번씩 발간된다. 매 호마다 디지털게임의 여러 주제 중
하나씩을 대주제로 선정하여 일종의 집중 탐구를 수행하는 메인 세션을 중
심으로 발간되는데, 1호부터 20호까지의 대주제는 다음과 같다.

호수	대주제	호수	대주제
1호	문화로서의 게임	11호	인터페이스
2호	레트로, 클래식, 복고	12호	게임과 예술
3호	보는 게임	13호	비평공모전 수상작 특집
4호	소수자 게이머	14호	인게임 커뮤니케이션
5호	B급게임, 똥겜	15호	2023 GOTY
6호	지역과 게임	16호	게임 속 사랑
7호	비평공모전 수상작 특집	17호	운과 확률
8호	오프라인 게임	18호	게임에서의 효율
9호	상품으로서의 게임	19호	호러
10호	트리플A	20호	비평공모전 수상작 특집

『GG』의 대주제는 동시대 게임문화의 중요한 시사적 주제, 디지털게임 연
구에서의 주요한 테마 등을 다루면서도 동시에 게이머 대중의 관심이 충분
히 닿을 수 있는 대상으로 이루어졌다. 각각의 대주제들은 게임연구의 중요
한 소주제들이고, 해당 주제를 탐구해온 연구자들이나 평론가들을 직접 발
굴하여 보다 간결한 문체의 대중적인 글로 가공해 수록하는 방식으로 게임
문화담론을 대중화시키고자 노력해 왔다.

『GG』는 대주제 외에도 국내외 학술연구논문을 간략하게 요약, 소개하는 고정 코너, 신작 게임에 대한 리뷰가 아닌 비평을 수록하는 일반비평 코너 등을 상설 섹션으로 유지하며 대중문화담론으로서의 게임비평이 설 기반이 될 매체가 되고자 운영 중이다.

국내외에서 이루어지고 있는 디지털게임에 대한 비평과 연구의 결과들을 모아 대중콘텐츠로 만드는 과정은 연구자, 비평가들의 지난한 시간과 수고를 요구하기에, 『GG』는 후원으로 마련한 재원을 통해 각각의 콘텐츠가 재생산될 수 있는 재정적 보상을 마련하는 데에도 많은 노력을 기울여 왔다. 아직까지 한 명의 전업 평론가를 온전히 먹여살릴 수 있을 만큼의 수준에 이르지는 못했지만, 개별 글들에 지급되는 원고료는 국내 게임전문지들의 평균치를 한참 웃도는 수준을 유지하고 있다. 이는 특히 논문과 같은 학술지가 사실상 원고료가 없는 체계임을 생각할 때, 별도의 학제가 마련되어 있지 않아 수입이 발생하기 어려운 디지털게임 연구자들에게 유의미한 지원이 될 수 있다.

더불어 『GG』는 신진 비평가의 발굴을 위해 매년 1회 게임비평공모전을 개최하여 새로운 게임연구자, 비평가를 발굴하는 데에도 노력을 기울이고 있다. 게임문화담론의 생산자들을 위한 최소한의 물적 토대와, 이를 담론장이라는 살아있는 '씬'으로 구축하고자 하는 지향, 기존의 전문가집단에 한정된 소수의 풀을 최대한 대중적인 영역으로 이끌어 내고자 하는 노력에 대해서는 전술한 바와 같다. 여기에 덧붙여 새롭게 디지털게임을 이야기하고자 하는 신진 연구자들이 커리어의 발판으로 삼을 수 있는 배경이 될 수 있도록 『GG』는 지난 3년간 터를 다져 왔으며, 만3년 간 콘텐츠 생산을 지속해 한국 게임문화담론장 구성을 위한 가장 기초적인 요소들의 구성에는 성공했다고 평할 수 있다.

12. 이루지 못한 것들과 향후의 지향들

소기의 성과에도 불구하고 아직 『GG』는 유의미한 마일스톤에 도달했다고 평가하기에는 섣부르다. 『GG』가 이루지 못한 점들 중에서 가장 두드러지면서 동시에 가장 도달하기 어려운 목표는 이 콘텐츠가 아직 충분한 수준의 대중화에 이르지 못했다는 점이다.

여러 SNS 등을 통해 몇몇 기사들이 널리 회자되기도 했지만, 아직까지 『GG』의 평균적인 웹 트래픽은 디지털게임 문화담론의 대중화를 말할 수 있는 수준에 도달하지 못했다. 문화비평이라는 방식 자체가 퇴조세인 지금 이를 다시금 대중 앞에 끌어올리는 일의 버거움은 두 번 말할 필요가 없는 것이다. 그럼에도 불구하고 결국 문화비평담론의 대중화는 절대 포기하지 말아야 할 지향이기에 더 긴 시간 동안 더 많은 콘텐츠에 대한 자성을 통해 담론의 대중화를 이끌어낼 방법을 찾아내야 하는 과제가 아직 놓여있는 상황이다.

이를 위해서는 일련의 페다고지적 역할을 수행할 수 있어야 한다는 지향점이 요구된다. 학계, 소수의 비평계에서 오가는 디지털게임 문화담론을 대중들이 손쉽게 접할 수 있게 만들고, 이를 레퍼런스 삼아 동시대 연구자들이 동시대 게이머와 대중들에게 지금 우리가 반드시 논의해야 하는 주제가 무엇인지를 효과적으로 설득할 수 있어야 한다. 여기에 더해 전문가로서 대중들에게 자신들의 연구, 논의과정이 이끌어낸 일련의 고찰들이 게임문화에 영향을 줄 수 있게 만드는 과정은 일상에서 쉽게 많은 시간을 게임연구, 비평에 사용하지 못하는 대중들로 하여금 손쉽게 관련 논의들을 따라갈 수 있게 만드는 교육적 역할까지를 포함한다.

담론을 주도할 수 있는 영향력을 확보하기 위해서는 『GG』에 참여하는 필자들의 사회 전반을 향한 참여도 향상을 위한 방책들이 추가로 요구된다.

아직까지 사회적 영향력이 미미한 『GG』 안에서의 활동에 국한되지 않고, 정책과 제도, 산업 현장에서의 조언과 비판, 각종 미디어에의 추가 노출을 통해 개별 연구자들의 활동량을 높임으로써 『GG』의 영향력 또한 확산할 수 있는 선순환의 시너지 구축이 가능한 방법들을 모색해야 한다.

동시에 『GG』의 활동이 담론장의 구축에 머물지 않고 실제로 디지털게임이 존재하는 사회양식 자체를 변화시킬 수 있는 실천적 동력의 구성까지 다다를 수 있어야 한다. 자본주의 대중문화상품으로서의 속성만이 강조되는 지금의 한국 게임계 전반에 문화적 영향력을 발휘하기 위해서는 자본주의 문화상품이라는 틀 외부에서의 비판적 접근이 반드시 필요함을 정부와 산업계, 이용자 등에게 주장해야 한다. 그리고 이를 통해 디지털게임 문화를 자본의 이윤이 원하는 방향으로만 끌려가지 않도록 강하게 고삐를 틀어쥠으로써 실질적으로 디지털게임이 세상을 위한 긍정적 변화에 일조할 수 있게 만들어야 한다. 이것이 곧 문화담론의 실천력이다. 이러한 지향을 놓지 않고 지속적으로 지금과 같은 기조를 유지할 수 있다면 어려워만 보이는 게임문화담론의 장 구축도 불가능한 일은 아닐 것이다.

13. 결국 문화담론도 세계를 어떻게 바꿀 것인가를 질문하는 일이다

게임비평, 게임연구는 상황에 따라 게임 안의 디자인을 다루거나 게임 특유의 규칙이 갖는 메커니즘을 분석하기도 하고, 게임을 클리어하기 위한 플레이어의 행동과 동선의 효율에 천착하기도 한다. 어떤 이들은 이런 것들은 게임이 사회적 관계와 맞닿는 지점이 아니기에 기존의 게임비평과 다를 것이 없다고 할 수도 있겠지만, 새로운 매체가 새로운 방식으로 작동하며 현존하는 세계를 재현하는 방식을 이해하는 것은 거시적 의미에서의 문화담론과 동떨어진 작업이 아니다. 게임 캐릭터가 무기를 꺼내들고 재장전하는 장면 하나의 분석으로부터 시작해 그 게임 안에 등장하는 갈등관계가 현실의 무엇과 연계되는지까지, 디지털게임을 비평한다는 것은 그 자체로 이미 문화비평이며 사회비평이라는 것이야말로 새로운 매체의 비평이 어디로 가야 하는지를 탐구하는 과정에서 먼저 전제해야 할 것들이다.

이는 결국 다른 매체에서의 비평과 마찬가지로, 디지털게임의 문화담론 또한 결국은 우리가 사는 세계를 어떻게 바꿔나갈 것인가에 대한 때로는 미시적이고 때로는 구체적인 여러 질문을 포괄한다는 의미다. 미디어의 재현이라는 거울 너머에 비친 상(像)으로서의 세계를 이해하기 위한 연구와 노력은 그 자체로 이미 우리 세계에 대한 이해와 접근이다. 게임이 광범위한 영향력을 미치기 시작한 시대에 이미 우리는 새롭게 열린 인터랙티브 미디어가 비춰주는 우리 스스로의 모습을 때로는 소비자의 소비만으로, 때로는 자본의 이윤만으로 지나치게 좁게 이해해온 바 있고, 어쩌면 그 좁은 이해의 폭이야말로 우리가 이 매체에 대해 비평적 이야기를 하기 어렵게 만든 주된 원인일 수 있다.

2020년대 이후의 한국 사회에서 적어도 1980년대와 같은, '세상 유해한 전자오락'으로서 디지털게임을 인식하는 사람은 많지 않다. 그러나 게임중독, 그저 노는 일이라는 멸칭의 시대를 벗어난 디지털게임 문화는 오히려 다른 맥락에서의 부정적 도전에 맞닥뜨린다. 게임 커뮤니티는 언제나 욕설과 트롤링, 소수자 혐오와 사이버불링의 온상으로 여겨진다. 게임을 비하하던 시대는 저물었다 해도, 도리어 게이머에 대한 비하와 혐오는 어쩌면 게이머들 스스로 자초하는 바도 적지 않은 원인과 맥락들 속에 강화되는 추세이기도 하다. 이러한 세간의 선입견을 넘어서기 위해서라도 우리는 게임을 분석하고 이야기하는 것이 곧 오늘날의 세계를 이해하는 것임을 선언할 수 있어야 한다. 그리고 이러한 실천들이 다시금 게임이라는 매체의 가능성을 세상이 한발 더 긍정적인 방향으로 나가도록 만드는 역할을 수행한다는 믿음도 놓치지 말아야 한다. 게임을 이야기함으로써 세상을 바꿀 수 있다는, 게임문화담론의 대전제는 아직 발아조차도 되지 않은 작은 씨앗 속에 담겨져 있는, 그러나 아마도 게임을 이야기하고자 하는 많은 사람들이 꿈꾸는 공통의 미래이기도 할 것이다.

3 부

미디어아트, 플레이 수행성의 새로운 가능성

6장

광학적 이미지의 황혼, 유령 망막의 여명 속에서

김아영 | 미디어아티스트

1. 광학적 이미지(Optical image)

2023년 10월 10일, 영국 런던의 헤이워드 갤러리에서 일본 태생의 현대미술 사진가 히로시 스기모토(Hiroshi Sugimoto)의 대규모 회고전 ≪ 히로시 스기모토: 타임 머신≫이 열렸다. 초기작부터 최근작까지 약 50년의 작품 세계를 망라한 이 전시는, 시간과 기억에 대한 우리의 관념, "포착된 것은 무엇인가", 나아가 "이미지란 무엇인가"라는 문제에 대해 골똘히 생각하게 만드는 작품들로 구성되어 있었다. 이 전시에서 나는 <광학Opticks>이라는 이름의 연작을 발견했다.

미로처럼 구획된 수많은 방들로 이루어진 전시공간 어느 깊숙한 곳에 도열한 이 정사각형의 사진 연작은 언뜻 내게 특별한 인상을 주지 못했다. 디테일이 배제된, 붉거나 푸른, 단순하고 강렬한 색상이 사방 1m 남짓의 인화지를 가득 채우고 있거나, 또는 하나의 색이 다른 색으로 변화해 가는 부드럽고 추상적인 그라데이션을 보여주고 있을 뿐이었다. 그런데 작품 설명을 읽으면서 이 연작이 1704년에 출판된 뉴턴의 『광학Opticks』에 대한 일종의 응답이자 그에 대한 스기모토만의 오마주이자 저항임을 알게 되었고, 이는 분명 작품을 조금 다르게 응시하게 만들었다.

1704년에 아이작 뉴턴은 그의 획기적 저서인 『광학』에서 빛의 굴절과 프리즘 분광 실험을 공개하며, 당시 일반적으로 믿었던 것처럼 자연광이 완전한 흰색이 아니라 소위 7가지의 무지개색인 빨강, 주황, 노랑, 초록, 파랑, 남색, 보라색의 스펙트럼으로 구성되어 있음을 밝혀냈다. 스기모토의 동명의 연작은 뉴턴의 7색 스펙트럼 실험을 재해석하여 2009년부터 빛의 가장 본연적 모습을 기록해온 노력이었다. 다만 스기모토는, 스스로 고안해낸 프리즘과 폴라로이드 장치를 통해 그에 대한 의구심을 가시화했는데, 그의 연작에서 색들은 단지 일곱 가지로 분광되지 않는다. 각 색상의 사이사이는 무수한 색, 자연과학의 역사 속에서 인준받지 못했던 수많은 중간색들로 가득 차 있다. 바로 이러한 셀 수 없는 스펙트럼을 가시화하는 스기모토의 광학은 우리 주변을 가득 채운 무수한 색들을 인지해 과학이 누락한 세상에 대한 감각을 확장시키도록 안내한다.

2. 키노 아이(Kino-Eye)

"나는 눈이다. 나는 기계의 눈이다. 나는 기계만이 볼 수 있는 세상을 당신에게 보여주는 기계이다. 나는 지금 인간의 부동성으로부터 자유롭다. …나는 사물 아래로, 사물 속으로 미끄러져 들어간다. 나는 경주마의 재갈을 향해 움직인다. 나는 군중 사이로 빠르게 뛰어들어가고, 공격하는 군인들을 추월하고, 비행기에 누워 비행기와 같이 이륙하고, 신체가 쓰러지고 일어남과 동시에 등을 대고 눕고 또 일어난다. 이것이 바로 혼란스러운 움직임 속에서 동작을 차례로 기록하고 패치워크로 조립하여 실행하는 기계인 나다. 시간과 공간의 제약에서 해방된 나는 우주의 각 지점을 내가 원하는 대로 구성한다…."

— 「키노 아이 선언문Kino-EyeManifesto」 중에서(1923)[1]

20세기 초반 소비에트의 영화감독이었던 베르토프(Dziga Vertov)는 키노 아이 (Kino-Eye)라는 진보적 개념을 고안했다. 영화의 눈, 또는 카메라의 눈과 혼 용되는 키노 아이의 개념은 인간의 물리적 부동성과 한계를 대신해 시지각 을 열어젖힐 20세기의 프리즘, 즉 "렌즈"와 카메라에 대한 헌사이자 그 효 능에 대한 시대적 전망이었다. 키노 아이는 현미경과 천체망원경의 경우처 럼 인간이 한없이 멀리, 또 가까이 세계를 포착할 수 있게 해주었다. 세상을 집어삼킬 듯 포효하며 달려오는 기차의 밑면을 선로 아래에 설치해 둔 카 메라를 통해 포착하는 시야, 하늘을 활공하는 새의 시선을, 새에 부착해 둔 카메라를 통해 간접경험하는 일과 같은 것들. 나아가 키노 아이의 개념은 렌즈를 통해 빛을 감지한다는 데 그 본질이 있었고, 그러한 이유로 키노 아 이는 광학적 미디어(optical media)와 동의어로 사용되었다. 이는 물리적 기계 장치가 인간의 시각을 보완한다는 점에서 보철적 시선(prosthetic vision)이기 도 하다. 사진이 발명된 이래로, 20세기 이미지 제작 생태계의 전반을 지 배했던 키노 아이는 빛과 렌즈가 매개한 광학적 이미지(optical image) 그 자 체였다.

Optic = 눈, 시각의

Optical = 광학의(빛을 인식하는)

Optical image = 광학적 이미지

포스트 광학적 이미지(post-optical image)의 여명과 <수리술: POVCR>

인류는 20세기 대부분의 시간 동안 광학적 이미지들에 둘러싸여 있었다. 여

1　https://www.gartenbergmedia.com/dvd-distribution-and-sales/international-silent-classics/the-man-with-the-movie-camera에서 발췌.

전히 많은 이미지들이 광학적 미디어를 통해 생산된다. 인간 배우들이 출연하는 영상물들, CCTV의 이미지들, SNS를 채운 스냅샷 등….

그러다 20세기 후반에 이르러, 더이상 빛과 렌즈의 매개를 필요조건으로 삼지 않는 이미지 제작 양식이 태동했고, 점점 더 이미지 세상을 압도해가는 이러한 범주의 이미지를 우리는 포스트 광학적 이미지라 통칭한다. 광학 밖 이미지, 나아가 생성 가능한 이미지들이 만드는 시대의 여명. 애초에 그것을 가능하게 한 것은 CGI 소프트웨어 내부에서 화면 프레임의 시야를 확보하기 위해 삽입된 가상 카메라(virtual camera)의 존재였다. 즉 게임엔진을 포함한 모든 종류의 3D 소프트웨어에서 1인칭 시점을 확보해주는 POV(point of view) 샷을 포함하여, 바닷속 해초숲을 가로지르며, 해양 전투 광경의 수직적 공간을 드론처럼 배회하며 날아다니고, 함선의 안과 밖을 마치 물리적 제약이 없다는 듯 넘나드는 이 전능한 도구는 가상환경 내에서 어디로든 날아갈 수 있고, 관통하고, 심지어 사물 사이에 끼어 있을 수 있다. 3D로 구현된 신체나 오브젝트의 얇디얇은 표피를 뚫고 내부를 관통하여, 3D 모델 내부의 텅 빈 공간을 드러낼 수도 있다. 요컨대 우리는 '사물 속' '신체 속'에 있을 수 있다. 이는 먼 옛날 포효하는 기차의 밑면을 포착할 수 있게 했던 키노 아이의 물리적 효능을 무색하게 만든다. 이 시선은 이제 3D 기반 환경 도처에 펼쳐져 있으며, 그렇게 생성된 이미지들은 이미 조금 낡은 단어가 되어버린 듯한 '메타버스'의 공간 속에, VR 헤드셋 속에 존재하기 시작했다. 뉴턴이 관찰하고 정의했던 일곱 가지 색 또는 그 이상의 스펙트럼은 이제 빛, 프리즘, 또는 렌즈 없이도 스스로 가상환경 내부에 존재하기 시작했다.

[그림 1, 2] 김아영, <수리솔: POVCR>, VR 경험, 2021

나는 팬데믹이 한창이던 2021년에 <수리솔: POVCR>2)이라는 제목으로 첫 VR 작업을 제작했다. VR 헤드셋을 착용한 사용자-플레이어가 주위를 두리번거리면, 시야에 그 물리적 좌표와 동기화된 다른 세계의 이미지가 덧씌워진다. 이 세계는 유니티(Unity) 게임엔진으로 구현된 세계이며, 프로그래밍 언어를 통해 관객의 좌표와 동기화하는 시점의 상호작용(interactivity)이 작동한다. 이를테면, 이 가상의 세계를 처음 구동시키는, 관객에게 보이지 않고 들리지 않는 숨은 명령어는 "Awake(깨어나)"이다. 이것은 객체지향 언어의 세계를 구성하는 정보 조각들을 작동시키기 위한 보편적 약속이다. VR 헤드셋 속 가상세계를 처음 가동시키는 이 첫 명령어/주문을 통해 잠들어 있던 게임 오브젝트들은 비로소 기지개를 켜며, 마치 지박령과도 같이 땅을 흔들고 몸을 일으켜 지표면 위로 스르르 올라온다. 멈춰 있던 세계는 보이지 않는 코드에 의해 시작된다. 실재하는 빛도 없고, 렌즈도 없이 만들어진 그 세계 속에서, 인간의 망막 위에 덧씌워진 가상 망막(virtual retina), 또는 유령 망막(ghost retina)이 떠오르기 시작한다.

VR기기를 장착한 당신은, 당신에게 주어진 공간을 파악하기 위해 주위를 이리저리 두리번거린다. 이곳은 매우 중립적인 느낌의 흰 장소로, 천장이 높고 사방이 막혀 있는 화이트큐브 공간처럼 보이기도 한다. 인공적인 장소이지만 이상하게도 은은하게 파도 소리가 들려와서 매우 평화롭다는 느낌을 준다. 이 공간은 VR장치를 처음 장착했을 때 으레 처음 거쳐가게 되곤 하는 디폴트의 장소 즉 본격적으로 VR 콘텐츠를 실행하기 전 누구나 잠시 머물게 되는 대기실과도 같은 공간이며, 그러한 공간의 전형성을 염두에 둔 클리셰이다.

2_ 작품명의 POVCR은 Point of View Corrosive Reality의 줄임말로서, '관점 부식성 현실'을 의미한다.

당신은 360도로 몸을 회전하여 주위를 둘러볼 수는 있되, 공간의 다른 장소로 이동(텔레포트)할 수는 없다. 그러는 사이, 당신의 눈앞에 태블릿(또는 낡은 책)이 둥실 떠올라 나타난다. 태블릿은 마치 자기 자신을 건드려달라는 듯 빛나거나 부유하는 움직임을 보인다. 컨트롤러를 잡은 손으로 타블렛을 건드리면, 당신의 눈앞 가까이로 확대되며 다가와 멈추고, 그 안에 적힌 문장들이 보인다.

전지적 작가 시점 V.O.

(50대쯤 되어 보이는 안정감 있는 여성 성우)

Awake.

일어나.

당신은 두리번거린다, 어디로부터 들려오는 소리일까 의아해하며. 그러자 다시 한번, 이번에는 속삭이듯, 귀에 매우 가깝게,

전지적 작가 시점 V.O.

Awake.

일어나.

<수리솔: POVCR>은 팬데믹 이후 가까운 미래, 부산 앞바다 오류도 부근에서 거대 해초 다시마를 배양하고 발효해 바이오 연료를 생산하는 가상의 연구소인 수리솔 수중 연구소(SurisolUnderwater Lab)를 배경으로 하는 사변적 픽션이었다. 관객은, 라마단 기간에 맞춰 당겨쓴 한 달의 휴가 후 연구소에 돌아온 연구원 소하일라의 신체에 빙의하여 그의 시점으로 VR 속 현실을 경험하게 되고, 소하일라의 목소리를 통해 연구소를 관리하는 AI 수리솔

[그림 3, 4] 김아영, <수리솔: POVCR> 전시 모습, 2021
사진 제공: 부산현대미술관

과 대화를 나누며, 이 세계를 둘러싼 탄소 배출권 문제, 에너지의 지속 가능성, 이상기후로 인한 징후들을 감지하게 된다. 관객이 빙의한 소하일라와 AI 수리솔은 이윽고 먼 바다의 다시마숲을 향해 정찰 항해를 떠나고, 머지 않아 자신들의 존재를 초월하는, 또는 그들이 속한 세계 자체를 초월할지 모를 상황들에 마주하게 된다. 이 작업은 동시대의 조건들을 반영하거나 왜곡함으로써 도리어 현실에 접근 가능한 '가능세계'의 구축을 시도하는 여러 프로젝트 중의 하나였다.

전지적 작가 시점 V.O.(보이스오버)

(50대쯤 되어 보이는 안정감 있는 여성 성우.

관객이 파도 소리를 배경으로 공간을 충분히 음미할 수 있도록, 느린 내래이션)

나는 밖으로 나가 부드러운 황혼에 휩싸인 공원을 향해 동쪽으로 걷고 싶었지만,

나가려고 할 때마다 거칠고 시끄러운 논쟁에 말려들어 마치 밧줄에 묶인 것처럼 의자에

다시 주저앉고 말았다. 하지만 도시의 하늘 위에 줄지어 있는 노란 창문들은 어두워지는

길거리를 걷다 우연히 위를 올려다본 사람들에게 나름대로 인간의 비밀을 알려주고

있었음에 틀림없다. 나 역시 길거리에서 위를 올려다보며 궁금해하는 사람들 중

*하나였다. **나는 안에도 있고 밖에도 있으면서, 인생의 무한한 다양성에 매력과 혐오감을***

***동시에 느끼고 있었다.**[3]*

―스콧 피츠제랄드, 『위대한 개츠비』 중에서

작품을 제작하며 불현듯 떠올랐던 피츠제랄드의 소설 속 구절은 내게, VR
이라는 매체의 정수를 전해주는 듯 느껴졌다. 중첩되어 있는 두 세계 속에
동시에 고르게 존재하며, 양쪽 세계를 오가는 주체로서의 관객/플레이어.
안에도 존재하고 밖에도 존재하는 주체. 몸은 현실에 묶여 있되 시각과 정
신의 일부를 VR의 환영에 빼앗긴 과몰입 상태의 인간, "안에도 있고 밖에도
있으면서, 인생의 무한한 다양성에 매력과 혐오감을 동시에 느끼고" 있을
인간은, 구축된 세계 속 소하일라는 인물의 시점으로 세상을 바라보고,
때로 점프하는 시야를 통해 불가해한 존재의 시점을 엿보기도 한다. 몰입
(immersion)에의 강요에 권태감을 느끼고 탈출하고 싶어하지만, 알 수 없는
이유들로 자꾸만 주저앉게 되고 다시 그 세계로 접속하게 되는 주체.

3_ 프랜시스 스콧 피츠제럴드, 『위대한 개츠비』, 김석희 옮김, 열림원, 2013, 61-62. 책의 번역을
필자가 일부 다듬었음.

[그림 5, 6] 김아영, <수리솔: POVCR>, VR 경험, 2021

3. 머신 비전– 분기하는 시점 속 <딜리버리 댄서의 구>

세계를 지배하는 이미지의 작동방식을 통찰하고 미디어와 산업기술이 인간에게 미치는 영향에 대해 오랫동안 탐구한 하룬 파로키(Harun Farocki, 1944~2014)는 '가동적 이미지(operationalimage)'의 개념을 정초하면서, 인간이 매개할 필요가 없어진, 기계들 스스로 서로 간의 소통을 위해 만들어내는 이미지의 시대가 왔다고 주장했다. 이를테면, 이미 우리는 인간 대 인간의 소통을 위해 생산된 이미지보다 AI를 비롯한 기계들이 서로의 소통을 위해 생산한 이미지의 총량이 훨씬 많아진 세계를 살고 있다. 이미지의 포화 상태 속에서, 인간은 더이상 온전히 이미지를 생산하고 지배하는 전지적 주체가 아니라, 기계들과 협동하고 이미지 생산의 의사결정에 대한 적극적인 협상을 거쳐야만 하는 주체가 되었거나, 심지어 자칫 지치지 않고 작동하는 기계의 눈을 따라잡지 못하는 시대착오적 주체가 될 수도 있다.

다음은 '스테이블 디퓨전(Stable Diffusion)'을 활용하여, 본인의 기존 영상 작품 속 한 시퀀스를 완전히 다른 이미지로 재구성한 장면의 컷들이다.

이 작업은 각기 다른 프롬프트(명령어)를 AI에게 전달하여 동일한 이미지를 다양하게 변형해 본 사례이다. 이는 전적으로 기계와 인간 사이의 소통을 전제로 하고 있으며, 긴밀한 조율의 반복을 통해 결과를 섬세하게 빚어 나간다는 데 있어 전형적인 협업의 모델이라고 볼 수 있다. 나아가, 텍스트를 이미지로 변환시키는, 즉 '텍스트 투 이미지(TXT2IMG)'방식의 생성형AI 중 하나인 스테이블 디퓨전은, '이미지 투 텍스트'뿐 아니라 다양한 미디어 형식을 동시에 처리하고 해석해내는 소위 멀티모달(multimodal)형 AI 방식을 발표했다. 이는 인간의 관여가 최소화된 자율 방식의 서사와 영상 생성의 영역에 대중이 한층 더 쉽게 다가가는 아찔한 순간을 상상하게 만든다.

한편, 자율주행 자동차에 사용되는 라이다(LiDAR: Light Detection and Ranging)

[그림 7, 8] 생성형 AI '스테이블 디퓨전'에 프롬프트를 입력하여 시도한 이미지 변형 작업,
김아영 스튜디오, 2023

센서는 광학적 이미지와 포스트 광학적 이미지의 기묘한 합성상태를 보여준다. 라이다 스캔의 머신 비전은 비가시적 적외선 신호를 통해 사물과 센서 사이의 거리를 감지하여 좌표를 인식한다. 이 공간적 거리는 적외선 신호가 물체의 표면에 닿았다가 되돌아오는 그 '시간'을 변환하여 계측된다. 시간이 곧 공간이 되는 이 기술은 마치 물리학적 기본 개념의 충실한 현현과도 같다. 실재계의 빛을 통한 사물 인식이라는 점에서 이는 광학적 미디어의 영역에 해당한다고 할 수 있다. 그러나 라이다 센서로 얻어진 데이터는 온전히 데이터 상태로만 존재하며, 이 데이터의 변형과 활용은 그 순간부터 포스트 광학 이미지의 영역으로 넘어가게 된다. 라이다 스캔과 종종 결합하여 쓰이는 포토그래메트리(photogrammetry) 스캔은 적외선 센서를 이용하고, 물리적 실재계의 사물이 지닌 사진적 외피 즉 텍스처를 3D 데이터로 불러온다는 점에서 광학적 이미지의 범주에 속할 수 있지만, 그 데이터는 온전히 버추얼한 환경에서만 구동되기 때문에, 포스트 광학적 이미지에 속하게 되는 것이다. 이 같은 물리적 실제 및 디지털 기술의 교차와 관련해서 미디어 이론가 모알레미(Mahan Moalemi)는 오톨리스 그룹(The Otholith Group)의 작품 <overeign Sisters>(2014)을 논하며 다음과 같이 서술하기도 했다.

> LiDAR는 능동적 · 상호적 시각의 영역에서 인간과 기계, 서로 다른 두 개체의 지적 및 의사결정 방식이 충돌 또는 합일하는 순간—동시에 이들 각각의 주위와 과거를 탐색하면서—을 통해 발생하는 동시대 시각기술이다.[4]

4_ M. Moalemi, "The Geopolitical Ontology of the Post-OpticalImage: Notes on The Otolith Group's Sovereign Sisters," in *Xenogenesis* (Berlin: Archive Books and Irish Museum of Modern Art, 2021).

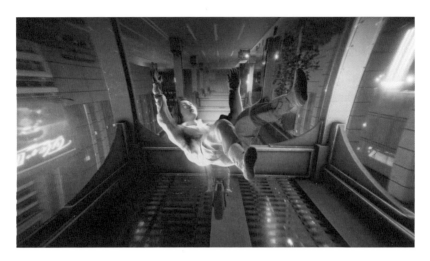

김아영, <딜리버리 댄서의 구> 스틸컷, 단채널 영상, 약 25분, 2022

    머신 비전으로서의 라이다 스캔의 활용은 <딜리버리 댄서의 구>라는 2022년의 영상 프로젝트에서, 나아가 <딜리버리 댄서 시뮬레이션>이라는 게임 시뮬레이션 프로젝트에서 두루 활용되었다.

    가상의 서울을 배경으로 하는 <딜리버리 댄서의 구>에는 끊임없이 갱신되는 배달 앱의 네비게이션 미로에 갇힌 채 질주하는 여성 배달 라이더 에른스트 모(Ernst Mo)가 있다. 이 세계의 지배적 배달 플랫폼인 딜리버리 댄서사에는 마스터 알고리듬이 있는데, 댄스마스터라는 이름의 이 알고리듬은 앱을 통해 소속 댄서/라이더들을 촘촘히 관리하며 무한한 배달을 송신한다. 딜리버리 댄서들 중 빛의 속도로 달릴 수 있는 소수의 탑레벨을 의미하는 소위 '고스트 댄서' 중 하나인 에른스트 모는 늘 시간에 쫓기고 있다. 그러던 중 다른 세계에서 온 자신과 완벽히 동일한 외모의 엔 스톰이라는 상대역을 마주하기 시작하고, 그들이 마주칠 때마다 알 수 없는 이유로 그들의 시간은 주변 시간보다 느려져, 주인공은 자꾸만 배달에 늦게 된다.

시간 지연 현상은 속도가 지배하는 딜리버리 댄서라는 직업인의 생존 조건에 대한 치명적 위협이다. 이러한 시공간의 뒤틀림, 무한히 분기하거나 생성되는 네비게이션의 미로들로 가득한 서울은 팬데믹 시기 동안 내가 직간접적으로 경험한 서울이다. 요컨대 주인공 에른스트 모가 맴도는 서울이라는 픽션 속 도시는 보르헤스적 관점에서 영원히 두 갈래로 갈라지는 미로로 가득차 있으며, 무한히 절반으로 분할되어 생겨나는 무수한 중간 지점들을 거쳐야 하기에 영원히 목적지에 다다를 수 없다는 제논의 역설이 현현되는 공간이다.

하나의 세계는 무수히 많이 존재하는 세계 중 하나이고, 무수히 많이 존재하는 세계들의 논리에 따라, 완벽하게 동일해 보이는 세계는 2개 이상일 가능성이 있다는 규칙, 나아가 거의 동일한 두 세계에서는 개별적 구성원들조차 거의 완벽하게 동일할 수도, 아닐 수도 있다는 가능세계 이론의 규칙들로부터 출발한 이 픽션은 개념들을 시각화하기 위해 다양한 이미지 제작 방식을 가져오고 또 충돌시킨다.

영상의 시작점에서 얼마 지나지 않아 펼쳐지는, 자국인들에게 익숙한 종로와 을지로풍 좁은 골목들은 라이다 스캔을 통해 획득한 사진적 표면들로 구성된 풍경이다. 가상 카메라는 누구의 것도 아닌 시점으로 이 공간을 부유하듯 날아다닌다. 기시감을 일으키지만 어디에도 존재하지 않는 그 풍경 속 모터바이크에 앉아있는 배우의 캐릭터 또한, 포토그래메트리 방식으로 배우를 스캔하여 구축한 이미지이다. 본 작업에서는 실제 배우가 물리적 현실에서 연기한 실사 촬영 분량이 압도적 분량을 차지하면서도, 세계의 지속적 분기라는 주요한 관념, 나아가 여러 겹으로 중첩된 현실들의 병존이라는 관념을 위해 게임엔진과 3D 소프트웨어로 제작된 CGI 장면을 여러 곳에서 작동시키고 충돌시킨다. 적외선 센서로부터 사물의 표면에 가 닿았다가 회귀하는 빛의 '시간이 곧 거리로 환산되어 '공간이 되는 기술인 라이다

김아영, <딜리버리 댄서의 구> 스틸컷, 단채널 영상, 약 25분, 2022

김아영, <딜리버리 댄서의 구> 스틸컷, 단채널 영상, 약 25분, 2022

스캔은, 현실을 품은 광학적 이미지가 가상환경 속에 출현하는 기이함을 수반하며, 그 작동방식은 본 작품의 바탕에 놓인 시공간의 왜곡과 이탈이라는 관념 자체를 관통한다.

　나아가 이는, 본 작품의 조사 단계에서 여러 차례 인터뷰했던 배달 라이더 여성의 신체적, 시지각적 감각 경험과도 연결된다. 배달 라이더들은 현실 속 도로를 주행하는 동안 배달 플랫폼 앱의 알고리듬이 송신하는 배달콜들을 확인하고, 선택하거나 거절하는 액션을 수행하기 위해 늘상 앱의 화면에 주의를 할당해야 하며, 따라서 이들의 현실 인식은 일정 부분 현실로부터 이탈해 있다. 현실에서 이탈한 만큼의 인식을 점유한 공간인 앱의 환경은 버추얼한 매개물이다. 질주하는 현실의 도로와 알람 및 새로운 배달 콜을 띄우는 모바일의 스크린이 동시에 펼쳐지고 라이더들은 그 두 장소에 혼존한다. 라이더들의 인식은 속도와 반응의 최적화라는 조건 앞에서 현실의 도로와 앱의 화면 양방향을 향해 완전히 각성해 있어야 하며, 초각성상태(hyper-alertness) 속 이들의 현실 인식은 이미 분기된 상태이다. 그 틈새 어딘가로부터 끊임없이 미로가 흘러나온다.

라이더들이 경험하는 이러한 인식의 층위와 틈새를 표현하기 위해 게임엔진은 매우 유용한 도구이다. 여타 3D 소프트웨어와 달리, 실시간 시뮬레이션(real-time simulation)을 본질적 기능 중 하나로 내재한 게임엔진은 POV(point of view)라는 1인칭 시점 샷에 복무하는 데 최적화된 소프트웨어이다. 슈팅게임을 비롯한 다양한 게임의 몰입감은 POV로부터 창출된다고 볼 수 있다. 앞서 서술한 VR의 시점, 즉 물질계 속 플레이어의 시선과 VR 속 환영 공간의 좌표를 동기화하는 기술 또한 게임엔진의 실시간 시뮬레이션을 통해서만 가능한 방법론이며, 관객의 눈이 닿는 곳으로 '유령 망막'을 이끌고 간다.

댄스마스터V0

(요란하고 발랄한 톤. 좀 멀리서 들린다)
댄스마스터의 우아한 최적 경로를 따라가는 법을
쉽고 재미있게 전달하는 기능성게임!

<!댄서 시뮬레이터!>

5등급 일반 댄서에서 4등급 파워 댄서, 3등급 마스터 댄서를 지나

2등급 신의 댄서, 1등급 숨은 고수 "고스트 댄서"가 되기까지,

여러 난관을 극복하고 최적 시간에 목적지에 도착해 보세요!…

김아영, <딜리버리 댄서의 구> 스틸컷, 단채널 영상, 약 25분, 2022

    <딜리버리 댄서의 구>의 세계관을 간략한 게임 시뮬레이션 형식으로 구현한 다음의 <딜리버리 댄서 시뮬레이션>은 약 8-12분의 플레이타임을 지닌 윈도우PC 기반 1인칭 시점 게임이다.

    플레이어는 라이다 스캔으로 구성된 게임 환경의 이곳저곳을 달리고 헤매며, 서두를 것을 자꾸만 종용하고 재촉하는 댄스마스터의 목소리를 들으며, 필사적으로 배달 물품의 픽업지 A, B, C, D, E를 찾아 헤매야 한다. 광학적 이미지의 너덜너덜한 파편들이 공중에 붙박인, 어디에도 존재하지 않으면서도 익숙한 밤의 공간은 그 자체로 플레이어가 벗어날 수 없는 미로 같다. 미시적으로, 자꾸만 미시적으로 분할하여 무한한 중간 지점을 만들고, 경주자를 영원히 도착지에 다다를 수 없게 만든다는 그 직선의 미로…

김아영, <딜리버리 댄서 시뮬레이션> 스틸컷, 게임 시뮬레이션, 약 12분, 2022

김아영, <딜리버리 댄서 시뮬레이션> 스틸컷, 게임 시뮬레이션, 약 12분, 2022

4. 마치며

아이작 뉴턴이 자연의 빛을 분광하여 일곱 가지 스펙트럼으로 정리한『광학』은 오랫동안 인류가 세계를 일곱 가지 색의 조합으로 인식하게 만드는데 기여했다. 이후 히로시 스기모토는 그의 사진 연작 <광학*Optiks*>에서, 일곱 가지 무지개색 사이 무한한 색의 가능성을 표현했다. 한편, 지가 베르토프의 획기적 개념 '키노 아이'는 인간의 눈을 확장해 주는 보철적 시선 즉, 렌즈와 카메라의 눈이 지배하던 20세기 광학기술의 특성을 매개했다. 나아가 우리는 이제 생성형 AI와, 생성형 AI가 스스로 서브 에이전트들을 만들어 임무를 분할하고 관리할 수 있는 능력을 지닌 '자율 에이전트(Auto-nomous Agents)'가 가능해진 시대로 이행하고 있다. 기계끼리의 소통을 위해 생성해 내는 이미지의 총량이 인간끼리의 소통을 위해 생산되는 이미지의 총량을 초과한 지도 오래되었다. 드론 미사일의 좌표인식 시스템, 물류센터의 관리 시스템 등은 인간이 헤아릴 수 없는 방식의 이미지를 또 다른 기계에게 실시간으로 전송한다. CGI를 위한 3D 소프트웨어 내부의 가상 카메라가 렌즈 기반 광학적 카메라의 기능을 능가했고, 일군의 촬영 감독들은 시대에 발맞추기 위해 게임엔진의 가상 카메라 기능을 학습하기 위해 노력하기도 한다.

머신 비전은 인간의 시점과 결합하여 작동하기도 하는데, 여타 3D 소프트웨어와 달리, 실시간 시뮬레이션을 근본 기능으로 지닌 게임엔진은 인간의 1인칭 시점 좌표를 가상환경과 동기화시키는 방식으로 중첩된 현실을 창출한다. 1인칭 슈팅 게임에서든 VR 환경에서 작중 캐릭터의 유사 체험 경험에서든, 물질계 속 플레이어의 시선은 게임엔진이 제공하는 '유령 망막'을 타고 환영의 세계로 넘어간다. 현실이 분기하거나 여러 층위로 중첩되어 있다는 21세기 이미지 환경의 기본 조건은 배달 플랫폼을 위해 일하는 라이더들에게도 적용되어, 이들은 현실의 도로를 맹렬히 질주하며 무한한 알림 콜을 보내는 앱의 화면에 주의를 쏟는다.

한층 더 나아가, 라이다 스캐닝의 작동방식에서 보듯, 의사결정에 참여하는 기계와 인간이 끊임없이 공모하고 협상을 벌여야 하는 새로운 이미지 제작 방식의 시대가 되었다. 다만 인공지능에 대한 논의로 나아가 보면, '의도'를 지니지 않았다는 점에서 아직까지 기계의 의사결정은 자족적이지 못하다. 결과에 의미를 부여하는 것은 여전히 인간의 몫이다. 최근 AI가 재현해내는 생성형 이미지, 영상, 텍스트는 사용가치의 월등함으로 단시간 내 이미지 세계를 압도하고 있고, 이러한 이미지가 우리 세계를 구성하고 에워싸게 될 것으로 충분히 전망된다. 그러나 아직까지 이는 인간이 만든 문화 생산물로 구성된 유한하게 닫힌 집합을 학습하고 전유한 인공지능이 이를 리믹스하여 피드해 낸다는 점에서 닫힌 회로이며, 인간의 고정관념을 반복, 재생산한다는 점에서 근친적이까지 하다.

어쩌면 아마도 가까운 앞날에 인간에게 할당될 예술적 시도란 바로 그 AI적 재현을 벗어나기 위한 부단한 시도가 될지도 모른다. '의도'를 지니며 인식의 외연의 파열에 대한 가능성을 의도할 수 있는 가능성. 인공지능에게 이 또한 언젠가는 가능할 것이지만, 아직 그곳에 다다르지는 못한 것으로 보인다. 사회와 인식의 한계를 넓히고자 부단히 시도하는 인간의 모든 예술적 시도, 그 모든 헛발질과 미끄러짐, 오류와 우발성들. 그 지점까지의 논의가 아니라면, 기계, 그리고 머신 비전은 이미 충분히 인간의 협업자로 기능하고 있다.

한편, 포스트 광학적 이미지의 시대지만, 광학적 이미지로서의 키노 아이는 그저 낡은 관념이 되어 시대의 황혼 저편으로 사라져버리는 것은 아니다. 오히려 새로운 미디어의 출현은 비로소 키노 아이에 대한 매체적 의

미의 재평가와 재해석을 이끌어낼 수 있다. 하나의 매체는, 역설적으로, "매체라는 관념 바로 그것을 퇴색시키고 이질적이기에 이론적인 대상으로 출현할 수 있는 능력을 발휘하는 바로 그 순간에 절정에 달한다."[5]

우리는 무엇을 보는가? 우리가 보는 것은 누가 만들어낸 것인가? 또는, 그 기계는 무엇을 보는가? 누가 누구를 응시하는가? 한 편이 다른 편을, 또 그 반대로 또는, 누가 누구에게 응시되어지는가? 나아가, 지금 이 순간에도 우리의 시야 밖에서 제작되고 또 소멸되는 것들은 무엇인가? 광학 미디어의 황혼과 포스트 광학 미디어의 여명을 맞이하는 지금, 우리는 이러한 문제에 대해 끊임없이 생각해야만 한다.

김아영 약력
Ayoung Kim 金雅瑛

역사, 시대, 지정학과 같은 불가항력에 저항하거나 그로부터 빗나가고 이탈하는 존재와 사건들에 대한 사변적 이야기를 만드는 현대미술가. 지정학, 신화의 파편, 테크놀로지, 미래적 도상을 종횡하여 혼합하고, 사변적 시간을 소급하여 현재 속으로 침투시켜 영상, 무빙 이미지, 소닉 픽션, VR, 게임 시뮬레이션, 다이어그램, 텍스트 등으로 구현하고, 전시, 퍼포먼스, 상영, 출판의 형태로 펼친다. 2024 국립아시아문화전당 ACC 미래상, 2023 오스트리아 프리 아르스 일렉트로니카의 골든 니카상을 수상했다.

5_ 로절린드 크라우스, 「매체의 재창안」, 『북해에서의 항해』, 김지훈 옮김, 현실문화A, 2017, 86.

7장
유희와 노동의 기술법, 랩삐의 <강냉이 털어 국현감>

안가영 | 미디어아티스트, 팀 랩삐 멤버

1. <강냉이 털어 국현감> 프로젝트

어느 주말 오후 4시경, ≪프로젝트 해시태그 2023≫[1]이 열리고 있는 국립현대미술관 서울관의 제8 전시실 안은 모바일폰 게임에 집중한 관객들로 북적였다. 관객들은 전시장에 마련된 도넛 형태의 원형 의자에 둘러앉아, 각자 소지한 모바일 폰의 작은 스크린에 집중했다. 미술관에 설치된 조형물이나 영상작품들을 뒤로하고, 관객들은 왜 자신의 모바일 폰 게임에 열중하고 있었을까? 바로 <강냉이 털어 국현감> 프로젝트를 기획한 작가 '랩삐(lab B, 강민정, 안가영, 제닌기, 최혜련)'의 웹 기반 게임 <원클릭 쓰리 강냉이>에 참여하기 위해서였다. 랩삐는 디지털 농사를 완료한 관객들에게 '강냉이'를 교환해주는 이벤트를 열었는데, 이 강냉이는 랩삐가 전시 준비 기간 동안 직접 옥수수 농사를 짓고 가공한 생산물이었다.

　　<강냉이 털어 국현감> 프로젝트는 "인간의 휴가 시간을 비물질 노동

1　≪프로젝트 해시태그≫는 현대자동차와 국립현대미술관이 협업하여 한국 예술계 차세대 크리에이터를 발굴하는 공모 프로그램이다. 2023년에 선정된 팀은 라이스 브루잉 시스터즈 클럽과 랩삐였으며, ≪프로젝트 해시태그 2023≫은 2023년 11월 3일부터 2024년 4월 7일까지 서울 국립현대미술관에서 전시되었다.

으로, 그리고 그 노동을 데이터로 흡수시키는 보이지 않는 자동화 사회의 시스템"에 주목하는 전시였다. 약 1년간 프로젝트 과정 안에서 랩삐는 그들 스스로 미술 작가, 농부, 게임개발자, 영상 편집자, 상품 포장 노동자, 전시 안내자, 강냉이 교환원 등의 다양한 역할을 수행해왔다. 이 전시를 통해 랩삐는 그 수행 과정들을 가시화했고 관객에게도 게임 참여를 통해 이를 경험할 수 있게 안내했다. 그 결과, 전시 기간 동안 미술관은 "동시대 인간 노동과 교환 가치의 의미를 살펴보고 함께 고민하는" 사회적인 장소가 되었다.[2]

필자는 미디어 아티스트이자 팀 랩삐의 구성원 중 한 명으로서, 랩삐가 <강냉이 털어 국현감> 프로젝트에서 수행해 온 노동과 예술 창작의 순간들을 되짚어 보고자 한다. 이 프로젝트의 주요 개념인 '놀이노동(Playbor)'은 랩삐에게 무엇인가? 그들은 전시와 그 준비 과정에서 어떻게 인간의 노동과 놀이를 직조하려 했는가? 그중에 어떠한 상황과 행동들이 예술창작에 유의미한 실천으로 확장되었는가? 랩삐의 모바일 게임은 어떻게 관객의 참여를 유도했으며, 관객은 미술관 공간에 개입하면서 어떻게 놀이노동을 재해석했는가? 디지털게임을 통한 비물질 노동과 옥수수 농사를 통한 물질 노동의 생산물들을 맞교환하는 이 전시는 어떠한 대안적 사회경제체제를 꿈꾸었는가?

2. 게이미피케이션과 놀이노동

이 프로젝트의 발단은 지난 2023년 3월로 거슬러 올라간다. 평일 점심시간

2_ ≪프로젝트 해시태그≫ 온라인 사이트, 2023. http://projecthashtag.net/tag/labb/

에 서울 시청 주변에 위치한 미술관 앞에 모인 많은 사람들은 한 금융 플랫폼의 이벤트에 참여하고 있었다. 이 이벤트에서 사람들은 모바일 폰의 블루투스 기능을 이용해 주변 사용자를 인식하고, 표시된 사용자명을 클릭하여 10원 상당의 포인트를 획득했다. 많은 사람들이 모일수록 더 많은 포인트가 적립되기 때문에 사람들은 빠르게 커피 한 잔 정도의 소액을 벌 수 있었다. 그래서 많은 이들이 '앱테크(앱과 재테크의 합성어)의 성지'로 불리는 그 미술관 앞으로 찾아온 것이다.[3]

여가와 노동의 경계가 모호한 현대의 디지털 기반 인지자본주의 사회에서 노동은 비물질적 형식으로 발현된다. 현대인들은 확장된 신체기관이라 할 수 있는 모바일 기기를 통해 명확히 인지하지 않는 순간에도 노동행위를 한다. 앱 사용자들은 모바일 기기를 몸에 지니고 다니면서 만보기, 광고 시청하기, 설문 참여하기, 사이트 방문하기, 구독하기 등의 '디지털 폐지 줍기' 활동을 원할 때 어디서든 참여할 수 있다. 그리고 이러한 기능들은 일정 시간을 들여 특정 행위를 한 대가로 편리하게 소득을 벌 수 있게 해준다.

한편, 이러한 편리함은 디지털 데이터 기반의 기업들이 사용자들을 끌어들이기 위한 전략이다. 기업들은 기존 시스템이 가진 복잡함과 불편함을 최소화하는 모바일 앱을 개발하면서 사용자의 서비스 접근성을 높였으며, 쉽고 재미있는 사용자 경험을 설계해왔다. 이러한 디지털 플랫폼 기업들의 마케팅 전략을 '게이미피케이션(Gamification)'이라고 한다. 게이미피케이션은 게임 외적 영역에서 특정 행동을 강화하고 목적을 달성하고자 게임의 역학을 활용하는 것이다. 특히 점수, 배지, 순위표를 중요 시스템 요소로 활용한다. 이 게임적 요소들은 사용자의 경쟁심을 자극하고 재미를 추구하면서 해당

3_ 김선재, '점심시간, 미술관 앞에 사람들이 몰리는 이유는?', <파이낸셜투데이>, 2023. 3. 17.
  https://www.ftoday.co.kr/news/articleView.html?idxno=252269

콘텐츠에 대한 몰입을 극대화한다.[4] 초기 페이스북의 농장 운영 게임 '팜빌 (Farm Ville)' 또한 성공적인 게이미피케이션 마케팅을 사용한 예이다. 팜빌은 사용자들이 페이스북 친구들에게 선물을 보내고 도움을 요청하거나 서로의 농장에 방문하여 비교할 수 있게 하면서, 사용자들 간에 경쟁적이고 협력적인 관계를 자극했다. 또한 게임에 접속하지 않는 순간에도 작물 수확 시간을 알람 메시지로 알려주며 사용자가 정기적으로 게임에 접속하게끔 했다. 그러나 게이미피케이션이 사용자에게 선사하는 디지털 표면의 즐거움은 기업이 사용자들의 디지털 노동 시간을 물질·비물질적 보상으로 변환해주는 일련의 기술적 프로토콜과 그들의 구체적인 목적을 감추고 생략한다. 보고스트(Ian Bogost)는 이러한 게이미피케이션이 놀이의 본질을 훼손하고 놀이를 외적 보상과 경쟁 중심으로 단순화하는 경향이 있다고 비판했다.[5]

하지만 사람들은 현재 이러한 목표지향적 시스템에 너무도 익숙해져 있다. 사용자들은 알면서도 관성적으로 자신의 정보를 최신 기술이 제공하는 순간의 편의와 맞교환한다. 여기서 사용자의 시간과 클릭 제스처는 곧 노동력이나 마찬가지이다. 무료 사용자들은 그 와중에 시도 때도 없이 나타나는 광고를 보아야 한다. 보기 싫은 것을 안 볼 수 있는 권리, 시간을 줄일 수 있는 권리는 돈을 내야만 얻을 수 있다.

오늘날 데이터 기반의 인지자본주의 환경에서 '정보'는 그 어떤 가치보다 더 중요한 거래 품목이다. 디지털 플랫폼들이 사용자들에게 서비스를 제공하며 얻는 이득은 바로 사용자의 정보 및 데이터를 수집하고 활용할 수 있는 권한이다. 기업들은 게이미피케이션을 통해 사용자를 더 빠르게 확보

4_ 권보연, 『게이미피케이션』, 커뮤니케이션북스, 2015.

5_ Ian Bogost, 'Gamification Is Bullshit,' 2012. 4. 13. https://www.theatlantic.com/technology/archive/2011/08/gamification-is-bullshit/243338/

하고, 더 많은 개인정보 및 신용 정보, 그리고 행동 패턴 등의 데이터를 수집한다. 이러한 '놀이로 가장된 노동'은 사용자의 노동력을 지나치게 착취하며 인간 소외를 일으킨다.

이러한 배경에서 랩삐는 놀이노동의 양가성에 주목한다. 쿠크리치(Julian Kücklich)는 전통적인 일과 여가의 분류가 불가능한 혼종 상태를 놀이노동이라고 지칭했다. 이는 디지털 기술과 게이밍 환경이 지배하는 상황에서 플레이어들의 자가 제작 활동 및 개조를 통한 창작을 포함한다.[6] 그러나 놀이노동자들은 디지털게임을 즐기면서도 동시에 착취당하는 불안정한 직업 구조에 놓여있다. 그럼에도 이들의 놀이노동력은 게이밍 문화를 형성하는 핵심동력으로 작용하기 때문에 기업과 사용자 간의 상호보완적 가능성을 내포하고 있다.[7] 이는 놀이노동자의 능동적이고 자발적인 해석과 선택, 그리고 그 시스템에서 벗어나려는 행동이 있는 한, 착취적인 소프트웨어를 유희적 소프트웨어로 전환할 수 있는 여지가 있다는 것을 의미한다.

그래서 랩삐는 '블랙박스(Black Box)'화 된 데이터 기반 경제 시스템을 미술관 공간에 가져와 놀이노동의 과정을 통해 '가시화'하고자 했다. 갤러웨이 (Alexander R. Galloway)는 이 블랙박스를 "입력과 출력만 인지할 수 있으며, 그 중간 과정이 숨겨진 기술적 장치"로 보며, 그 상호작용이 오늘날 "조직과 통제의 핵심적 도구 중 하나"가 되었다고 말한 바 있다.[8] 그러므로 이 블랙박스를 해독하고 그 내부를 열어 빛을 비추는 가시화는 일종의 사회적 해킹으로서 불안정한 노동 과정들과 그 원인들을 명료화하는 일이 될

6_ Julian Kücklich, "Precarious Playbour: Modders and the Digital Games Industry," *Fibreculture Journal*, Issue 5 (2005), 87-96.

7_ 닉 다이어-위데포드·그릭 드 퓨터, 『제국의 게임: 전 지구적 자본주의와 비디오게임』, 남청수 역, 갈무리, 2015, 103-104.

8_ 알렉산더 R. 갤러웨이, 『계산할 수 없는』, 이나원 역, 장미와동백, 2023, 260-280.

수 있다.

랩삐는 <강냉이 털어 국현감> 프로젝트를 통해 위와 같은 문제의식을 가시화하고 미술관을 대안적 사회경제체제를 실험하는 장치, 즉 놀이노동의 장소로 삼았다. 그리고 사람들이 특정 장소에 모였을 때, 다중의 지식을 창조하거나 협력하는 창의적인 놀이노동의 순간들이 발생하길 기대했다. 일시적으로 변모한 미술관 환경은 비물질노동에 의해 작동하는 데이터 기반 경제의 내부 원리를 부분적으로 드러낸다.

3. 강냉이를 얻으려면 게임에 참여하세요

<강냉이 털어 국현감> 프로젝트는 <원클릭 쓰리 강냉이>, <강냉이 느리게 먹기>, <전시는 모르겠고 강냉이 털기에도 바쁩니다>, <코니콘코니>, <파밍파밍 아케이드> 그리고 <랩삐팩토리>라는 다매체 작업들로 구성되었으며, 이들은 유기적으로 연결되어 있다. 이는 앱테크의 성지가 된 미술관 밖의 상황을 미술관 안으로 가져오기 위한 것이었다. 그중에 모바일게임 <원클릭 쓰리 강냉이>는 전시공간의 텍스트, 영상, 설치물들과 긴밀하게 연동하며 관객의 여가시간을 노동시간으로 변환시켰다.

먼저, 관객들은 전시장 입구에 설치된 QR코드를 모바일 폰으로 스캔해 게임에 참여할 수 있었고, 성공하면 실물 강냉이를 받을 수 있었다. 전시장 곳곳에 부착된 지시문들과 작업에 대한 설명문들은 플레이 방법을 더욱 쉽게 이해하는 데 도움을 줬다. 그런데 관객들은 이 게임의 플레이어가 되기 위해서는 반드시 닉네임과 이메일을 입력하고, 개인정보 제공에 동의해야만 했다. 이 방식은 어쩌면 플랫폼 기업이 선동하는 게이미피케이션의 방법을 그대로 적용시키고 있는 것처럼 보였을지도 모른다. 그러나, 랩삐는 기

존 비즈니스 진영의 게이미피케이션을 놀이로 전유하여 예술 표현과 시스템 비판의 도구로 삼고자 했다. 시카트(Miguel Sicart)가 말한 바와 같이, 놀이의 본질은 "사건, 구조, 제도를 전유하여 그것들을 조롱하고 하찮게"[9] 만드는 것이기 때문이다.

게임 기획자의 입장에서, 놀이노동에 대한 게임 <원클릭 쓰리 강냉이>가 재밌지만 한편으로는 불편한 게임이었으면 했다. 사용자 경험과 내용적 측면에서 관객들이 게임을 하고 보상을 받기 위해 클릭을 하는 모든 순간이 노동처럼 느껴지길 원했다. 그래서 앱테크가 가진 게이미피케이션 전략과 농사 장르 게임이 가진 노동집약성, 목가적 경향을 결합하여 게임과 사용자 경험을 디자인했다. 특히, 게임의 역학을 활용하면서도 관객에게 노동에 대한 관점을 전환할 수 있도록 자극하는 것을 목표로 삼았다. 가볍고 귀여운 픽셀 그래픽과 친절한 인터페이스를 통해 모든 연령대가 게임에 쉽게 접근하고 조작하도록 하면서, 캐릭터의 냉소적인 대사를 통해 일종의 블랙코미디를 연출했다.

　게임에 로그인하면 화면에는 목가적인 복장의 귀여운 캐릭터 '농부 랩삐'가 등장한다. 캐릭터는 플레이어에게 손가락 클릭으로 옥수수 농사에 참여하기를 권유한다. 플레이어들은 총 3단계의 디지털 농사가 진행하면서 농부 랩삐가 제시한 '할 일들'을 수행해야 한다. 1단계에서는 농사지을 땅을 개간하고 옥수수 씨앗을 심는 과정, 2단계에서는 옥수수가 성장할 때까지 돌보는 과정, 3단계는 옥수수를 수확하고 '옥수수 마스터'가 되어 기념사진을 찍는 과정을 플레이할 수 있다. 플레이 시간은 게임의 전 과정을 모두 완료할 때까지 짧으면 5분, 길면 20분 정도가 소요된다.

9_ Miguel Sicart, *Play Matters* (Cambridge, Mass.: The MIT Press, 2014), 3.

플레이어들은 게임의 친근함과 강냉이라는 보상에 이끌려 가벼운 마음으로 도전했다가 이내 실패를 겪고 좌절했다. 1단계 게임에서, 플레이어들이 밭을 빠르게 클릭하며 경작한다면, 곧 좌측 '에너지바'가 빠르게 닳아 '농사 실패'에 도달하게 된다. 그러나 몇 번의 실패를 경험한 플레이어들이 "힘들면 쉬어도 괜찮아요."라는 힌트를 발견했을 때, 두 가지 휴식 방법을 선택할 수 있었다. 하나는 미술관 안에 디지털 노동자들의 지친 심신을 위로하는 <강냉이 느리게 먹기> 영상을 감상하며 천천히 에너지가 차오르길 기다리는 것이었다. 다른 하나는 게임 내 에너지를 올려주는 화채, 커피, 국수, 돌 등의 아이템을 클릭하는 것이었다. 이 휴식 아이템들은 사실 무한정 제공되기 때문에 플레이어들은 밭을 클릭하는 것과 마찬가지로 빠르게 이것을 클릭하게 되었다. 게임을 깨기 위해 적절히 쉬어야만 하는 플레이어들은 느린 휴식과 빠른 휴식을 통해 여가와 노동의 역설을 마주하게 되었다.

게임의 2단계에서 반복적인 클릭노동은 더욱 가속화되었다. 120초 동안, 플레이어들은 옥수수가 잘 자랄 수 있도록 잡초 뽑기, 해충 방제, 야생동물 퇴치 등의 할 일들을 수행해야 했다. 이때 잠시라도 한눈을 팔면 옥수수밭은 망가지기 때문에 이들은 정신없이 몰려오는 적들을 빠른 클릭으로 방어해야만 했다.

그러나 2단계 게임에서도 플레이어의 클릭 행위가 일시적으로 중단되는 순간이 있었다. 바로 게임 중간에 뜨는 팝업창 때문이었는데, 팝업창에는 밭에 제초제나 살충제를 뿌릴 수 있는 선택지가 나타났다. 만약 플레이어가 옥수수 품질 향상을 위해 약을 뿌린다면, 땅의 원주민이자 일꾼들인 지렁이와 벌이 밭을 떠나는 상황이 발생했다. 게임은 랩삐의 실제 농사 경험에 기반하며, 잡초, 해충, 야생 동물들과 같은 게임 내 요소들은 한국 농지에서 볼 수 있는 것들이었다. 특히 지렁이와 벌은 실제 밭에서는 자주 볼 수 있지만, 일반적인 농사 게임에서는 배제되어왔다. 미디어학자 창(Alenda y Chang)은 기존 농사 장르 게임이 목가적인 전원생활을 이상화하면서도 첨단 기술과 산업 자본주의를 수용하고 있다고 지적했다. 이 게임들은 클릭한 번으로 농사 과정을 간소화하며 노동력 절감 기술들을 재현하고, 일종의 농업 유토피아를 묘사하면서 지루하고 힘든 농사일을 유쾌한 시뮬레이션으로 변환한다는 것이다.10) 그래서 창은 기존 문법에 대응하는 대안적 농사 장르의 게임을 디자인할 때, 모튼(Timothy Morton)이 말하는 '어둠의 생태학(Dark Ecology)'이 필요하다고 주장한다. 이는 플레이어들에게 현실과 가상의 자연을 다루는 인간의 위치를 다른 관점에서 생각해볼 수 있는 여지를 주기 때문이다.11) 이러한 맥락에서, 게임 <원클릭 쓰리 강냉이>는 플레이어들에게 생태적 책임에 대해 질문하면서 반복적 클릭 노동의 행위를 잠시 멈추고 주변 소외된 존재들을 인식하도록 이끈다.

마지막 3단계는 비교적 쉽게 완료할 수 있다. 게임 내에서 농부 랩삐는 "우리의 집중력, 시간, 정보, 데이터는 새로운 화폐로서 강냉이 한 봉지와 맞바꾸어 먹을 만한 가치가 있다"고 말한다. 그리고 플레이어들이 수확한 옥수수를 '셀카 찍기'를 통해 소셜미디어에 자랑할 수 있도록 독려한다. 마침내 게임의 모든 과정을 완료한 관객들은 '옥수수 마스터' 칭호와 '콘 코인'을 얻고, <랩삐 팩토리>로 찾아가 콘 코인을 강냉이로 교환할 수 있었다. 그러나 <랩삐 팩토리>의 교환대 앞에 서면, 관객들은 이내 함박웃음을 터트렸다. 마지막 단계에서 촬영한 다소 굴욕적인 셀카 사진이 교환대 좌측 상단에 설치된 모니터 위에 올라왔기 때문이었다. 이 셀카 이미지는 관객에

10_ Alenda Y. Chang, "Back to the Virtual Farm: Gleaning the Agriculture–Management Game," *Interdisciplinary Studies in Literature and Environment*, Vol. 19, No. 2 (Spring 2012), 238-254.
11_ Ibid., 250.

(좌) <파밍파밍 아케이드>에 앉아 게임 <원클릭 쓰리 강냉이>에 참여하는 관객들
(우) <랩삐 팩토리>에서 게임의 보상인 '콘 코인'을 '강냉이'로 교환하는 모습
사진 제공: 국립현대미술관 | 사진: 박수환

게 AR 필터(노란 옥수수 알이 촘촘하게 박힌 안경과 풍성한 초록색 옥수수 잎 수염)를 씌워놓은 것인데, 관객들은 즉각적으로 전시된 자신의 모습에 당황과 흥분을 감추지 못했다. 전시장에서 랩삐의 게임에 동참한 관객들은 자신도 모르게 전시의 일부가 되어 프로젝트 완성에 기여하게 되었다.

관객들은 또한 전시공간 내 인터렉티브 미디어 설치 작업인 <파밍파밍 아케이드>의 작동에도 무의식적으로 기여했다. 이 작업은 도넛 형태의 의자에 관객들이 앉으면 압력센서가 감지되어 그 중앙에 설치된 기둥 안 LED가 빛을 발산하는 구조로 되어있었다. 관객의 수가 많아질수록 기둥의 빛은 더욱 다채롭게 깜박거리는데, 이는 마치 관객의 열정을 흡수하는 것처럼 보였다.

필자는 관객들이 전시의 일부가 된 자신을 수용할 수 있었던 이유가 이 모든 과정이 놀이노동의 장이라는 사회적 합의 안에서 이루어졌기 때문이라고 생각한다. 티 응우옌(C. Thi Nguyen)은 큐레이터 부리오(Nicolas Bourriad)가 '관계 미학(Relational aesthetics)'으로부터 참여적 예술을 "특수한 사회성을 생산하는 공간'으로 정의한다는 점을 포착해 게임을 "사회적 행위를 촉발시키는 인공물"로 해석한다. 특히, 게임과 같은 상호작용적 예술은 특정한 사회적 관계와 행위성을 만든다. 이 "사회적 예술"은 관객에게 그 특정한 사회적 가치를 전달하고, 그 가치는 일상생활로 확장할 수 있는 힘을 가지고 있다.[12] 그렇다면, 게임 및 장치들을 통해 미술관을 유희적 공간으로 변모시킨 랩삐가 이 놀이노동의 장에서 관객들에게 전달하고자 한 사회적 가치는 무엇일까?

4. 전시는 모르겠고 강냉이 털기에도 바쁩니다

랩삐가 제시하고자 한 예술적·사회적 가치는 바로 '강냉이'에서 찾을 수 있다. 전시장 한 편에서 상영한 영상 <전시는 모르겠고 강냉이 털기에도 바쁩니다>는 강냉이 생산지에서의 노동 과정을 미술관 안으로 소환한다. 이 영상을 통해 강냉이는 오랜 시간을 응축한 노동에 대한 상징적 존재이자 상품 이상의 존재로서 그 의미를 획득한다. 그리고 강냉이를 생산하는 과정에서 작가들은 자동화 사회 안에서 인간 소외를 회복할 수 있는 몇 가지 단서를 얻게 되었다.

랩삐의 멤버들은 모두 농사 경험이 없었다. 그럼에도 농사를 하기로 한 이유는 현대의 비물질노동과 대비하여 농사가 인류 역사와 함께 한 대표적인 육체노동이었기 때문이었다. 그런데 왜 옥수수 농사였을까? 그것은 옥수수가 어디에서나 잘 자라고 관리가 쉬운 작물이라서 초보 농부에게 적합하다는 정보를 누군가에게 들었기 때문이었다. 나중에 깨달았지만, 이는 순진한 생각이었다.

5월 중순, 강화도의 한적한 농지를 임대하면서 랩삐의 옥수수 농사가

12_ C. 티 응우옌, 『게임: 행위성의 예술』, 이동휘 역, 워크룸프레스, 2023, 277-285.

시작되었다. 거대한 포크레인이 미처 거르지 못한 자잘한 돌들을 수작업으로 제거하며 밭을 경작하고 모종을 심었다. 그 후, 옥수수 주변에 잡초가 자라는 것을 방지하기 위해 비닐을 씌우고 밭 주변 펜션에서 물을 빌려와 스프링쿨러를 설치했다. 주변에서 좋다고 조언하는 일들은 무엇이든 가리지 않고 실행했다. 이러한 노력은 전시에 찾아올 관객들에게 나눠줄 옥수수들이 성공적으로 자랄 수 있기를 바라는 간절한 염원에서 비롯되었다.

이 옥수수밭이 미디어에서 비추는 것처럼, 대량생산을 위해 경작된 광활한 북아메리카 대평원 위의 옥수수밭을 재현할 수는 없을 것이다. 그러나 적어도 랩삐의 밭이 한국적 토양 위에서 또 다른 소박하고 독창적 풍경을 만들어낼 것이란 기대를 품었다. 그러나 실제 농사는 그리 낭만적이지만은 않았다. 랩삐는 사실 시작부터 신체적·기술적 한계에 부딪혔다. 농기구를 다루는 일은 기술과 근력, 그리고 요령이 필요했다. 더운 여름의 해가 뜨기 전에 일을 진행하고자, 새벽 5시에 일어나 농지까지 운전해 가는 일도 고역이었다. 할당된 일을 빠르게 끝내려고 몰두하다가도 누군가는 작업을 위해 카메라를 들고 노동의 현장을 촬영해야 했다.

자연도 결코 초보 농부인 랩삐에게 안락함을 주지 않았다. 여름 날씨는 변덕스러웠고, 강풍, 도깨비 소나기, 길어진 장마와 같이 예상하지 못했던 상황들이 랩삐를 불안하게 했다. 강풍에 픽픽 쓰러지는 옥수수를 CCTV를 통해 원격으로 목격했을 때, 바로 달려가 해결할 수 없는 상황에서 발을 동동 굴려야 했다. 설상가상으로 밭갈이 전에 퇴비를 주지 않은 실수로 인해 랩삐의 옥수수 성장 상태는 무척 더뎠다. 주변 다른 사람의 밭에서 튼실하게 성장한 옥수수를 발견하고 비교하면서 질투의 감정에 휩싸이기도 했다. 그럼에도 랩삐는 그때그때 주어진 위기에 각종 편법을 개발하며 임기응변했다. 영상의 초반부 에피소드에는 이러한 초보 농부 랩삐의 날 것 그대

영상 <전시는 모르겠고 강냉이 털기에도 바쁩니다> 중 농신제 장면
사진 제공: 랩삐(labB)

로의 모습들이 담겨 있다.

　어느 정도 농사가 안정기에 접어들어 옥수수 알이 잘 익어가기만을 기다릴 시기가 왔다. 이 시기에는 해충이나 고라니와 같은 동물로부터 옥수수가 피해를 입지 않기를 기도하는 것 외에 할 수 있는 일이 거의 없었다. 이러한 불안감을 해소하기 위해 랩삐가 진행한 일은 바로 '농신제 퍼포먼스'였다. 전통적으로 한국 논밭에서는 수확 전 풍년을 기원하며 농사의 신에게 떡과 술 등을 바치는 제의가 이루어져 왔다. 랩삐의 농신제는 역경을 대신 막아주는 상징물로 '허수애미'를 세워 밭을 수호하고 각종 재난과 위기를 몰고 다니는 상징체인 '고라니'를 화려한 옷을 입은 작가들이 달래주는 형식으로 진행되었다. 랩삐에게 옥수수 농사의 풍년은 전시의 성공을 의미했다. 많은 옥수수를 수확할수록 미술관에서 강냉이를 원활하게 공급할 수 있기 때문이었다.

　농신제 퍼포먼스는 프로젝트 전체에서 중요한 전환을 일으켰다. 처음 예상보다 허름해진 옥수수밭을 무대로 삼아 한번 놀아보자는 작가들의 해학적 퍼포먼스는 농부이자 작가의 정체성, 즉, 노동과 작업이 교차하는 순간에 펼쳐졌기 때문이었다. 농신제 퍼포먼스는 실패와 고난으로 점철된 노동의 행위들을 창의적인 행동으로 전환하는 우회적이고 유희적인 태도였다. 그리고 신성했던 밭을 '샌드박스(sandbox)'화 하는 창조적인 놀이이기도 했다.

농사라는 현실적인 노동 속에서 발생한 놀이적 순간은, 평소 디지털 스크린 앞에서 겪는 알고리즘화된 데이터 체계 속에서 독특한 균열인 '글리치(Glitch)'를 발견하는 순간에 비유될 수 있다고 생각한다. 글리치는 기술 시스템 내의 오류를 통해 기존 규칙이나 방식에서 벗어나 유희적 가능성을 열어준다. 그래서 각기 다른 신체를 가진 인간의 불안정성이 디지털과 기계의 제어에서 벗어나거나 오류를 일으키는 변수가 될지도 모른다. 이러한 불안정성을 받아들인 후 벌이는 놀이공동체의 잔치란 얼마나 유쾌한가?

랩삐에게 옥수수밭에서의 노동과 놀이는 미술 외적인 영역에서의 현상학적인 지식을 탐색하고 이를 작업으로 유연하게 연결하는 경험이었다. 이러한 유연성은 목표지향적인 행동 강박에서 벗어나게 했다. 실패를 경험하고 이를 수용하는 과정을 통해 오히려 강냉이가 만들어지기까지의 서사를 보다 풍부하게 만들었다.

5. 현대미술의 장에서 놀이노동 직조하기

이제 필자는 랩삐의 <강냉이 털어 국현감>이라는 프로젝트 명에 등장한 '털다'의 중의성과 놀이노동 간의 연관성을 고찰하려 한다. '털다'는 사전적으로 "1) 달려 있는 것, 붙어 있는 것 따위가 떨어지게 흔들거나 치다. 2) 자기가 가지고 있는 것을 남김없이 내다. 3) 남이 가진 재물을 몽땅 빼앗거나 그것이 보관된 장소를 모조리 뒤지어 훔치다."[13]라는 의미를 가진다. 우

13_ 네이버 어학 사전.

선 첫 번째 의미는 <강냉이 털어 국현감>이라는 명칭대로 랩삐가 옥수수 알들을 털어 그것을 강냉이로 가공하고 '국현(국립현대미술관의 줄임말)'에 가져가 전시했다는 것이다.

그런데 이 프로젝트 과정 안에서 작가, 관객, 그리고 미술관 사이에서 '털다'라는 동사의 주체와 객체의 관계는 끊임없이 역전되었다. 따라서 '털다'의 사전적 의미 중 두 번째와 세 번째인 '무엇인가를 내어주고 탈취하는 행위'는 이 프로젝트에서 놀이노동의 의미와 더욱 밀접하게 연결된다.

첫 번째 놀이노동은 작가와 미술관 사이에 발생했다. 랩삐는 강냉이 교환 퍼포먼스를 위해, 157일의 전시 기간 중 총 100일 동안 하루 4시간씩 <랩삐 팩토리>를 직접 지켰다. 전시 기간 내내 옥수수를 튀기고 강냉이로 가공하여 포장하는 일은 계속되었다. 이를 통해 랩삐의 노동 형태가 상황 별로 변했을 뿐 전시 기간 내내 끝나지 않았음을 알 수 있다. 작가들은 오히려 농사를 짓는 육체노동의 고초보다 교환원으로서 감정노동의 피로가 더 크다고 입을 모았다. 그 좁은 공간을 지키면서, 랩삐는 자신들이 농부나 작가의 정체성을 잃고 미술관의 보이지 않는 노동자가 된 것만 같은 감정에 휩싸였다.

프로젝트 제목에서는 랩삐가 미술관 공간을 주체적으로 선점한 것처럼 보이지만, 실제로는 미술관이 전시의 운영을 위해 작가들의 인적 자원을 '털었다'고도 볼 수 있다. 미술관은 이 전시를 위해 <랩삐 팩토리>에서 교환노동을 할 인력을 따로 배치하지 않았기 때문에 랩삐의 멤버들은 기획한 일에 스스로 책임을 져야 하는 상황이었다. 현대자동차의 후원으로 전시지원금을 받았더라도, 그 금액은 농사에서 전시 운영에 이르는 약 1년간의 프로젝트를 운영하기에는 턱없이 부족했다. 그러나 작가와 미술관은 전시의 흥행이라는 공동의 목표를 위해 긴밀한 협업이 필요했다. 랩삐는 한정된 자본 내에서 장기적인 프로젝트를 운영하기 위해, 그야말로 '자신의 시간과 기술, 그리고 감정'을 아낌없이 투자할 수밖에 없었다. 그 결과, 전시 준비 과정에서 랩삐의 노력에 부응하듯 미술관도 추가적인 설치 지원을 제공하는 등 상호 협력적 관계를 유지했다.

두 번째 놀이노동은 작가와 관객 사이에서 발생했다. 이 놀이노동의 관계는 강냉이를 중심으로 이루어진다. 관객들은 게임을 통해 랩삐의 강냉이를 '털었다'. 전시가 끝난 시점에서 관객이 교환해 간 강냉이는 총 10194개였다. 관객에게 강냉이를 제공한 대신, 랩삐는 관객들의 존재 그 자체를 작업의 자원으로 사용하였다. 그러나 온라인 사이트에 올라간 관객의 이미지나 전시공간에 밀집한 관객들의 현장감은 관객들이 먹어 사라지게 될 강냉이처럼 일시적인 것이었다. 랩삐는 관객의 데이터를 전시가 끝남과 동시에 폐기하였고, 기업들과 달리 그 정보들을 다른 목적으로 사용할 이유도 없었다. 그렇다면 단순히 강냉이와 데이터의 교환 외에 작가들과 관객들은 이 전시를 통해 과연 무엇을 주고받았는가? 특히 관객들은 작가가 설계한 사회에 뛰어들어, 특수한 사회적 행위를 만들어내는 주체로서 놀이노동을 행했는가?

6. 강냉이 교환 일지와 놀이노동자의 재발견

랩삐는 강냉이 교환을 진행하는 5개월의 시간을 무의미하게 흘려보내고 싶지 않았다. 랩삐는 스스로 '강냉이 일지'를 작성하면서 당일 교환한 강냉이의 수와 함께 관객들의 반응들을 기록하기 시작했다. 일지 작성은 계획에 없던 자발적인 행동이었지만, 수치적 데이터로 추산할 수 없는 것들을 기록하며 이 전시의 다층적인 의미들을 발굴해 나간 행동이었다. 그래서 필자가 교환노동을 하며 관객들을 관찰하며 발견한 몇 가지 놀이노동 사례들을 공유하고자 한다. 이 사례들은 놀이와 노동의 경계에서 발생할 수 있는 자율적인 해석과 창조적인 행위를 보여준다.

첫 사례는 관객들이 경쟁과 협동을 통해 일시적인 공동체를 만들었다는 것이다. 특히 이러한 양상은 디지털 기기 사용에 취약한 사람들을 위해 전시장 한편에 마련한 터치패드 주변에서 나타났다. 터치패드의 화면은 모바일 폰보다 컸다. 그래서 그 주변에서 연인, 친구, 가족 등 단체 관람객들의 합동 플레이가 자주 벌어졌다. 게임에 여러 명이 함께 참여해도 하나의 콘코인으로 강냉이 한 봉지만 교환할 수 있었지만, 사람들에게는 많은 양의 강냉이를 먹는 것보다 함께 어려운 과제에 도전하고 성공했다는 성취감이 더 중요해 보였다.

또한, 미술관에는 게임에 익숙한 젊은 관객뿐만 아니라 어린이와 노인들도 많이 찾아온다. 사실 게임이 난이도가 꽤 있었기 때문에 많은 이들이 게임을 진행하는 데 어려움을 겪었다. 그러나 곧 주변에서 게임플레이에 취약한 이들을 도우며 대신해주거나 팁을 공유하는 훈훈한 상황들도 나타났다. 관찰한 결과, 관객들이 몰려 있을 때 이러한 상황들이 자주 나타났으며 이때 디지털 강냉이 농사의 성공률도 높아졌다. 그렇게 연대와 경쟁을 통한 사회적 풍경이 연출됐을 때, 전시장 내 <파밍파밍 아케이드>의 LED 기둥도 풍년을 축하하듯 아름답게 반짝거렸다.

다음 사례는 강냉이 한 봉지를 교환할 수 있는 노동의 범위에 대한 또 다른 관점에 관한 것이다. 한 관객은 영상을 30분간 시청하고, 이를 노동으로 간주하여 강냉이를 요구했다. 이는 이 프로젝트의 규칙에 어긋나는 요구였기 때문에 당시 필자는 정중히 거절했다. 그러나 이제와 생각해 보니, 그 관객은 스스로 랩삐가 다루고자 한 놀이노동의 의미에 대해 심도있게 탐구하려고 한 것으로 여겨진다. 강냉이를 받을 자격이 게임 완료에만 기반을 둬야 하는지, 많은 시간을 들였음에도 게임에서 실패한 사람들은 자격이 없는지, 영상 감상이 노동이 될 수 있는지, 나아가 전시장에 머무르는 상태도 노동인지와 같은 질문을 통해 현대의 놀이와 노동의 관계에 대해 재고해볼 수 있었다. 이는 랩삐의 강냉이 한 봉지에 대한 가치 평가이기도 했다. 반면, 다른 어떤 관객은 게임 완료 후 강냉이를 교환해가면서 필자에게 지렁이 모양 젤리를 선물한 적이 있었다. 필자는 이 선물이 강냉이의 가치를 보다 높이 평가한 긍정적인 신호라고 보고 감사히 받아들였다.

　　마지막 사례는 랩삐가 마련해 놓은 기술적 장치로부터의 탈출을 감행한 사례이다. <원클릭 쓰리 강냉이> 게임의 3단계 이후, <코니콘코니> 모니터에 자신의 얼굴이 몇 분간 전시되는 상황이 불편한 관객들도 있었다. 그래서 '얼굴 털람'을 거부하는 관객들이 등장했는데, 그중에서도 프로젝트의 숨겨진 의미와 전체 구조를 예민하게 파악하고 다양한 연출을 시도하는 경우들이 기억에 남았다. 동물 인형이나 연예인 포토 카드로 얼굴을 대신하는 경우와 데이터 전송 시간의 격차를 이용해 안경 필터를 이상한 위치에 맞춰 쓰는 경우가 그것이다. 이는 AR 필터에 사용하는 얼굴인식 인공지능 기술의 허점을 파악하고 역이용한 사례였다. 필자는 이 관객들이 적극적으로 이 전시에서 사용하는 기술의 알고리즘을 분석하고 글리치를 만들어냈다고 생각한다. 관객들은 스스로 예측 불가능한 변수 또는 오류가 되어 프로젝트에 참여하면서 창발적인 놀이노동의 경험을 만들어갔다.

7. 나가며

정리하자면, <강냉이 털어 국현감> 프로젝트는 '강냉이 털기'를 통해 놀이노동에 대한 랩삐의 또 다른 제안을 보여준다. 이 프로젝트에서 작가, 관객, 그리고 미술관은 서로의 '강냉이'를 털고 털리면서 각각의 놀이노동을 수행했다. 랩삐가 뻥 터트린 강냉이는 어떤 계산법으로도 정확히 추산되지 않고 어디에도 잡히지 않는 비물질노동의 흔적이었다. 이것의 가치를 평가하고자 하는 '강냉이 털기'는 수치로 환산하기 어려운 비물질노동들 간의 교환을 진지하면서도 유쾌하게 다루는 사회적 놀이였다. 미술관은 이를 평가하고 고민할 수 있는 대안적인 공간으로 기능하며, 숨겨진 노동자들의 노고를 위로하는 역할을 했다. 이 과정적 예술에서 발생하는 데이터로 환원되지 않는 감정과 행위들은 우리에게 더 유연하고 창의적인 방식으로 살아가는 길들을 알려준다. 필자는 랩삐가 영상 말미에 던진 질문을 이 글의 독자들에게 다시 던지며 이 글을 마무리하고자 한다.

"미술관이라는 플랫폼에 오른 강냉이. 노동의 보상으로 적당한가요?"

안가영 (An Gayoung, 安佳英)

안가영은 홍익대학교 미술대학 및 동대학원에서 서양화를, 연세대학교 커뮤니케이션대학원에서 영상예술학을 전공했다. 미디어아티스트로 활동하며 온·오프라인 세계에서 발생하는 문화와 게임을 비롯한 가상세계에서의 인간과 비인간의 공존에 관심을 두고 다매체적 작업을 이어오고 있다. 다수의 국내외 기획전 및 프로젝트에 참여했으며, 게임과 예술 창작에 대한 융복합교육을 하고 있다.

랩삐 (lab B)

2019년부터 활동해온 4명의 시각예술 콜렉티브로 강민정, 안가영, 제닌기, 최혜련으로 이루어졌다. 발랄한 태도로 동시대 기술 문화로부터 소외된 존재, 타자의 문제 등의 사회적 현상을 활동의 주된 동력으로 삼아 동시대 미술의 역할에 대한 유의미한 담론을 창출하기 위해 시도하고 있다.

4 부

법과 규제, 게임 담론의 제도적 전선

8장

게임콘텐츠, 규제와 질병 사이:
2000년대 이후 게임 과몰입 규제정책의 변천 과정

이동연 | 한국예술종합학교 교수

1. 게임 규제정책의 세 가지 유형

2000년대 이후 게임콘텐츠와 관련된 규제정책은 다른 어떤 콘텐츠보다 큰
변화를 겪었다. 1997년 「청소년보호법」 제정 이래 문화적 표현물에 대한
규제가 강화되었는데 그 규제의 실질적인 효과는 2000년에 들어 본격적으
로 나타났다. 「청소년보호법」 제정 이전 문화적 표현물의 규제가 주로 정
치적, 이념적 검열을 중심으로 이루어졌다면, 이후의 규제는 주로 음란성과
사행성을 중심으로 이루어졌다.1) 음란성은 주로 청소년 유해 매체를 지정
하기 위한 심의 기준으로, 음악, 영화, 만화에 대한 주요 규제 근거였다.2)
반면 사행성은 주로 유사도박 행위에 해당하는 아케이드 혹은 피시 게임규

1_ 이와 관련한 논의는 이동연, 「표현의 자유와 문화전쟁」, 『대중문화연구와 문화비평』(문화과학
　사, 2002)을 참고하기 바란다.
2_ 「청소년보호법」 제9조 청소년 유해매체의 심의기준은 다음과 같다. 1. 청소년에게 성적인
　욕구를 자극하는 선정적인 것이거나 음란한 것. 2. 청소년에게 포악성이나 범죄의 충동을 일으
　킬 수 있는 것. 3. 성폭력을 포함한 각종 형태의 폭력 행위와 약물의 남용을 자극하거나 미화하
　는 것. 4. 도박과 사행심을 조장하는 등 청소년의 건전한 생활을 현저히 해칠 우려가 있는
　것. 5. 청소년의 건전한 인격과 시민의식의 형성을 저해(沮害)하는 반사회적 · 비윤리적인 것.
　6. 그밖에 청소년의 정신적 · 신체적 건강에 명백히 해를 끼칠 우려가 있는 것.

제의 중요한 판단 기준이었다. 여기에 중독성이 게임규제의 새로운 판단 기준이 된 것은 2010년 이후부터라 할 수 있다. 특히 온라인게임의 시장 규모와 이용자 수가 증가하면서 게임의 사행성과 함께 중독성은 게임규제를 위한 법적, 제도적 장치 마련을 놓고, 사회문화적 논쟁을 낳았다.

게임콘텐츠에 대한 새로운 규제 패러다임은 게임이용에 연령 별 등급분류를 하는 합리적인 규제방식에서 게임 존재 자체를 부정하는 반문화적 규제방식으로 변화했다. 2000년 이후 게임규제의 방식은 크게 세 가지 유형으로 전개되었다. 첫 번째는 심의에 의한 게임의 등급분류 규제이다. 한국에서 게임 심의의 역사는 30년 정도 역사를 가지고 있지만, 본격적으로 심의가 시작된 것은 영상물등급위원회가 심의를 맡기 시작한 1999년 6월부터이다. 게임을 중요한 콘텐츠산업으로 인정한 정부는 게임 정책 주무 부처를 보건부에서 문화부로 변경하였다. 1999년 6월 '영상물등급위원회'가 발족하면서 게임은 영화, 음악, 게임과 함께 연령 별 등급분류 규제를 받게 되었다.[3] 2006년에 「음악비디오게임에 관한 법률안」이 음악, 영상, 게임 진흥을 위한 독립 법으로 분화하면서 「게임산업진흥에 관한 법률안」(이하 게임산업법)도 제정되었다. 이 법이 게임 규제정책과 관련하여 특별한 것은 사행성 게임을 배제하고, 게임콘텐츠를 연령 별로 등급을 분류하는 규제정책을 정착시켰다는 점이다.[4] 게임콘텐츠의 등급분류를 전담하는 기구도 바뀌었다.

3_ 신현두, 「게임 규제정책의 변화과정 분석 – 게임심의정책의 변화과정을 중심으로」, 『한국공공관리학보』 vol. 31, no. 2, 2017. 6, 81-104 참고

4_ 「게임산업법」에서 게임의 정의와 게임 등급분류는 다음과 같다. 제1조(정의): 1. "게임물"이라 함은 컴퓨터프로그램 등 정보처리 기술이나 기계장치를 이용하여 오락을 할 수 있게 하거나 이에 부수하여 여가선용, 학습 및 운동효과 등을 높일 수 있도록 제작된 영상물 또는 그 영상물의 이용을 주된 목적으로 제작된 기기 및 장치를 말한다. 다만, 다음 각 목의 어느 하나에 해당하는 것을 제외한다. 가. 사행성게임물. 나. 「관광진흥법」 제3조의 규정에 의한 관광사업의 규율대상이 되는 것. 다만, 게임물의 성격이 혼재되어 있는 유기시설(遊技施設) 또는 유기기구(遊技機具)는 제외한다. 다. 게임물과 게임물이 아닌 것이 혼재되어있는 것으로서 문화체육

2006년에 게임산업진흥에 관한 법률이 제정된 후 기존 '영상물등급위원회'에서 분리된 '게임물등급위원회'가 게임 등급분류를 전담했다가, 2013년에 '게임물관리위원회'라는 이름의 민간 자율기구로 바뀌어서 지금까지 이어오고 있다.5) 등급분류의 민간 자율심의에 대한 요청이 강해지면서, 현재는 '오픈 마켓'에 출시된 게임에 한해서 민간에서 자율적으로 게임 등급을 심의해서 결정하고 있다. 스마트폰 사용자들이 급증하고 오픈 마켓의 산업 규모가 폭발적으로 증가하는 등 심의제도 개선이 시급해짐에 따라 2011년 4월 게임법 개정을 통해 사전 등급분류가 어려운 오픈 마켓에 등록되는 게임물에 한해서 민간에 의한 자체 등급분류 제도를 도입하여 2011년 7월부터 실행하였다. 즉 오픈 마켓에 게임을 등록하는 개발자나 게임 유통업체가 자율적으로 등급을 분류하도록 한 것이다. 이어 2013년 5월에는 청소년 이용불가 게임을 제외한 온라인 및 비디오콘솔 게임의 등급분류를 민간에 이양하는 것을 골자로 게임산업진흥에 관한 법률을 개정하였다.6)

두 번째는 사행성 규제이다. 2004년 아케이드 게임 중의 하나인 <바다이야기>가 유사 도박행위의 방치라는 논란과 함께, 상품권의 불법 현금거래가 사회적 문제로 크게 대두되면서, 이에 대한 법적 처벌과 규제안이 마련되었다. <바다이야기>는 아케이드 게임장에 불법 도박의 온상이라는 불

관광부장관이 정하여 고시하는 것. 제21조(등급분류): ①게임물을 유통시키거나 이용에 제공하게 할 목적으로 게임물을 제작 또는 배급하고자 하는 자는 해당 게임물을 제작 또는 배급하기 전에 위원회 또는 제21조의2제1항에 따라 지정을 받은 사업자로부터 그 게임물의 내용에 관하여 등급분류를 받아야 한다. ② 게임물의 등급은 다음 각 호와 같다. 1. 전체이용가: 누구나 이용할 수 있는 게임물 2. 12세이용가: 12세 미만은 이용할 수 없는 게임물 3. 15세이용가: 15세 미만은 이용할 수 없는 게임물 4. 청소년이용불가: 청소년은 이용할 수 없는 게임물.

5_ 2006년 게임산업법이 제정되기 이전, 게임규제를 담당한 기관의 역사를 간략하게 살펴보면, 1989년까지는 공연윤리위원회가 담당을 했고, 1989년에서 1998년까지는 (사)한국컴퓨터게임산업중앙회가, 1998년 8월에서 1999년 6월까지는 '한국공연예술진흥협의회'가, 1999년 6월에서 2006년 10월까지는 '영상물등급위원회'가 담당했다.

6_ 황승흠, 『영화·게임의 등급 분류』, 커뮤니케이션북스, 2014 참고.

명예를 안기며, 게임의 건전성을 훼손시키는 데 결정적인 영향을 끼쳤다. <바다이야기> 사태 이후 게임의 사행성 문제는 아케이드 도박게임보다는 온라인게임 아이템의 문제로 집중된다. 게임 아이템의 문제는 크게 두 가지 문제를 낳았다. 하나는 게임 캐릭터를 사고파는 현금거래가 빈번해지면서, 게임의 순수한 놀이의 속성이 의문시되었던 점과, 온라인게임 플레이 내 확률형 아이템 작동 시스템이 지나치게 게임이용자에게 사행 심리를 부추긴다는 점이다. 사행성 규제는 유사도박 게임과 게임장의 공공연한 사행성 행위를 단속하는 차원을 넘어 게임플레이에 확률형 아이템 장치를 연동시킨 거의 모든 온라인게임의 생산 및 유통방식에 있어 근본적인 문제가 되었다.

　세 번째는 과몰입 규제이다. 과몰입 규제는 게임이용 자체에 대한 규제로 게임 시간을 통제하는 것에서, 게임콘텐츠 자체를 규제의 대상으로 간주하는 가장 강한 형태의 규제방식이다. 그 이유는 과몰입 규제는 게임의 놀이 속성을 규제의 근거로 삼기 때문이다. 과몰입 규제는 2011년에 시행된 강제적 게임셧다운제(이하 게임셧다운제)에서 시작해서, 2013년 '게임중독법' 제정 논란에 이어 2019년 WHO의 게임이용장애 질병코드 도입 논란에 이르기까지, 게임의 사회적 쟁점의 중심에 서 있다. 게임규제 패러다임이 등급 규제에서 사행성 규제로, 사행성 규제에서 과몰입 규제로 이행하는 지난 20년간의 과정들은 게임규제의 합리적 정당성을 찾는 과정이라기보다는 게임이라는 놀이콘텐츠의 성격에 대한 몰이해와 게임의 존재를 부정하는 과정으로 이행했다. 그런 점에서 게임 규제정책은 문화정책만의 문제가 아닌 개인의 놀이를 통제하려는 사회정책의 문제로 확대해서 볼 필요가 있다. 이 글은 게임규제의 세 가지 방식 중에서 과몰입 규제를 중심으로 분석하면서 게임규제 정책이 어떻게 문화정책의 수준을 넘어 사회정책으로 관리되고 있는지, 게임셧다운제에서 WHO 게임장애 질병코드 등재 논란까지 그 변천 과정을 언급하고자 한다.

2. 과몰입 규제의 사회적 이행

2000년 이후 게임의 과몰입 규제 법률과 정책 패러다임은 '게임셧다운제' '게임중독치료' '게임질병코드'라는 토픽으로 이행하였다. 이 규제의 이행은 게임을 문화적 표현물, 혹은 문화콘텐츠로 간주하기보다는 청소년보호와 정신건강을 위한 사회적 관리의 대상으로 간주한다. 특이한 점은 사회적 관리 장치로서 게임콘텐츠를 규제할 때, 그 근거들이 서로 다르게 제시되었다는 점이다. 게임셧다운제는 주로 청소년의 건강권과 수면권을, '게임중독법' 제정 이슈는 게임이용의 중독성 치료를, 게임 질병코드 도입은 보건의료 관리 체계를 규제의 근거로 내세우고 있다. 이러한 게임규제의 근거와 주체의 변화는 과몰입 규제가 문화 관련 법의 수준을 넘어 사회적 통제 장치의 필요에 의한 것이다.

주지하듯이 인터넷게임의 과몰입이 사회문제로 부상하면서, 심야에 청소년들의 컴퓨터 온라인게임을 금지하는 일명 게임셧다운제가 2011년에 시행되었다. 게임셧다운제는 청소년들의 건강권, 수면권을 보호한다는 명분으로 도입되었지만, 법 적용의 타당성과 실효성 측면에서 많은 논란을 낳았다. 2013년에는 게임을 마약, 알코올, 도박과 함께 중독물질로 분류하여 게임을 강력하게 규제하는 이른바 '게임중독법' 이슈가 사회적 논란이 되었다. 이 법은 비록 제정되지는 않았지만, 게임을 정신의학계의 중독 치료 대상으로 간주하면서 게임규제 쟁점이 문화정책의 영역을 넘어서 사회정책으로 확대되려는 흐름을 포착할 수 있었다. 물론 게임의 등급분류 심의와 게임셧다운제는 대체로 문화적 표현물의 이용에 있어 '청소년보호'를 중요한 근거로 삼고 있다. 그러나 '게임중독법' 이슈는 게임을 정신의학의 치료 대상으로 간주하면서 게임의 규제방식을 사회적 통제 영역으로 전환하였다. 2010년대 들어 게임규제의 논리가 '청소년보호'에서 '중독예방'으로, '중독예방에서 다시 '보건의료'로 확대되는 과정은 단지 게임 매체를 심의하고 규제하는 방식을 넘어 게임이용 자체를 사회적으로 강력하게 관리하겠다는 의지를 드러낸다. 2014년 '게임중독법' 제정 논란은 게임중독의 수준을 놀이의 관점이 아닌 정신의학적인 관점에서 바라보려 한다는 점에서 게임규제를 사회적 관리 장치로 간주하려 든다는 것을 예증한다. '게임중독법' 이슈가 논란이 되었을 때, 국회에서 많은 규제 법률안이 추가로 제기된 것도 그런 사회적 관리장치의 맥락에서이다.[7]

2019년 5월 24일 '세계보건기구(WHO)'의 게임에 대한 질병코드(ICD-11) 도입을 결정[8]하면서, 게임규제는 이제 정신의학에서 보건의료의 영역으로 이행하였다. 게임과몰입을 정신질병으로 코드화하고, 이를 치료하기 위해 보건의료 서비스를 가동하겠다는 것은 게임의 규제를 보호가 아닌 질병으로, 규제 관리를 콘텐츠 기관이 아닌 보건의료 기관이 하겠다는 것이다. 이는 음악, 영화, 만화 등 다른 문화콘텐츠의 규제와는 차원이 다른 규제 논리를 생산한다. '게임중독법'이 주로 중독의학 중심의 정신의학계의 이해관계를 반영했다면, 이미 WHO에서 정한 게임의 질병코드 도입은 정신의학계를 넘어 좀더 광범위한 보건의료계의 이해관계를 반영하기 때문이다. 정신의학계나 보건의료가 모두 게임의 중독성에 대한 예방과 치료를 목적으로 하지만, 사회적 관리장치의 차원에서 보면 후자의 영역이 훨씬 광범위하다.

7_ 대표적인 것이 '인터넷 게임중독 치유지원에 관한 법률안'과 '인터넷 게임중독 예방에 관한 법률안'이다. 전자는 인터넷게임중독치유부담금으로 부과인터넷게임중독 치유센터 설립과 게임매출 100분 1 이하 범위에 기금으로 부과하는 안이고, 후자는 인터넷게임중독 치료를 위한 게임콘텐츠 제한 인터넷게임중독 지수개발, 게임콘텐츠의 제작, 배급 제한하는 안이다.
8_ WHO는 2019년 5월 25일 스위스 제네바에서 72차 총회를 열어 게임이용장애(gaming disorder)를 질병으로 정식적으로 분류하는 것을 결정했다. 이 결정은 ICD-10(international classification of diseases 10)이 개정된 지 30년 만에 재개정된 것으로, 게임이용장애에 부여된 6C51은 '정신적, 행동적, 정신발달 장애 '중독성 행동으로 인한 장애'의 하위 항목으로 도박중독과 같은 항목으로 분류되었다.

[표 1] 게임 과몰입 규제 개요

분류	관련법률	시행일	주요 내용	주무부처
강제적 게임 셧다운제	청소년 보호법 제23조3	2011.11	청소년 게임이용 강제적 시간 규제 16세 미만 청소년 심야시간 강제적 게임 이용 중단	여성가족부
선택적 셧다운제	게임산업진흥에 관한법률 제12조3	2012.07	청소년 게임이용 선택적 시간 규제 청소년 본인 또는 법정대리인의 요청 시 게임물 이용방법, 게임물 이용시간 등 제한	문화체육 관광부
게임중독 치료	중독 예방관리 및 치료에 관한 법률안(계류)	2013.11	게임을 알코올, 마약 등과 함께 중독물질로 규정하여 치료와 관리 게임중독을 '국가중독관리위원회에서 관리 예방 및 치료 게임의 광고, 유통을 일부 제한	보건복지부
게임 이용장애 질병코드	WHO 게임의 질병코드(ICD-11) 도입(논의 중)	2019.05	WHO 72차 총회에서 게임이용장애를 질병코드로 분류할 것을 결정	보건복지부

게임산업을 진흥하는 문화체육관광부와 게임중독을 정신 질병으로 코드화하여 체계적으로 관리하려는 보건복지부의 정책 이해관계가 첨예하게 대립하면서, 이를 조정하기 위해 국무총리실 주관으로 2019년 7월 게임이용장애 국내 도입을 논의하는 민간협의체가 출범하였다. 최종 결정은 2026년에 이루어지지만, 앞으로 이 논의가 2000년 이후 게임규제 정책의 방향을 가늠하는 중요한 전환점이 될 것이다. 이제 2000년대 이후 게임 규제정책에 관한 구체적인 논의들을 언급하고자 한다. 먼저 2000년대 이후 게임 과몰입 규제와 관련된 주요 법률 제정 및 사회적 쟁점들을 표로 정리하면 위의 [표 1]과 같다.

3. 강제적 셧다운제의 전개과정과 그 함의

주지하듯이 게임셧다운제는 12시부터 오전 6시까지는 16세 이하가 사용하는 모든 인터넷게임물에 대해서는 강제적으로 차단되는 것을 의미한다. 먼저 「청소년보호법」에서 명시한 게임셧다운제의 규제 조항을 정리하면 [표 2]와 같다.

[표 2] 게임셧다운제의 규제 조항 개요

조항	법조문 내용
제3장 24조	(인터넷게임 이용자의 친권자등의 동의) ① 「게임산업진흥에 관한 법률」에 따른 게임물 중 「정보통신망 이용촉진 및 정보보호 등에 관한 법률」 제2조제1항제1호에 따른 정보통신망을 통하여 실시간으로 제공되는 게임물(이하 "인터넷게임"이라 한다)의 제공자(「전기통신사업법」 제22조에 따라 부가통신사업자로 신고한 자를 말하며, 같은 조 제1항 후단 및 제4항에 따라 신고한 것으로 보는 경우를 포함한다. 이하 같다)는 회원으로 가입하려는 사람이 16세 미만의 청소년일 경우에는 친권자등의 동의를 받아야 한다.
제3장 25조	(인터넷게임 제공자의 고지 의무) ① 인터넷게임의 제공자는 16세 미만의 청소년 회원가입자의 친권자등에게 해당 청소년과 관련된 다음 각 호의 사항을 알려야 한다. 1. 제공되는 게임의 특성·등급(「게임산업진흥에 관한 법률」 제21조에 따른 게임물의 등급을 말한다)·유료화정책 등에 관한 기본적인 사항 2. 인터넷게임 이용시간 3. 인터넷게임 이용 등에 따른 결제정보
제3장 26조	(심야시간대의 인터넷게임 제공시간 제한) ① 인터넷게임의 제공자는 16세 미만의 청소년에게 오전 0시부터 오전 6시까지 인터넷게임을 제공하여서는 아니 된다. ② 여성가족부장관은 문화체육관광부장관과 협의하여 제1항에 따른 심야시간대 인터넷게임의 제공시간 제한대상 게임물의 범위가 적절한지를 대통령령으로 정하는 바에 따라 2년마다 평가하여 개선 등의 조치를 하여야 한다.

사실 게임셧다운제 도입을 위한 시민단체들의 활동은 오랜 역사를 가진다. 이 법이 2011년 4월에 제정, 11월에 시행되었지만, 오래전부터 이 제도의 시행을 요구해온 시민단체들의 행동이 있었다.[9] 2004년 10월 YMCA,

---

9_ 여기서 논의하는 게임셧다운제 도입의 역사에 대한 내용은 구글 대한민국 위키백과와 『게임동아』, 「게임 셧다운제, 입법 시도의 역사」, 2013년 1월 13일자 기사를 참고해서 구성했음을

YWCA 등 시민단체들이 중심이 되어 청소년들의 수면권을 보장할 목적으로 '청소년 수면권 확보를 위한 대책 마련 포럼'을 결성하여 인터넷게임의 심야 이용을 제한하는 취지의 입법 마련이 논의되었다. 이듬해 2005년 당시 한나라당 김재경 의원의 발의로 인터넷게임 셧다운제 도입을 추진하는「청소년보호법」일부 개정안이 국회에 상정되었지만, 게임업계와 문화관광부의 반대로 무산되었다. 이후에 2006년 한나라당 김희정 의원이 발의한 '정보통신 서비스 중독의 예방과 해소에 관한 법률'은 친권자가 요청하면 게임을 중단할 수 있는 근거[10] 등의 내용 담았지만, 이 역시 게임에 대한 지나친 규제라는 의견이 많아 무산되었다. 2008년 7월에 발의된 한나라당 김재경 의원의 법률안은 지금의 게임셧다운제와 동일한 내용을 담고 있었다. 김재경 의원이 대표 발의한「청소년보호법」일부개정법률안은 온라인게임 업체가 밤 12시부터 오전 6시까지 온라인게임 서비스의 제공을 금지하고 있으며, 이를 어기고 온라인게임 서비스를 제공할 경우, 해당 온라인게임 업체를 1,000만 원 벌금 또는 2년 이하의 징역에 처한다는 내용을 담고 있다.

게임셧다운제 도입을 놓고 정치적 대립이 극심하지는 않았지만, 문화콘텐츠의 육성 및 표현의 자유를 지지하는 진영과 청소년 보호를 지지하는 진영 사이의 대립은 비교적 분명하게 드러난다. 특히 입법 논란 당시 한나라당과 민주당 사이에 찬반 의견이 대립했다. 그러나 게임셧다운제에 대해 비교적 반대 입장을 보였던 민주당에서 과거 청소년보호위원회 위원장 출

밝힌다.

10_ 청소년이 게임을 장시간 이용하면, 건강을 해칠 수 있다는 주의 문구와 서비스 이용을 시작한 지 특정 시간이 경과하면 경고 문구를 표시하며, 장시간 이용 시 페널티를 부과하고 특히 청소년 이용자에 한해 그 친권자, 후견인 등 법정대리인의 요청에 따라 서비스를 제한할 수 있다.

신이었던 최영희 의원이 이 법을 지지하면서 여야 간 정치적 대립 구도가 무너지게 되었다. 정치적 진보 논리와 청소년보호 논리가 충돌한 것이다. 2009년 4월 여성가족위원회 소속인 민주당 최영희 의원은 「청소년보호법」 일부 개정 법률안을 국회에 제출하였다. 이 법안의 주요 내용을 보면, 청소년 게임 가입 시 친권자의 동의 의무화, 청소년 본인 또는 친권자의 요청에 따른 게임이용 제한, 게임업체의 중독 경고 문구 표시 및 유료화 정책 고지 등과 함께 청소년의 일일 이용시간을 제한하고, 오전 0시부터 6시까지 게임 이용을 동시에 금하는 강력한 규제안이 제시되었다.

　청소년의 게임 과다이용에 대한 사회적 우려의 목소리가 높아지면서 당시 이 법에 반대 의사를 보였던 문화체육관광부가 여론에 밀려 타협안을 제시했다. 문체부는 2010년 4월에 <게임산업의 지속성장 기반 강화를 위한 게임 과몰입 예방 및 해소 대책>을 발표하여, 게임 과몰입을 예방하는 장치로 게임 내 피로도 시스템과 청소년의 심야 시간 접속을 제한하는 대책을 발표했고, 이에 맞추어 여성가족부도 '청소년을 위한 게임 규제안'을 발표했다. 이 과정에서 규제 적용 대상을 놓고 인터넷 PC 게임으로 한정하려는 문체부와 스마트폰 게임을 포함한 온라인 기반 게임물 모두를 포함하려는 여성가족부 사이에 이견이 충돌하기도 했다. 한편 한나라당 신지호 의원은 적용 연령을 「청소년보호법」에 준하는 19세로 상향 조정하는 안을 제출하기도 했지만, 부결되었다. 결국, 정부 부처 간의 이견과 양당의 의견을 조율한 끝에 2011년 4월 29일에 인터넷 PC 게임을 대상으로 만 16세 이하 청소년들의 게임이용 시 12시 자정부터 오전 6시까지 게임이용이 강제적으로 차단되는 「청소년보호법」 법률개정안이 국회에서 통과했다.

　한편으로 게임업계와 표현의 자유를 주장하는 문화예술계, 청소년들의 자기 결정권을 강조하는 단체들이 항의하고 2011년 10월에 강제적 셧다운제가 청소년들의 평등권, 행복추구권을 침해한다는 위헌소송을 제기했다. 강제적 게임셧다운제가 도입된 이후 문화체육관광부는 2012년 7월 1일부터 이 제도와 무관하게 청소년 보호자와 법정대리인이 청소년들의 게임이용 제안을 선택적으로 실시하는 이른바 선택적 셧다운제를 도입했다. 2012년 9월 말에 여성가족부는 <청소년 인터넷게임 건전이용 제도 대상 게임물 평가계획(고시)>을 공고하고 셧다운제의 대상이 되는 게임물에 대한 평가 기준을 마련하였는데, 평가 항목과 기준의 타당성을 놓고 문화예술계와 여성가족부 사이에 논쟁이 있기도 하였다.

헌법재판소는 2014년 4월 24일, 강제적 셧다운제 위헌소송에 대해 합헌 판결을 내렸고, 그 후 여성가족부와 문화체육관광부는 공동으로 게임셧다운제 규제 일원화를 위한 TF팀을 구성하였다. 2014년 7월에는 헌법재판소의 합헌 결정에도 불구하고, 새누리당 김상민 의원의 발의로 청소년들의 온라인게임 심야 이용시간을 제한하는 강제적 셧다운제를 폐지하는 「청소년보호법」 일부개정법률안을 대표 발의했다. 개정 발의안에는 "현재 여성가족부에서 실시하고 있는 강제적 셧다운제는 청소년이 게임에 과다하게 몰입하는 현상을 방지하기 위해 도입된 취지는 좋으나, 성인 ID 도용, 해외 서버를 통한 게임이용 등의 방식으로 회피할 수 있어, 실효성이 낮은 불필요한 규제"이며 "무엇보다 강제적 셧다운제는 청소년의 자기 결정권과 자율성, 주체성을 침해하고 있다"는 취지가 명시되어 있다. 게임셧다운제 도입의 주요 일지를 정리하면 다음 쪽의 [표 3]과 같다.

게임셧다운제를 도입한 지 10년이 지났고, 헌법재판소의 합헌 판결이 나온 후에도 여전히 논란은 계속되었다. 위에 제시된 게임셧다운제 도입 이전과 도입 이후의 전개 과정을 보더라도 이 제도가 매우 오랜 시간 동안 사회적 논란 속에서 만들어졌다는 것을 알 수 있고, 도입 이후에도 여전히

[표 3] 강제적 게임셧다운제 시행 주요 일지

일시	주요 내용
2004년 10월	YMCA, YWCA 등 시민단체 '청소년 수면권 확보를 위한 대책마련 포럼'을 결성
2005년 8월	한나라당 김재경 의원의 발의 인터넷게임 셧다운제 도입을 골자로 하는 청소년보호법 일부 개정안 발의
2006년 10월	한나라당 김희정 의원 '정보통신 서비스 중독의 예방과 해소에 관한 법률안 발의.
2008년 7월	한나라당 김재경 의원 '청소년보호법 일부 개정 법률안 발의. 밤 12시부터 오전 6시까지 온라인게임 서비스의 제공을 금지
2009년 4월	민주당 최영희 의원 '청소년보호법 일부 개정 법률안 발의.
2011년 4월	청소년보호법 일부 법률안 개정. 인터넷 PC 게임을 대상으로 만 16세 이하 청소년들의 게임이용 시 12시 자정부터 오전 6시까지 게임이용을 강제적으로 차단
2011년 10월	<문화연대> 강제적 셧다운제 위헌 소송 제기
2012년 7월	청소년 게임이용 선택적 시간 규제, 청소년 본인 또는 법정대리인의 요청 시 게임물 이용방법, 게임물 이용시간 등 제한을 골자로 문화체육관광부 게임산업진흥에 관한 법률안 개정
2014년 4월	강제적 셧다운제 위헌소송에 대해 헌법재판소 합헌 판결
2014년 7월	새누리당 김상민 의원 강제적 셧다운제를 폐지하는 '청소년 보호법 일부 개정 법률안 발의
2014년 9월	여성가족부 김희정 장관, 강제적 게임셧다운제 완화 조치 발표

제도의 실효성, 안전성, 적절성에 의문을 제기하면서 폐지 요구가 계속되었다. 그런데 우리가 여기서 고민할 점은 이 제도가 여러 많은 문제점을 안고 있더라도 쉽게 사라지지 않을 것이라는 점이다. 게임셧다운제를 입법화하는 과정에서 알 수 있듯이, 이 제도적 관철의 역사는 단지 게임에 대한 청소년 과몰입 방지의 차원을 넘어서 이 제도의 이념적 기초라 할 수 있는

'청소년보호' 논리가 한국사회에서 매우 강하고 복잡한 정치적, 문화적, 이데올로기적 동맹 관계를 생산하고 있기 때문이다.

게임셧다운제를 도입하고 유지하는 과정에는 '청소년보호'라는 명분 아래 이해관계자들의 암묵적 공모와 동의가 존재한다. 특히 문화적 표현물과 대중문화 매체의 선정성, 사행성, 과몰입에 대해 청소년보호 논리를 내세워 오랫동안 시민단체 활동을 했던 기독교 시민단체들과 그 문제의식을 공유하는 보수정치인들, 그리고 여성가족부와 교육부를 중심으로 형성된 학부모단체들과 청소년단체들이 하나의 동맹 관계를 이루어 게임셧다운제를 관철했다. 게임셧다운제가 쉽게 폐지되기 어려웠던 점도 바로 여기에 있다. 종교적 배경과 정치적 권력, 행정적 이해관계가 암묵적으로 게임셧다운제를 도입하고 유지하기 위해 서로 공모하는 관계가 형성되어 셧다운제 도입의 실효성 논란이 있을 때마다, 매우 강한 연대의식을 갖는다.

4. 게임셧다운제 위헌 소송과 합헌 결정의 이면 읽기

2011년 10월 문화연대는 16세 이하 청소년 1인과 학부모 2인과 함께 「청소년보호법」 제23조의3에 의거하여 심야시간대 청소년의 인터넷게임 이용금지 강제적 셧다운제가 위헌이라는 소송을 진행하였다.[11] 문화연대는 게임

11_ 위헌소송의 선고 기본 개요는 다음과 같다. "개요 – 2011헌마659·683(병합) 청소년 보호법 제23조의3 등 위헌 확인(2014년 4월 24일 선고)". 16세 미만의 청소년, 16세 미만 청소년을 자녀로 둔 부모, 인터넷게임의 개발 및 제공 업체인 청구인들은, 16세 미만의 청소년에게 오전 0시부터 오전 6시까지 인터넷게임의 제공을 금지하고 이를 위반하는 인터넷게임 제공자를 형사처벌하도록 규정한 청소년 보호법 조항들이 청소년의 일반적 행동자유권, 부모의 자녀교육권, 인터넷게임제공자의 직업의 자유 등을 침해한다고 주장하면서 헌법소원심판을 청구하였다. 이 법의 심판대상 조항은 청소년보호법 제23조의3(심야시간대의 인터넷게임 제공시간 제한 등) ① '게임산업진흥에 관한 법률'에 따른 게임물 중 '정보통신망 이용촉진 및 정보보호 등에 관한 법률' 제2조제1항제1호에 따른 정보통신망을 통하여 실시간으로 제공

셧다운제가 청소년들의 게임이용 권리를 박탈하여 헌법상 행복추구권을 침해하였고, 학부모의 자녀교육권을 침해하였으며, 게임업자의 직업의 자유를 제한하며, 국내 온라인게임 콘텐츠만을 규제한다는 점에서 헌법상 평등권의 침해를 이유로 들어 위헌임을 강조하였다.[12] 이에 문화연대는 2014년 4월 8일에 강제적 게임셧다운제에 대한 '위헌보고서'를 발간하였는데, 이 위헌보고서의 주요 내용 역시 청소년들의 문화적 자유 및 행복추구권의 침해와 국가의 강제에 의한 부모의 교육권 침해가 주요 골자였다. 헌법재판소는 청구인 위헌소송의 판시 사항을 다음과 같이 정리하였다.

가) 처벌조항의 고유한 위헌성을 주장하지 않는 경우 처벌조항에 대한 기본권 침해의 직접성 인정 여부

나) '인터넷게임'의 의미가 불명확하여 죄형법정주의의 명확성원칙에 위반되는지 여부

다) 인터넷게임 제공자의 직업수행의 자유, 16세 미만 청소년의 일반적 행동자유권, 부모의 자녀교육권을 침해하는지 여부

라) 다른 게임과 달리 인터넷게임만 규제하고, 해외 게임업체와 달리 국내 게임

되는 게임물(이하 "인터넷게임"이라 한다)의 제공자는 16세 미만의 청소년에게 오전 0시부터 오전 6시까지 인터넷게임을 제공하여서는 아니 된다는 조항이 청구인들의 헌법상 기본권을 침해하여 위헌인지 여부이다.

12_ 게임셧다운제 관련 주요 학술논문들도 대체로 이러한 문제의식을 동일하게 가지고 있다. 대부분의 학술논문의 내용에는 게임셧다운제의 찬반 입장을 기술하고 있다. 게임셧다운제의 도입에 찬성하는 입장은 최근 청소년의 온라인게임 과다 이용시간에 따른 효율적 대처의 필요에 따라 게임시간을 강제로 제한하는 조치가 불가피하다고 주장하는 반면, 게임셧다운제의 도입을 반대하는 입장은 게임만 이용시간을 규제하는 것은 여타 콘텐츠 규제의 형평성에 어긋나며, 게임업자들의 영업을 제한하고, 청소년의 게임이용의 권리를 배제하는 것으로 주장한다. 따라서 게임셧다운제의 위헌 여부를 판단하는 핵심적인 주제는 청소년의 행복추구권 침해, 부모의 교육권 침해, 기업 영업에서의 평등권 침해이다(박창석, 「온라인게임 셧다운제의 위헌성여부에 대한 검토」, 『한양법학』 37, 2012. 2, 11-28) 참고.

업체만 규율함으로써 평등권을 침해하는지 여부

헌법재판소는 2014년 4월 24일 결정문에서 "게임제공 금지조항은 청소년의 건전한 성장과 발달, 인터넷게임 중독을 예방하려는 것으로 입법목적이 정당하고, 이를 위해 일정 시간대에 16세 미만 청소년에게 인터넷게임의 제공을 일률적으로 금지하는 것은 적절하다"며 "과잉규제를 피하기 위해 여성가족부장관으로 하여금 2년마다 적절성 여부를 평가하도록 하고 시험용 또는 교육용 게임물에 대해서는 적용을 배제하는 등 피해를 최소화하기 위한 장치도 마련돼 있다"고 밝혔고 "국내외 업체를 불문하고 이 금지조항이 적용된다"며 "일부 해외 서버로 불법유통되는 게임물에 금지조항이 적용되지 않아 국내업체만 규율해 평등권을 침해한다고 볼 수는 없다"고 덧붙였다. 헌법재판소는 7대 2로 게임셧다운제를 합헌으로 판결했다.

  헌법재판소는 인터넷게임 자체는 유해한 것이 아니나, 우리나라 청소년의 높은 인터넷게임 이용률 및 중독성이 강한 인터넷게임의 특징 등을 고려할 때, 청소년의 건강과 인터넷게임의 중독을 예방하기 위하여, 청소년의 인터넷게임 이용을 전면적으로 허용하면서, 단지 16세 미만 청소년만을 대상으로 심야시간대만 그 제공 및 이용을 금지하는 강제적 셧다운제가 청소년이나 그 부모, 인터넷게임 제공자들의 기본권을 침해할 정도로 과도한 규제라고 보기는 어렵다고 판단하였다. 게임셧다운제를 반대하는 문화연대와 법률 전문가들은 게임셧다운제가 1) 과잉금지의 원칙, 2) 평등권 침해, 3) 죄형 법정주의의 관점에서 위헌이라고 주장하는 반면, 헌법재판소 재판관 중 다수 의견들은 이 세 가지 지적이 모두 헌법의 기본 정신에 위배되지 않는다고 결론을 내린 것이다. 헌법재판소의 이러한 결정이 어떤 점에서 문제점을 안고 있는지 다음 쪽의 [표 4]를 참고할 만하다.[13]

[표 4] 게임셧다운제 위헌/합헌 요소의 주요 쟁점들

위헌 요소들		평석 주요 내용
과잉금지 원칙	청소년의 행동자유권	"청소년의 인터넷게임 과몰입 또는 중독현상의 방지"가 정당한 목적임은 이견이 없으나 "적절한 수면시간 확보"는 다수의견이 셧다운제의 연혁을 설명할 때 입법목적으로 제시되었던 것이 아니며 실제로 셧다운제가 추진될 때 명시적인 목표에도 없었음
	학부모의 자녀교육권	부모가 관심을 보이지 않는 게임시간통제를 국가가 일방적으로 수행하는 것은 부모의 교육권에 정면으로 도전하는 것임에도 다수의견은 이를 정당화하기 위한 아무런 시도를 하지 않았음
	게임제공자의 직업수행의 자유	다수의견은 우선 '매출과 시장파괴를 걱정하는 소수의견에 대해 아무런 답을 하지 않음. 강제적 셧다운제가 본인 인증을 필요로 하는 이상 비용수혜심사를 정당하게 수행했어야 함
	게임제공자의 직업의 자유	게임을 특정 시간에만 특정 연령대만 이용하지 못하게 하는 것이 게임제공자의 표현의 자유를 의미 있게 제한하지 않는다는 심사척도는 다른 기본권에 대한 심사척도보다 높아야 한다는 일반적인 관념에서 생각해 본다면 실망적임
평등권	다른 게임이용자와의 차별	동시접속자와의 상호교류가 게임과몰입을 발생시킬 위험이 높지만 다른 표현주체와의 교류가 있다는 것은 상호소통이 있다는 것이며 표현의 자유 및 알 권리 입장에서는 보호의 가치가 더욱 크다는 것을 의미할 수 있음이 간과
	해외인터넷 게임 제공업자와의 차별	수단의 적합성 및 법익의 비례성을 훼손하여 역차별이 발생
죄형 법정주의	대상정의 일부유예의 정의	게임산업진흥법 상 "게임물"이라 함은 "컴퓨터프로그램 등 정보처리 기술이나 기계장치를 이용하여 오락을 할 수 있게 하거나 이에 부수하여 여가선용, 학습 및 운동효과 등을 높일 수 있도록 제작된 영상물"로 정의되는데 '오락용 영상물'은 영화도 있고 웹툰도 있는데 이들에 대해서는 셧다운제가 적용되지 않는 것은 게임물이 명확하게 정의되었다고 보기 어려움

13_ 박경신, 「게임셧다운제 및 게임실명제 헌재결정에 대한 평석 - 게임이용자 권리 인정의 필요성」(『법학연구』 61권 1호, 2020) 참고

지금까지 헌법재판소의 판결을 비판적으로 지적하였다. 사실 헌법재판소 판결의 주 내용은 청소년의 행복추구권의 침해와 게임이용에서의 평등권 침해에 대한 위헌적 판결이기보다는 청소년의 게임 과다이용에 대한 우려가 고려된 도덕적, 윤리적 결정으로 볼 수 있다. 헌법재판소의 결정은 어떤 점에서 여성가족부가 우려하는 지점과 거의 일치한다. 헌법재판소의 합헌 판결의 배경설명도 청소년의 게임 과다이용에 대한 기성세대의 일반적 우려를 기초로 하고 있어 헌법의 법리에 기초한 법적 판단이라기보다는 사회적 판단의 의미가 크다 할 수 있다. 헌법의 법리에 기초하여 위헌을 주장하는 법률 전문가의 비판적 분석이 헌법재판소의 판결에 크게 영향을 주지 않았던 것은 이미 헌법재판소의 판결이 게임셧다운제를 사회적 의제로 보고 있기 때문이다. 따라서 합헌의 판결에 대한 헌법적 논리와 근거로 비판적 분석을 한다는 것은 어떤 점에서 무의미하다고 할 수 있다. 그러나 중요한 것은 헌법재판소 판결의 이면에 어떤 사회적 판단이 작용하는가에 대한 분석을 통해 헌법재판소가 왜 합헌 판결을 내렸는가를 알아보는 것이다. 이에 대해 세 가지 관점을 제시할 수 있다.

먼저 언급할 것은 셧다운제가 규제방식이 다른 매체규제와 달리 시간을 규제한다는 점이다. 셧다운제는 매체규제에서 시간규제로, 물리적 장소(오프라인)에서 사이버공간(온라인)으로의 이동과 확장을 가능케 했다. 시간에 대한 규제는 어떻게 보면 합리적인 것 같지만, 깊게 관찰해보면 더 철저한 통제 장치로 기능한다. 즉 그것은 온라인 공간에서 시간을 규제함으로써 근본적으로 게임 자체를 어떤 조건과 상황과 관계없이 중단시키려는 강제적 조치를 의미하기 때문이다. 그것은 어떤 점에서 CCTV와 같이 원격 감시 장치의 역할을 할 수 있다.

둘째, 헌법재판소의 게임셧다운제 합헌 판결은 기성세대의 사회적 포비아를 드러낸다. 게임셧다운제는 어떤 주체의 시선이 고정되어 있음을 알 수 있다. 청소년에 대한 어른들의 고정된 시선이 그것이다. 그것은 어떤 점에서 노동의 윤리와 훈육을 중시하는 주체, 자녀들의 성공을 기원하는 주체, 규범화된 삶을 강요하는 주체의 시선이 작동한 결과이다. 게임셧다운제는 근대적 규율권력의 메커니즘이 작동하고 있다. 게임이라는 상호작용적이고 탈근대적인 매체에 가해지는 규율권력은 '감시와 처벌'에 기반한 근대적 권력이다. 푸코에 의하면 근대 규율권력은 잘못을 저지르면 참수나 태형과 같이 신체에 직접 형벌을 가하던 중세와는 다르게 죄수를 감옥에 가두는 방식을 취한다. 이는 일정한 훈육을 통해 죄수들을 교화하여 후에 '선량한' 노동 주체로 전환하려는 목적이 있다. 이를 위해 감옥이라는 근대적인 훈육 장치는 죄수들을 전방위로 감시하고 이들의 일상을 통제하여 훈육하는 방법들을 개발한다. 대표적인 방법이 '팬옵티콘적 감시'이다. 팬옵티콘인 감시는 감시자 한 사람이 다수의 죄수를 한 번에 감시할 수 있다는 점에서 1인칭 시점의 감시이며, 원근법적인 시각성을 보유한다. 원형감옥에서 권력의 감시자는 모두를 볼 수 있지만 감시당하는 자는 볼 수 없다. 중앙탑 속에 있는 감시자는 일체를 볼 수 있지만, 그들은 결코 보일 수 없다.[14]

셋째, '수면권'이라는 청소년 보호 논리를 통해 청소년을 훈육 주체로 간주한다. 알다시피, 게임셧다운제가 필요하다는 특별한 근거 중의 하나가 청소년 수면권이다. 실제로 셧다운제 도입을 찬성하는 학부모단체들이 일관되게 주장하는 것이 청소년이 심야에 충분한 수면을 확보해야 한다는 것이다. 헌법재판소의 판결문을 보면 청소년들의 수면권이 합헌의 중요한 이유로 설명되고 있다. 셧다운제 도입의 필요성으로 게임의 과다이용 규제 그

14_ 미셸 푸코, 『감시와 처벌』, 박홍규 역, 강원대출판부, 1989, 262.

자체보다는 밤에 게임을 하지 않는 것을 더 중요하게 간주했다. 셧다운제 도입을 주도했던 시민단체 중에서 '아이건강국민연대'가 참여하고 있다는 점은 셧다운제 도입의 필요성에서 청소년의 건강권, 수면권의 논리가 강하게 작용하고 있다는 것을 엿볼 수 있다. 박근혜 정부의 첫 여성가족부 장관으로 임명된 조윤선 장관이 게임셧다운제 현행 유지의 필요성을 언급할 때, 아이들의 수면권 보호를 가장 중요하게 말하기도 했다.

청소년 수면권 보호의 관점에서 셧다운제 도입을 찬성하는 주장은 매우 모호하다. 청소년 수면권 주장이 셧다운제의 근본적인 목적인지, 아니면 셧다운제를 정당화하기 위해 개발된 논리인지가 분명하지 않다. 게임셧다운제 도입의 배경에는 청소년들의 게임 과몰입이 가장 큰 이유로 작용했다. 청소년들의 게임 과몰입으로 인해 폭력적인 사건들이 일어나자, 게임이용에 대한 규제의 필요성이 제기되었고, 그 과정에서 게임이용시간을 줄이기 위한 강제적 셧다운제 도입이 제기된 것이다. 사실 청소년들이 「청소년보호법」에 명시된 대로 심야에서 새벽 12시까지 게임을 이용하는 빈도는 전체 게임이용 시간과 대비했을 때, 극히 미약하다. 셧다운제는 청소년들의 게임과몰입을 예방하기 위해 만들어진 법이지만, 실제로 게임을 많이 하지 않은 시간대에 게임이용을 규제하는 것이기 때문에 청소년 수면권은 중요한 규제 이유가 될 수 없다.

게임셧다운제가 실제로 청소년들의 게임 이용시간을 줄이는 데 효과가 있는지에 대한 검증도 명확하지 않다. 오히려 큰 영향을 주지 못한다는 연구가 주를 이룬다.[15] 또한, 게임셧다운제와 관련하여 청소년의 입장뿐 아니

15_ 2010-2012년의 3년간 미디어 패널 조사 자료를 사용하여 패널분석을 실시하였다. 종속변수는 청소년의 게임사용시간이며 독립변수는 게임셧다운제, 부모의 게임통제, 물리적 게임 환경이다. 통제변수로는 나이, 성별, 소득, 주말 여부, 특별한 날 여부, 방학 여부를 사용하였다. 분석결과 두 번에 걸친 게임 셧다운 제도는 모두 청소년의 게임사용시간에 영향을 주지 못하

라 부모들의 다양한 의견에 대한 사회문화적 이해와 해석이 필요하기도 하다.[16] 또한, 게임셧다운제를 이용 기간 규제의 관점에서 보는 것을 넘어 개인정보보호의 관점에서 접근할 필요도 있다.[17]

현재 강제적 게임셧다운제는 많은 문제점을 낳았고, 결국 2021년 11월에 폐지되었다. 대신 부모들에 의해 '게임시간 제한을 선택하게 하는 선택적 셧다운제만 남게 됐다. 게임시간 선택제는 만 18세 미만 청소년 본인 또는 법정대리인이 원하는 시간대로 게임이용시간을 설정할 수 있다. 게임셧다운제는 단순히 매체를 규제하는 문제만을 넘어서 청소년호보 논리를 앞세워 개인들의 문화적 권리뿐 아니라 일상생활 속에서 자유를 제한할 수 있는 사회적 관리 장치로서의 상징적인 권력을 행사했다. 게임셧다운제는 실제로 규제의 대상이 되는 게임과 그 게임을 이용하는 청소년의 문제만이 아니라 부모들이 자녀들을 관리하는 방식, 국가가 청소년들의 일상을 관리하는 방식을 보여준다는 점에서 사회적 관리장치의 새로운 유형이라 할 수 있다. 게임셧다운제가 표현의 자유와 관련하여 그 제도의 실효성의 정도와 관계없이 심각한 사회적 관리장치라는 것은 이런 이유 때문이다.

였다(성욱준, 「게임 셧다운(shutdown)제 정책이 청소년의 게임사용시간에 미치는 효과 연구」, 『사회과학연구』 30권 2호, 2014. 5, 233-256) 참고.

16_ 학부모들이 가진 자녀들의 게임이용과 셧다운제에 대한 다양한 인식을 심층적으로 파악하기 위해 온라인 초점 그룹 인터뷰(FGI)를 실시한 결과, 학부모들의 인식은 8가지 서로 다른 패턴으로 구분되었다: 현실적 적응론, 인지 부재론, 합리적 대처론, 유해 매체론, 가정 책임론, 게임 다양화론, 개인 취향론, 공동체 책임론. 각각의 인식 유형은 셧다운제에 대한 태도, 게임 유해성에 대한 인식, 부모-자녀 관계인식, 청소년 자율성에 대한 사고방식, 사회문제 책임 주체 인식, 과몰입 해결 전략에서 서로 다른 특성을 보였다(김지연, 도영임, 「게임 셧다운제 어떻게 바라볼 것인가? 셧다운제를 바라보는 부모들의 서로 다른 시선들」, 『한국심리학회 학술대회 자료집』, 2011. 8) 참고.

17_ 강전희, 조근식, 차상진, 「개인정보보호관점에서의 게임셧다운제의 문제점」, 『한국컴퓨터정보학회 학술발표논문집』 제20권 제1호, 2012. 1, 11-14 참고.

5. '게임중독법' 제정 논란을 리뷰하기

게임셧다운제와 함께 게임 규제정책의 강도를 높이게 했던 사례가 바로 가칭 '게임중독법' 제정 논란이었다. 주지하듯이, 2013년에 가칭 '게임중독법'이 발의되었다. '게임중독법' 발의안이 법적으로 타당한 근거를 가지려면 무엇보다도 최소한 게임을 중독물질 혹은 중독 행위로 정의할 수 있는 과학적, 의학적 판단이 먼저 내려져야 한다. 게임중독과 관련된 실태조사[18]는 인터넷중독 안에서 게임이용의 상관관계를 다룬 것 외에 게임중독 자체에 대한 과학적이고 임상적인 통계를 제시한 바는 없다. 게임중독이 다른 물질 및 행위중독과 얼마나 유사한가에 관한 연구는 일부 있지만, 게임이용에 대한 중독성을 과학적 근거에 의해 분명하게 실태 조사한 경우는 현재까지 없는 실정이다.[19]

'게임중독법' 제정이 객관적인 절차를 따르려면 게임이 정신장애 진단

18_ 한국정보화진흥원(2012)에서 실시한 '2012 인터넷중독 및 게임이용률 실태조사'에 따르면, 인터넷 이용목적은 전체적으로 모바일 인스턴트 메신저 이용(49.0%)을 주목적으로 사용했는데 반해, 인터넷 중독자의 경우 온라인게임(61.3%)을 주 용도로 사용하였다. 연령이 낮을수록 인터넷을 이용하여 게임을 하는 것으로 조사되었다. 전체적으로 1일 평균 인터넷 이용시간은 2.2시간인 데 반해 인터넷중독자들의 이용시간은 2.6시간으로 더 많았으며, 이 중 고위험군은 3.2시간으로 나타났다. 또 온라인게임 이용률은 전체적으로 65.8%로 나타났으나, 인터넷 중독자의 온라인게임 이용률은 78.4%로 일반사용자 64.8%보다 높게 나타났다. 연령별로는 청소년(78.6%)과 유아동(75.6%)이 성인(60.3%) 보다 높았으며, 학력별로는 중학생(80.8%)과 초등학생(80.0%)이 고등학생(74.6%)에 비해 높았다. – 게임중독에 대한 임상적인 실태조사는 없다(신현주, 「중독예방관리 및 치료법(이하 '게임중독법)안의 제정을 둘러싼 이슈와 과제」, 『한국행정학회 학술발표논문집』, 2013. 12, 132-153 참고).

19_ 온라인 게임중독이 마약 중독과 유사한 메커니즘을 갖고 있음을 주장한 연구들은 다음과 같다. 분당서울대병원 핵의학과 김상은 교수는 인터넷게임 중독자의 대뇌영역이 마약중독자와 유사한 뇌신경적 기전을 보인다는 것을 입증하였다(<하이닥>, 2009. 12. 10). 또 서울대학교 의과대학의 한덕현 교수팀과 하버드 의과대학 공동연구(2011)에서 '인터넷 게임요구와 뇌활동'에 대해 연구하였는데, 인터넷 과다 사용자가 마약중독자와 유사한 뇌신경학적 메커니즘을 지니고 있음을 발견하였다(손지영, 「청소년 게임중독의 뇌신경과학적 진단과 형사책임능력 – 중독 범죄소년의 치료적 규제 제도 필요성을 중심으로」, 『제도와 경제』 제6권 2호, 2012, 241 재인용).

편람에 공식적으로 질병으로 정식 분류된 후에 법 제정이 추진되는 것이 상식이다. 그러나 제정 논란 당시부터 지금까지 국내외 정신의학계조차도 게임을 중독물질[20] 혹은 중독 행위로 공식적으로 정의한 바가 없다. 미국정신의학회의 DSM-5(정신장애의 진단 및 통계편람)[21]의 내용을 보면, 인터넷 게임을 공식적인 정신장애로 분류하고 있지 않다. 다만, 인터넷게임이 정신장애로 분류되기 위해서는 같은 기준으로 추가 연구를 통해 검증해야 한다고 피력했다.[22] 다만 미국정신의학회는 2013년 편람에서 도박을 행위중독으로 명시하고 있다.[23] 물론 행위중독에는 도박 외에 성중독, 쇼핑중독, 인터넷중독도 포함될 수 있는 여지가 있지만, 지금까지 공식화된 바가 없다.

20_ 미국정신의학회의 DSM-5에 따르면, '물질 관련 장애(substance-related disorder)' 하위 범주로는 '물질 사용 장애(substance use disorder)'와 '물질로 유발된 장애(substance-induced disorder)'가 있다. 그리고 물질 사용 장애의 하위 범주로는 '물질 의존(substance dependent)'과 '물질 남용(substance abuse)'이 있으며, 물질로 유발된 장애의 하위 범주로는 '물질 중독(substance intoxication)'과 '물질 금단(substance withdrawal)'이 있다.

21_ DSM(Diagnostic and Statistical Manual of Mental Disorders, 정신장애의 진단 및 통계편람)은 미국 정신의학회에서 여러 정신장애(Mental Disorders)를 분류하고 그 표준 기준을 일상 언어로 기술해 놓은 편람이다. 환자의 증상을 보면서 이 증상들이 해당 장애에 해당하는지 진단할 수 있는 편람으로서, 임상의, 연구자, 정신의학 약물 규제국, 건강 보험 회사, 제약 회사, 법조계, 정책 입안자 등이 사용하는 미국의 정신장애 기준서이자, 의학계의 표준 지침서임. 이 편람은 비정기적으로 출판되었으며, 1952년 1판(DSM-1)이 출간된 이후, 2013년 5월에 DSM-5가 출간되었다.

22_ DSM-5는 세 개의 섹션으로 구성되어 있다. 섹션 I: 서론과 편람 사용법, 주의 사항 등, 섹션 II: 진단 기준과 (장애) 코드, 섹션 III: 최근 진단법(measure)과 모델이 그것이다. 공식적인 정신장애로 분류되기 위해서는 섹션 II 안에 분류되는 것이 일반적이지만, 인터넷 게임중독은 섹션 II에 포함되지 않았다. 다만 섹션 III에는 인터넷게임 중독이 아닌 인터넷 게임장애로 표시되어 관찰이 필요한 것으로 설명하고 있다.

23_ 행위중독의 개념은 『DSM-IV-TR』(APA, 2000)에 포함되어 있는 내용이 상당히 제한적이다. '충동 조절 장애(impulse-control disorder)'의 하위 범주에 속해 있는 '병적 도박(pathological gambling)'이나 '병적 도벽(kleptomania)' '병적 방화(pyromania)' '발모광(trichotillomania)' '간헐적 폭발성 장애(intermittent)' 등은 행위중독과 관련성이 높은 장애에 해당된다. 『DSM-V』에서는 행위중독 분류가 추가되어 있고 여기에는 '도박중독'만 분류되어 있는 상태다. 그러나 행위중독을 '도박중독'에만 국한시키는 것은 제한이 있으며, 현대사회에서 두드러지게 나타나는 '성중독' '인터넷중독' '강박적 중독' 등을 모두 포함하는 것으로 보아야 할 것이다.

행위중독의 경우 행동의 결과를 기준으로 중독의 여부를 정할 경우, 물질중독과 동일하게 적용할 수 있지만, 행위중독이 갖는 행동요인과 동기의 복합적인 요인들이 많이 개입되는 만큼, 신중한 접근이 필요하다.

'게임중독법' 제정을 주도하는 정신의학계는 게임을 행위중독으로 정의하고, 이것이 약물과 알코올에 의한 물질중독만큼 위험하다는 주장을 하고 있다. 그러나 게임이 중독물질 혹은 행위인지에 대한 객관적인 근거자료에 의해 입증되지 않은 상태에서 '게임중독법'에서 게임을 중독물질 및 행위로 정의하는 것은 대단히 위험한 발상이다. 특히 게임과 같은 문화콘텐츠를 이용하는 것을 행위중독으로 정의할 경우, 가령 영화, TV, 만화, 웹툰, 스마트폰 등 다른 문화콘텐츠나 골프, 당구, 볼링과 같은 스포츠 활동에 빠져 있는 경우들도 모두 행위중독으로 정의해야 하기 때문이다. 게임, 인터넷, 스마트폰을 대중들이 많이 사용한다고 해서, 그것을 다른 문화콘텐츠나 미디어 플랫폼과 구별해서 행위중독으로 결정한다는 것은 너무 자의적이다. 사실 중독의 상태나 몰입의 정도로 따지자면, 주부들의 드라마중독이나 직장 간부들의 골프중독은 게임중독 그 이상의 내성 효과가 강하다. 예컨대 성형중독이 문제가 된다고 해서, 인간의 얼굴을 금지할 수 없고, 성중독이 문제가 된다고 해서 성을 금지할 수 없듯이, 게임이란 행위에서 일부 이용자가 중독의 상태까지 간다고 해서, 게임 자체를 행위중독으로 정의하고 강한 규제를 할 수는 없는 일이다.

일반적으로 알코올, 마약, 도박 등을 중독물질 및 행위로 정의하는 것에 이의를 제기하는 사람들은 거의 없을 것이다. 그러나 인터넷게임 및 미디어콘텐츠를 마약, 알코올, 도박과 동급으로 중독물질 및 행위로 정의하는 것은 그 자체로 문제일 뿐 아니라 게임이 갖는 놀이적 특성을 제대로 이해하지 못한 결과이다. 적어도 게임과 같은 문화콘텐츠, 전 국민이 즐기는 자연스러운 오락물의 경우에는 마약과 알코올과 같은 범주로 분류하는 야만적 발상보다는 다른 접근, 다른 이해가 필요하다. 마약, 알코올과 같은 중독은 '물질 남용(substantial abuse)' 혹은 '행위 남용(behavioral abuse)' 중의 하나로 정의될 수 있다. 그러나 게임은 '물질 남용'이나 '행위 남용'과는 다른 긍정적인 차원에 있다. 오히려 게임의 중독성은 오히려, '감성적 몰입(emotional engagement)'에 가깝다.

게임의 중독 요인으로 거론되는 도파민분비, 내성, 금단과 같은 정신의학적 용어 대신에 우리가 게임을 이용할 때, 사용할 수 있는 다른 용어들로 재미, 즐거움, 몰입, 보상, 쾌락을 들 수 있다. 여기서 말하는 보상과 쾌락은 통상 정신의학계에서 말하는 뇌의 자동 신경 반응으로서의 보상과 쾌락과는 다른 의미이다. 보수적인 정신의학계와 뇌과학에서 말하는 보상회로와 쾌락 중추의 담론은 과정이 빠진 결과만, 내용이 빠진 형식만을 강조한다. 그들은 오로지 뇌에 찍힌 신경회로에만 집착할 뿐, 어떤 내용으로 어떤 경로로 그러한 보상과 쾌락이 발생했는지 별다른 관심을 가지지 않는다. 심지어는 뇌과학의 정반대의 관점에서 놀이의 보상심리와 행위의 쾌락에 대해 청교도적 도덕과 윤리의 관점으로 접근하고자 한다. 게임중독의 담론은 어떤 점에서 정신의학과 뇌과학이라는 과학의 영역과 청교도주의와 프로테스탄티즘이라는 종교와 윤리의 영역이 결합하여 만들어낸 것이라 할 수 있다.

게임의 중독성을 그런 관점에서 본다면, 게임 본래의 재미와 즐거움을 제대로 평가하는 것은 애초부터 불가능하다. 뇌에서 발산된다는 도파민 분비 역시 게임과 같은 놀이콘텐츠를 이용할 경우 통상 즐거움의 상태에 있을 때의 뇌의 상태와 다르지 않다. 그것은 연인들이 진정한 사랑을 할 때, 행복한 순간을 경험할 때, 뇌에서 동일한 반응을 보인다. 게임의 기본적인 속성은 게임의 규칙과 규칙에 반하는 행위 사이에서 발생하는 '감성적 몰입'

에서 비롯된다. 물론 게임 과몰입으로 인한 일부 중독 현상의 현실을 부정할 수는 없다. 그러나 그 현상은 게임에 내재한 것이라기보다는 사회적, 교육적, 가족적, 경제적 문제들과 복잡하게 연계되어 있다. 게임중독이 물질이 아닌 행위, 혹은 행위를 통해 유발된 것이라고 주장한다면, 그것은 게임을 마약, 알코올과 같은 중독물질과 동일 선상에서 간주해서는 안 된다는 것을 스스로 인정하는 것이 된다. 이는 이 법의 기본 원리에 대한 명확성, 객관성, 타당성이 없다는 점을 알려주는 것이다.

"작가나 콘텐츠를 만드는 사람들은 이용자들을 매혹시켜야 하고 다음 작품이 궁금하게끔 만들어야 한다. 이용자를 중독시키지 못하는 작품을 보고 싶은가?" 2013년 11월 21일 <게임 및 문화콘텐츠 규제개혁 공대위> 발족식에서 박재동 위원장이 한 말이다. 그는 문화콘텐츠의 중독과 약물중독은 근본적으로 다르다고 주장한다. "문화콘텐츠 중독은 나쁜 뜻이 아니다. 자기 생활과 중독 사이에서 스스로 조절하게 되는 것이다"라는 지적은 놀이로서의 문화콘텐츠 중독과 약물로서의 중독은 근본적으로 구별해야 한다는 것을 강조한다.

'게임중독법'이 안고 있는 가장 큰 문제점은 중독을 일단 나쁜 것으로 규정하고, 그것을 의학적으로만 판단한다는 점이다. 의학적 관점에서 중독은 치료가 필요한 질병으로 규정되며, 중독의 내용과 과정의 차이와 맥락에 대해서는 고려하지 않는다. 약물이든, 도박이든, 알코올이든, 게임이든 모두 그것이 신체와 정신건강을 해치는 나쁜 것으로 간주한다. 정신의학계는 임상적 사례로 나타나는 게임중독을 질병의 대상으로 대하면서 게임을 여러 가지 중독의 하위 체계로 분류하고자 하며, 다른 중독의 물질과 행위 및 임상에 대한 유사성을 발견하고자 한다. 정신의학계는 게임 과몰입이 약물중독이나 다른 행위중독과 근본적으로 다르다는 생각을 해본 적이 없다. 왜냐하면, 중독을 자신들이 신뢰하는 기준에 의해 진단과 처방이 필요한 임상의 결과로만 생각하기 때문이다.

6. WHO 질병코드 채택 및 국내 도입 논란의 맥락들

세계보건기구(WHO)는 2019년 5월 스위스에서 제72차 총회를 열어 '게임이용장애'에 대해 질병 코드(6C51)를 부여, 정신적, 행동적, 신경발달 장애의 하위 항목에 포함하는 기준안(ICD-11)을 만장일치로 통과시켰다. ICD-11은 총 26개의 하위 항목으로 구성되어 있는데, 그중에서 정신적, 행동적, 신경발달 장애는 6번째 항목에 포함되어 있다. WHO는 이 6번째 장애를 다음과 같이 기술하고 있다.

> 정신적, 행동적, 신경발달 장애는 개인의 인지, 정서적 조절 혹은 행동 안에 임상적으로 상당한 장애(disturbance)를 가질 때 특징지어질 수 있는 증상이다. 이러한 증상은 정신적 행동적 기능의 기저에 있는 심리적, 생물학적 혹은 발전 과정의 기능장애를 반영한다. 이러한 장애는 통상 개인이나 가족 사회 교육 직업 혹은 다른 중요한 사회적 기능의 영역에서 스트레스와 정신적인 장애와 연관된다.[24]

WHO 공식 홈페이지 2020년 10월 22일자 게시물 「중독 행위: 게임이용장애(Addictive behaviours: Gaming disorder)에 관하여」 안내문은 게임이용장애 질

24_ 본 인용문은 WHO 홈페이지 ICD-11 설명 관련 사이트 중 '정신적, 행동적, 신경발달장애' 항목을 설명한 다음의 사이트 주소를 참고하였다. https://icd.who.int/browse/2024-01/mms/en#334423054

병코드 부여와 관련하여 다음 네 가지 쟁점으로 정리하고 있다. 첫째, 게임이용장애에 대한 정의로서 다음과 같이 정의하고 있다. "게임이용장애란 게임이용 행위(디지털 게이밍 혹은 비디오 게이밍)의 한 패턴으로 게임이용 시에 통제가 상실된 상태, 다른 행위보다 게임이용을 우선 고려하는 상태, 일상생활에서 다른 관심사보다 게임이용이 압도적으로 많고, 부정적인 결과가 발생함에도 게임을 지속적이고, 더 강하게 하고 싶은 상태로 특징지을 수 있다. 게임이용장애로 진단이 내려지려면, 행위자의 패턴이 개인, 가족, 사회, 교육, 직업, 혹은 다른 중요한 기능적 영역들에 있어 아주 심각한 손상이 초래되어야 하며, 통상 12개월 동안 그 상태가 증명되어야 한다"고 정의하고 있다.

둘째, 국제 질병 분류(ICD)에 대한 소개로서, "국제 질병 분류는 전지구적 보건의 트랜드와 통계를 명시하는 기초 자료이자, 질병과 보건 상태를 보고하는 국제표준이다. ICD는 전 세계 의료진이 질병을 진단하고, 연구자들이 질병 상태를 범주화하는 데 사용한다"고 명시하고 있다.

셋째, WHO는 왜 게임이용장애를 ICD-11에 포함시키려 하는가라고 질문을 던진다. 그 대답으로 안내문은 "게임이용장애의 ICD-11 포함은 세계 각처에서 게임이용에 있어 장애 특성을 가진 사람들과 동일한 보건적 지원이 필요한 사람들에게 적절한 치료프로그램 개발을 이끌기 위함"이라고 말하고 있다. 마지막으로 게임을 하는 모든 사람은 게임이용장애 개발에 걱정해야 하는가라고 질문한다. 안내문은 그 대답으로 "게임이용장애는 디지털, 비디오 게임을 하는 사람 중에 극히 일부에게만 영향을 준다. 그러나 게임에 참여하는 사람들은 그들이 게임하는 데 소비하는 시간의 총량에 대해 항상 주의를 기울여야 한다"고 경고하고 있다.

WHO는 ICD-11에서 정의한 게임이용장애의 기준을 1) 게임에 대한 통

[표 5] WHO의 ICD-11 'Gaming Disorder' 질병코드화 추진경과[25)

시기	내 용
2014년	WHO 정신건강부 중독 섹션 자문 그룹 회의체를 통해 게임 등 디지털미디어의 과도한 사용이 공중보건학적 문제로 대응이 필요하다는 의견 도출
2015년	2차 TF 회의 통해 Gaming Disorder로 명명하여 ICD-11 등재를 추진하기로 전문가 합의 도출
2016년	ICD-11 개정 사이트에 진단기준 게시 보건전문가의 의견 수렴 시작
2017년 12월	ICD-11 개정안 공개
2018년 5월	71차 세계보건총회에서 안건 상정 예고 공개된 개정안에 대한 각 회원국의 검토 시간 확보를 위해 ICD-11차 개정안의 총회 안건 상정을 1년간 연기
2018년 6월	ICD-11 최종안을 WHO 홈페이지 게재
2019년 5월	2차 세계보건총회, ICD-11 개정안 만장일치 통과

제력 저하(시작, 빈도, 강도, 지속 시간, 종료, 정황), 2) 다른 일상 활동보다 게임에 부여되는 우선순위 증가, 3) 부정적인 결과에도 불구하고 게임의 지속 또는 확대 같은 온-오프라인의 지속적인 게임 행동 패턴의 반복으로 정하고 있고 이러한 세 가지 특징으로 인해 개인, 가족, 사회, 교육, 직업 등의 분야에 심각한 장애가 1년 이상 계속되는 경우에 게임이용장애로 정의한다. WHO는 각국이 이 코드를 도입할 수 있는 유예기간을 두게 만들어 실제 발효는 2022년 1월 1일부터이며, 한국은 통계청의 한국표준 질병 분류체계(KCD)가 5년 주기로 개정되어 실제로는 2026년 1월부터 시행 여부를 결정할 예정이다. 현재까지 서술한 WHO의 게임이용장애 질병코드 도입과 관련된 추진 경과를 정리하면 [표 5]와 같다.

25_ 김영롱, 박소영, 「게임 산업의 득(得)과 게임 중독의 실(失)」, 『이슈&진단』, 경기연구원, 2019. 10, 2.

게임의 질병코드 도입의 필요성을 지지하는 그룹은 온라인게임 이용의 급증에 따른 사회적 문제의 야기와 게임이용장애가 도박중독 장애와 유사한 뇌 반응을 일으켰다는 점[26]과 게임산업계의 책임성이 있다는 점[27]을 강조한다. 보건복지부는 '게임이용장애' 질병코드를 국내에 도입하는 것에 대해 찬성 입장을 견지하면서 게임이용장애의 역학조사를 통해 게임중독 실태를 파악하고, 예방하고 치료할 수 있게 대책을 세워나갈 수 있고, 진단기준이 명확하게 규정된다면, 오히려 게임산업 발전에 도움이 될 것이라는 입장이다.[28]

한편 반대하는 진영에서는 "첫째, 게임이용장애에 대한 통일된 정의 및 용어에 대한 합의가 없"고, "둘째, 현재의 진단기준으로 게임이용장애를 설명하기에는 무리가 있"으며, "셋째, 게임이용장애로 인한 부정적인 결과 및 지속성과 관련한 연구 결과가 부족하다"는 점을 지적하였다.[29] 보건의료계에서도 게임이용장애 질병 코드화로 인해 발생할 공중 보건과 의학 및 과

26_ J. B. Saunders, et al., "Gaming disorder: Its delineation as an important condition for diagnosis, management, and prevention," *Journal of Behavioral Addictions*, 6(3) (2017), 271-279.

27_ 다음의 인용문을 보라. "게임산업은 인내심을 가지고 문제적 게임이용에 대한 매우 중요한 역학적이고, 신경생물학적이고, 임상적인 증거를 인지하도록 노력해야 한다. 비록 문제적 게임이용을 장애로 개념화하는 것을 우려하는 건전한 담론들이 있는 것은 사실이지만, 게임이용과 관련된 해로운 측면들은 게임장애의 개념을 반대하는 사람들에 사이에서도 인정되는 부분이다. 또한 학술적인 논쟁들은 게임이용이 항상 무해하다는 통념을 지지하는 데 잘못 이용되어서는 안 된다. 게임산업은 비즈니스가 자신의 비즈니스 모델이 비록 많은 성공을 거두었다 해도 항상 윤리적 사회적 책임을 가져야 한다. 게임이용은 사람들의 삶을 풍요롭게 만들 수 있지만, 다른 한편으로는 취약한 개인들과 그 가족들 사이에 부정적인 영향과 해를 가할 수 있다"("Comment on the Global Gaming Industry's Statement on ICD-11 Gaming Disorder: A Corporate Strategy to Disregard Harm and Deflect Social Responsibility?," *Addiction*, Vol. 113, Issue 11 [2018]).

28_ 손형섭, 김정규, 「WHO의 게임이용 장애 질병코드 부여 관련 법정책의 방향」, 『언론과 법』 vol. 19, no. 1, 2020, 233.

29_ 송용수, 이승모, 신성만, 「ICD-11의 게임 이용 장애(gaming disorder) 등재에 대한 논의: 심리사회적 함의를 중심으로」, 『한국심리학회지: 중독』 4권 1호, 2019, 34.

학, 사회 및 권리 기반에 미칠 영향에 대해 우려를 표명하기도 하였다. 대표적으로 게임이용장애 질병 코드화로 인해 진단 남용의 문제와 과잉 의료화 문제가 가장 우려되는 지점이고, 게임이용장애에 따른 약물치료의 의학적 근거 부족 및 게임에 대한 편견과 사회적 낙인효과도 문제로 제기되었다.[30] WHO 게임이용장애 질병 코드화의 문제점을 분석한 김용민의 논문도 게임 질병코드 도입이 과학적으로 근거가 부족하고, 과잉 의료화를 낳을 수 있고, 게임산업의 위축 및 과잉규제 입법의 가능성을 지적하고 있다.[31]

해외에서도 WHO의 게임이용장애 코드등재가 결정된 후에 국내외에서 치열한 찬반 논쟁이 가열되었다. WHO가 ICD-11에서 게임을 새로운 질병 코드로 분류하고자 여론 수렴을 할 때, 2016년 11월 9일에 <ICD-11에 게임이용장애: 우려에 대한 서신>[32]이란 주제로 24명의 전문가가 토론한 내용을 WHO 자문 그룹에게 서신을 보냈다. 이 서신의 주요 내용을 요약하면 다음과 같다. 첫째, 유병률 추정치를 부풀린 경우가 많고, 데이터의 제한적인 특성으로 인해 현존하는 질병 진단 증거를 체계적으로 종합할 수 없으며, 대부분의 연구에서 임상 수준의 연구가 부족해 연구의 질적 수준이 낮다는 점, 둘째, 진단을 위한 구성 체계 작업과정이 약물 사용과 도박 기준에 너무 많이 의존하고 있다는 점, 셋째, 문제적 게임이용을 판정하는 증상 진단과 평가에 대한 컨센서스가 없다는 점을 지적했다. 이러한 근거로 전문가 그룹들은 다음과 같은 우려를 WHO로 보냈다.

30_ "[KGMA 신년기획 ①] 게임질병 코드, 어떻게 볼 것인가…게임규제 50년사", *ZDNET Korea*, 2020. 1. 30, 37. http://www.zdnet.co.kr/view/?no=20200103100050 (접속: 2020.01.10.)

31_ 김용민, 「WHO 게임 이용 장애 질병 코드화의 의미와 과제」, 『법학연구』 vol. 23, no. 1, 2020, 161-187.

32_ National Library of Medicine, "Scholars' open debate paper on the World Health Organization ICD-11 Gaming Disorder proposal"(*J Behav Addict*, 2017 Sep. 6(3), 267-270) 참고.

게임이용장애를 공식화한다면, 그것이 비록 제안이라 할지라도 다음과 같은 문제가 야기됩니다. 첫째, 부정적인 의학적, 과학적, 공중보건적, 사회적 권리 및 인권의 하락이 초래될 수 있습니다. 특별히 우려되는 점은 비디오 게임의 해로운 점을 둘러싸고 도덕적 패닉이 있을 수 있다는 점입니다. 이로 인해 의료계에서 진단이 조기에 적용되어 특히 어린이와 청소년의 경우 매우 많은 허구적-양성적 사례들의 치료가 이루어질 수 있습니다. 둘째, 연구는 정상과 병리 사이의 경계에 대한 탐색보다 확증편향적 접근 방식에 갇힐 수 있다는 점입니다. 셋째, 게임을 하는 건강한 다수가 부정적인 영향을 받을 수 있다는 점입니다.

질병코드 도입 논란을 놓고 문화체육관광부와 보건복지부가 서로 반대 의견을 제시하고, 게임산업계와 보건의료계, 학계에서도 상반된 입장이 팽팽하게 맞서자 정부는 2019년 7월 이 문제와 관련해 민·관 협의체를 구성했다. 이 협의체는 질병코드 국내 도입 문제와 관련해 게임업계의 우려를 최소화하면서도 건전한 게임이용 문화를 정착시킬 방안을 찾기 위해 만들어졌으며, 협의체 위원은 의료계·게임계·법조계·시민단체·관련 전문가 등 각계를 대표하는 민간위원 14명과 정부위원 8명, 총 22명으로 구성되었다.33) 현재 협의체는 '게임이용장애 질병코드 등재의 과학적 근거 분석' '게임이용장애 국내실태조사' '게임이용장애 질병코드 도입에 따른 파급 효과 분석' 등 세 가지 분야의 연구용역을 실시하여 2023년 초에 연구 결과를 발표했다. 현재는 실태조사 연구용역에서 진단도구 측정 관련 추가 연구가 필요하다는 제안이 수용되어, 2024년 5월에 최종보고서가 협의체에

33_ 문화체육관광부, 「[보도자료] 게임이용 장애 질병코드 국내 도입 문제 관련 민·관 협의체 출범: 충분한 의견수렴과 함께 공동 연구와 실태조사 등도 검토키로」, 2019. 7. 23 참고

보고되었다.

결론적으로 게임 질병코드 도입을 찬성 혹은 반대하는 입장은 세 가지 쟁점을 놓고 대립하고 있는데 그 쟁점을 요약하면 '게임뇌 이론' '유사행위 중독 이론' '병리와 치료 이론'이다. 게임뇌 이론은 게임을 많이 하면 뇌가 손상된다는 주장으로 게임 과몰입에 대해 깊은 우려를 하는 청소년 보호 단체에서 일관되게 주장한다. 특히 일본의 뇌신경과학자 모리 아키오의 '게임뇌' 이론이 기반이 된다. 그는 게임을 너무 많이 할 경우, 두뇌 피질이 두꺼워지고 전두엽의 발달이 늦어지는데, 특히 어릴 때 게임을 너무 많이 해서 이렇게 뇌가 굳어지면 평생을 간다고 한다.[34] 반면 게임이 뇌의 활동에 크게 도움을 준다는 뇌과학자의 견해도 있다. 여성 뇌과학자 다프네 바벨리어는 게임이 시력, 관찰력, 집중력에 도움을 준다고 말한다. 우리 뇌의 네트워크에서 중요한 세 가지 부분이 주의력의 방향을 조절하는 '대뇌피질', 주의력을 유지해주는 '전두엽', 어디에 주의를 기울이고 조절하고 갈등을 해결하는지를 관장하는 '전측대상회'인데, 이 세 부분이 액션 게임을 하는 사람에게 훨씬 더 효율적이라는 것이 실험을 통해 입증되었다는 것이다.[35] 유사행위중독 이론은 게임이용장애에서 나타나는 행동의 특성이 도박중독의 행위와 유사하다고 주장한다. 이 이론은 게임을 정신 질병의 한 유형으로 분류하기 위해 게임 행위의 중독성을 강조하는 과정에서 도박중독 행위를 근거 제시한다. 게임 과몰입을 중독으로 간주하는 정신의학자들은 게임 과몰입이 도박이나 알코올 중독자들의 행위와 유사한 패턴을 보이고, 뇌의 손상 과정 역시 유사하다고 본다. 특히 게임과 도박을 행위중독의 대표적인 사례

34_ 모리 아키오, 『게임 뇌의 공포』, 이윤정 옮김, 사람과 책, 2003.
35_ 이동연, 「게임의 가치를 이해하는 몇 가지 쟁점들」, 이동연 외, 『게임의 이론: 놀이에서 디지털게임까지』, 문화과학사, 2019, 26.

로 들어 두 행위 모두 대인관계와 사회적 관계에서 문제를 드러낸다고 지적한다. 그러나 이러한 주장 역시 게임의 과몰입이 생산하는 문화적 즐거움에 대한 고려 없이 도파민 분비 같은 뇌의 반응만으로 중독 행위의 유사성을 주장하는 것으로, 게임의 놀이적 특성을 간과하고 있다. 게임 과몰입은 알코올이나 도박중독과는 다르게 감성적 놀이에 대한 몰입으로 차별화해서 봐야 한다.36) 특히 게임 과몰입을 알코올이나 도박중독과 유사한 것으로 간주하여 반사회적 낙인을 찍는 주장을 비판하는 연구37)도 주목해야 한다.

마지막으로 '병리와 치료 이론'은 게임 과몰입을 정신병리 현상이나 정신질병으로 인정하고 적극적으로 치료해야 한다고 주장한다. 게임 과몰입을 게임이용장애로 정의하고, 이를 정신병리학의 질병코드로 등재하려는 것도 질병으로의 분류와 치료의 불가피성 때문이라는 것이다. 이 이론은 정신의학계, 특히 중독의학계에서 강력하게 주장하고 있다. 그러나 게임 과몰입을 정신 질병으로 분류할 것인가의 여부를 떠나, 설사 그것이 질병으로 분류되더라도 어떻게 치료할 것인가에 대한 구체적인 임상적 대안은 나오지 못하고 있다. 치료의 차별성에 대한 정신의학계의 명확한 대안 역시 없다. 현재 게임 과몰입에 따른 고통을 호소하는 사람들에 대한 치료는 우울증 치료나 주의력결핍장애(ADHD)에 준해서 진행된다. 게임 과몰입을 질병코드로 성급하게 분류하는 것에 반대하는 일부 정신의학계나 뇌신경과학계

36_ 이와 관련하여 이동연, 『게임이펙트』, 이매진, 2004, 4장 「게임은 뇌를 행복하게 해줄 수 있다」를 참고하기 바란다. "감성 중독은 약물과 같은 화학적·생리학적 요인에 의해 뇌에 일정한 영향을 주는 물질중독이나, 도박과 같은 반복적인 행위에 의해 내성이 생겨나는 행위 중독과는 다르게 문화 매체 혹은 문화 콘텐츠를 소비하면서 생겨나는 중독 현상으로 볼 수 있다. 약물이나 도박중독과 다르게 게임중독을 게임 '과몰입'이라는 용어로 대체하려는 이유도, 놀이를 즐기고자 하는 인간의 원초적 욕망과 그 감성적 쾌락을 구분하는 것이 필요하기 때문이다"(83-84).

37_ 다음의 논문을 참고하기 바란다. 서민우·박근우·이민화, 「행위중독의 친숙함이 차별에 미치는 영향: 도박중독, 인터넷 게임 중독을 중심으로」, 『사회과학연구』 vol. 33, no. 4, 2017.

에서도 기존의 우울증이나 ADHD와 유사한 치료로 게임 과몰입의 문제를 해결할 수 있음을 강조하고 있다. 사실 이 문제에 대한 임상적 결과나 연구조사가 학술적인 수준에서 제시된 바는 없다. 특정한 병리적 현상을 질병으로 등재하거나 분류할 때는 명확한 이유와 원인 분석, 그리고 치료에 있어 차별적인 방법이 먼저 제시되어야 한다.

7. 게임 규제정책의 사회문화적 맥락

알다시피 2000년대 들어 게임 과몰입에 대한 많은 논쟁이 있었다. '게임중독법' 제정 이슈에서 WHO 질병코드 등재 및 국내 도입 이슈에 이르기까지 이어진 다양한 논쟁과 연구, 그리고 정책적 고려 등의 과정은 우리 사회의 문화적 관점과 가치의 사회적 이해 정도를 가늠할 수 있는 중요한 계기를 제공했다. 특히 WHO 게임이용장애 질병코드 등재와 관련해 국내에서 어떤 결정이 내려질지 초미의 관심사이다. 게임 과몰입을 정신 질병으로 간주할 것인가가 사실 이 논쟁의 최종 결론이긴 하지만, 어떤 결론이 나든 그 과정에서 게임의 문화적 · 사회적 가치에 대한 충분한 토론이 이뤄져 정책 결정과 법적 조치들이 이루어지는 것이 바람직하지 않을까 싶다.[38] 지금까지 게임 과몰입 이슈와 관련해서는 주로 정신의학과 보건의료적 관점에서 긍정적 · 부정적 평가와 접근이 주를 이루었으며, 게임 과몰입을 예방하는 법 제정과 질병코드 도입 여부에 대해 사회문화적 맥락에서 검토한 사례들

38_ 이에 대해서는 손형섭 · 김정규, 「WHO의 게임이용 장애 질병코드 부여 관련 법정책의 방향」을 참고하기 바란다. 이 논문은 게임 질병코드 도입 논란과 관련하여 게임의 긍정적인 측면에 대한 제고가 이뤄져야 한다고 주장한다. 그 제고 방안으로 "게임의 순기능 확산" "게임이용 장애에 대한 예방교육" "게임이용 장애 과잉반응방지를 위한 홍보 활동" "게임이용 장애 치료를 위한 건강보험의 구체화" "법 제정 및 개정의 신중한 접근" 등을 들었다.

은 상대적으로 많지 않다. 마지막으로 게임 과몰입 규제 관련 논쟁에서 어떤 사회문화적 맥락을 고민해야 하는지를 언급하고자 한다.

먼저, 게임의 정체성에 대한 근본적인 성찰이 필요하다. 게임 과몰입이 낳는 부정적인 현상들, 심지어는 반사회적 범죄의 사례가 없는 것은 아니다. 게임이용과 연관되어 벌어지는 반사회적 행동들이 게임에 대한 강력한 규제 장치의 필요성을 역설하는 것도 일리 있는 주장이다. 그러나 게임 과몰입의 반사회적 현상들이 존재한다고 해서, 게임을 마약, 알코올, 도박과 같은 중독물질로 규정할 수는 없는 일이다. 또한, 게임 과몰입의 극단적 범주에 속한 이용자들을 치료해야 한다는 필요성을 인정한다고 해서, 게임이용을 정신장애로 질병코드화 할 수는 없다. 현상과 본질은 엄연히 구분될 필요가 있는 것이다. 게임의 정체성은 분명 인간의 고유한 욕망인 놀이의 즐거움에 있다. 게임 과몰입에 대한 정신의학적·보건의료적 대응도 이러한 게임의 놀이적 본질의 맥락에서 이뤄져야 한다. 게임규제정책의 패러다임에 대한 사회정책의 방향을 정하는 것도 매우 중요하다. 현재 WHO가 결정한 대로 게임 과몰입을 게임이용장애로 규정하고 질병코드 등재를 인정한다면 게임규제정책은 문화정책의 영역에서 벗어나 보건의료정책으로 이행하게 된다. 말하자면, 게임과 같은 문화콘텐츠 규제의 패러다임이 근본적으로 바뀔 수밖에 없는 현실이 다가오는 것이다. 당장은 게임콘텐츠가 의료정책의 대상이 되겠지만, 장기적으로 보면 다른 문화콘텐츠도 보건의료정책의 대상이 되지 말라는 법은 없다. 문화콘텐츠 규제정책이 보건의료정책으로 이행하는 것의 결정적인 이유는 바로 과몰입, 중독을 질병으로 보아야 한다는 주장 때문이다. 중요한 것은 게임이냐 아니냐가 아니라, 문화콘텐츠의 중독 여부다. 결국, 콘텐츠 규제정책의 방향이 사회에서 합의할 수 있는 콘텐츠 이용의 객관적 기준마련에 있지 않고, 정신질병으로 볼 것인가의 여부에 달려 있다.

　마지막으로, 문화콘텐츠의 이용과 향유의 문제들이 문화의 생산과 소비의 장에서 벗어나 정신의학과 보건의료의 문제로 치환되었을 때, 게임 과몰입 이슈가 결국 사회정책의 권력 행사 문제로 이행할 수 있다는 점을 주지해야 할 것이다. 게임 과몰입을 정신장애로 분류하는 결정은, 피상적으로 보면 각자 알아서 잘하면 되는 문제이니 서로 잘하자는 취지로 넘어갈 수 있는 문제로 보이지만, 사실 게임 과몰입이 질병코드로 등재되는 순간 이 문제는 전혀 다른 차원으로 이동하게 된다. 이는 푸코가 언급했듯이 질병이 아닌 것을 질병으로 현실화할 때 생기는 권력의 문제로 이행하게 되는 것이다. 푸코는 『정신의학의 권력』에서 "자신 앞에, 그리고 환자를 위해, 그리고 극단적인 경우에는 병원 내에서든 아니든 관계없이 병을 현실화하는 공간을 갖는 것, 이것은 정신의학 권력의 기능 그 자체"[39]라고 말한다. "정신의학의 권력은 광기를 현실화한다"[40]는 말은 자연스러운 상태로 두려움 없이 대면할 수 있었던 광기가 어느 날 그것이 정신 질병의 한 범주로 분류되면서 매우 위험한 것으로 규정될 수 있다는 의미이다. 이것이 게임 질병 코드라는 장치를 통해서 정신의학 권력이 제도를 통해 규율 권력을 확립하는 메커니즘이다. '게임중독법' 제정 이슈 때도 그랬듯이 게임이용장애 질병코드 이슈는 정신의학계의 권력을 재생산하는 기제로 작동되며, 이는 결국 사회정책 내에서 규율 권력을 강화하는 방향으로 나아갈 것이다. 게임의 규제정책이 단지 문화정책의 영역을 넘어서 매우 심각한 사회적 관리 장치로 이용될 수 있다는 점을 지속적으로 경고할 필요가 있다.

39_ 미셸 푸코, 『정신의학의 권력』, 오르트망(심세광·전혜리) 옮김, 난장, 2014, 372.
40_ 같은 책, 같은 곳.

9장

게임포비아의 역설:
한국 게임문화는 어떻게 의료화 되었는가

윤태진 | 연세대학교 커뮤니케이션대학원 교수

1. 전문가-셀러브리티의 탄생

'전문가-셀러브리티'의 전성시대다. 특정 영역의 지식과 정보를 전달하는 역할을 하기 때문에 전문가로 인식되고, 대중적인 미디어를 통해 소비된다는 점에서 유명인이 된다. 텔레비전이나 대중서를 통해 인지도를 얻기도 하지만 요즘은 SNS나 유튜브 등을 통해 대중성을 확보하는 사람도 많다. 변호사, 의사도 있지만 요리 전문가, 반려견 훈련 전문가, 역사 전문가 등이 셀러브리티로 재탄생된다. '전문성'과 '대중성'은 상승작용을 일으키기도 한다. 텔레비전으로 인기를 모은 유명인이 책을 써서 베스트셀러 작가가 되고 기업 강연을 하면서 전문성을 재생산하기도 한다. 교양 프로그램에서 법률 상담을 하던 변호사가 예능 프로그램에 나와 요리 솜씨를 뽐내다가 유튜브에서 요리 전문가로 활약할 수도 있다.[1] 이들은 대중 미디어를 통해서 전문성과 유명성을 결합하고, 이를 기반으로 새로운 종류의 사회적, 문화적 영향력을 발휘한다. '셀러브리티 자본'[2]을 통한 사회적 영향력의 확장

1_ '전문가-셀러브리티'에 관한 논의는 한미소·윤태진, 「대중문화는 '전문가-셀러브리티'를 어떻게 구성하고 활용하는가?」, 『한국방송학보』 31권 5호, 2017에서 자세하게 다룬 바 있다.

과 강화이다.

최근 들어 특히 부각되는 '전문가-셀러브리티'는 '인간' 전문가이다. 인간의 심리, 행동, 관계, 고통과 기쁨, 절망과 성취에 대한 전문가, 혹은 전문가를 자임하는 이들이다. 아픈 사람에게 처방을 주고, 절망에 빠진 이들에게 위로를 주고, 육아나 사랑으로 고민하는 사람들에게 해결책을 제시한다. 이들이 얼마나 고급 전문성을 가지고 있는지, 근본적인 해결책을 줄 수 있는지는 그리 중요하지 않다. 텔레비전 솔루션 프로그램에 출연한 심리학자나 유튜브 채널 토크 게스트로 나온 철학자, 수 백 명 청중 앞에서 자기계발 강의를 하는 전직 기업 경영인의 말 한마디는 분명 누군가에게는 마음의 약이 되고 성공을 위한 자극제가 될 것이다. 하지만 이 과정에서 수용자들은 관찰과 진단의 대상이 된다. 솔루션 프로그램은 행복과 정상성을 전제하고 거기에 미치지 못한 시청자를 '개선이 필요한' 사람으로 진단한다. 시청자들은 개선을 위해, 극복을 위해, 치료를 위해 프로그램 속 전문가의 솔루션을 따른다. 대중매체와 SNS 중심의 치유 담론은 2000년대 이후 급속도로 확산되었는데, 이 과정에서 사회나 집단보다는 '개인'이 치료의 핵심으로 지목되었다는 점은 매우 중요하다. 예를 들어 교육정책과 학교 환경의 문제를 강조하는 사회문제 전문가들은 뉴스에 한마디 보탤지언정 솔루션 프로그램에는 출연하지 못한다. 수용자가 원하는, 그래서 미디어가 찾는 전문가-셀러브리티는 이를테면 성적이 떨어지는 특정 학생의 부모에게 즉각적인 해결책을 하사할 수 있는 심리, 교육, 정신의학 전문가들이다.

구조보다 개인으로부터 문제의 원인을 찾고 해답을 제공하는 대표적인 영역이 의학이다. 많은 의학 전문가들이 대중매체와 SNS를 통해 치유 담론

2_ Oliver Driessens, "Celebrity capital: redefining celebrity using field theory," *Theory and society*, no. 42 (2013), 543-560.

을 전파한다. 정신건강의학과 전문의인 오은영은 <요즘 육아 금쪽같은 내 새끼>, <오은영 리포트-결혼지옥> 등의 예능 프로그램에 출연해 진단과 처방을 내리며 큰 인기를 모았다. 전문인이자 어느 연예인 못지 않은 유명 인이 된 그가 진행하는 유튜브 채널 <오은영TV>도 구독자만 50만에 이른 다. 전문의 양재진도 <속풀이쇼 동치미>, <다시 뜨거워지고 싶은 애로부 부> 등 많은 텔레비전 프로그램에 출연해서 사람들의 고민을 상담해줬다. <양브로의 정신세계>라는 유튜브 채널도 운영 중이다. 이 외에도 고(故) 김 현철, 김병수, 하지현 등 많은 정신건강의학과 전문의들이 미디어를 통해 '아픈' 개인들에게 언어로 만들어진 약을 제공했다. 치유가 된 시청자들도 많았을 것이다. 사람들은 전문가에 대한 믿음을 바탕으로 자신으로부터 병 의 원인을 찾고 전문가의 처방을 자신의 규범으로 내면화한다. 전문가의 적 극적 개입과 처방의 개인화는 치유 담론의 핵심적 요소이다.

2. 정신의학적 치료의 일상화

그렇다고 치유 담론의 광범위한 확산과 일상화가 전적으로 텔레비전이나 SNS 탓은 아니다. 전문가-셀러브리티의 출현도 어떤 현상의 원인임과 동시 에 결과이다. 심리적, 정신적 문제를 스스로 자각하는 사람들, 위안이나 치 료를 받고자 하는 사람들이 급격하게 늘어났다는 사실을 직시할 필요가 있 다. 보도에 따르면, 최근 병의원 중 정신건강의학과가 가장 많이 증가한 것 으로 나타났다. 국세청의 통계자료를 분석한 결과에 따르면 정신건강의학 과 의원은 최근 4년(2018-2022) 동안 29.0% 증가했다. 이는 병의원 중 가장 높은 수치로, 2위인 피부 · 비뇨기과 의원의 17.9%보다 10% 포인트 이상 높은 증가율이다.[3] 우울증으로 병원을 찾은 사람도 4년 동안 34% 늘었다는 보도도 있었는데,[4] 젊은 층에서는 낙인효과가 두려워 정신건강의학과 방문 자체를 꺼리는 현상이 별로 없다는 해석도 이어졌다.

정신의학적 치료의 일상화나 보편화를 긍정적으로 바라보는 의견도 많다. 예전에는 사람들이 이상하게 볼까 우려되어 정신건강 문제를 공공연하게 말하기 어려웠지만, 이제는 정신질환도 건강 문제의 일부가 되어 자연스럽게 이야기할 수 있게 되었다는 것이다. 텔레비전이나 SNS에서 자주 다루는 주제가 되었다는 사실도 일상화의 한 요인으로 간주된다. 우울증이나 불안증 같은 것을 가지고 있다고 해서 부끄러워하지 않아도 된다는 것은 긍정적인 변화이다. 하지만 다른 쪽에서는 이런 변화를 걱정하는 목소리도 있다. 예전에는 정신의학이 주로 심각한 병을 진단하고 치료하는 데 집중했지만, 요즘에는 그 범위가 너무 일상의 구석구석에까지 미치게 되었다는 것이다. 우리가 어떻게 살아야 하는지, 무엇을 좋아해야 하는지, 어떤 성격을 가져야 하는지 등에 대해서도 '과학적' 결과라는 설명과 함께 일종의 정답을 제시한다. 정신의학은 이제 우리의 개인적인 관계, 예를 들어 연애나 결혼 같은 부분에 대해서도 조언을 한다. 과연 인간 삶의 모든 부분을 정신의학적 관점에서 바라보는 것이 바람직한 것일까?

푸코는 정신의학이 지식과 권력을 결합한다고 보았다. 정신의학은 과학적 지식을 바탕으로 하지만, 동시에 이 지식을 통해 사회적 권력을 행사한다는 것이다. 그는 과거에는 '광기'로 여겨지던 것들이 어떻게 '정신질환'이라는 의학적 범주로 재정의되었는지 분석했다. 그에 따르면, 근대 이전의 유럽에서 '광기'는 일상적으로 경험하는 평범한 일상의 일부로 받아들여졌

3_ 박선재, '최근 정신건강의학과의원 29.0%, 내과·소아과 4.5% 증가, <메디칼업저버>, 2023. 7. 25. http://www.monews.co.kr/news/articleView.html?idxno=325176

4_ 전남주, '20~30대 우울증 증가…"정신건강의학과 부정적 인식 없어요"', <MBN>, 2023. 5. 29. https://www.mbn.co.kr/news/society/4933263

248   사이버 루덴스: 게임의 미학과 문화

으나 서서히 특별하게 분류되고 배제되고 통제되기 시작했다. 걸인이나 극빈층, 건달들이 광인으로 분류되어 추방당하거나 수용 시설로 보내졌다. 그리고 의학의 발달은 정상과 비정상을 구분하는 기준을 만들어내면서 권력의 새로운 작동 방식을 출현시켰다. 지식-권력의 복합체가 된 것이다.[5] 이는 과학이 발전하면서 비로소 광기에 대한 올바른 이해와 치료가 가능해졌다고 믿는 의학계의 지배적 사고와는 전혀 다른 시각이다. 푸코에게 있어서 정신의학은 누군가를 '비정상'으로 분류해서 치료나 관리 대상으로 삼는다. 특히 정신의학적 지식이 널리 퍼지면서 사람들이 스스로를 감시하고 통제하게 되었다고 보았다. 사람들은 정신의학적 기준에 맞춰 자신의 행동을 조절하려 한다는 것이다. 정신의학적 지식은 병원, 학교, 직장 등 일상의 모든 영역에서 작용한다. 이 관점에서 정신의학은 단순히 질병을 치료하는 의료의 한 분야가 아닌, 사회를 구성하고 통제하는 강력한 힘이 된다.

3. 게임포비아의 역설

디지털 미디어가 보편화되고 인터넷이 편재화되었던 2000년대 초반, 갑작스레 등장한 낯선 문화현상들은 20세기에 익숙해 있던 지식인들을 당황스럽게 만들었다. 핸드폰의 등장만으로도 사람들의 일상은 급격하게 변했고, 무엇이 정상이고 바람직한지 허둥대며 답을 찾기 시작했다. 정신의학이 미디어와 만나 전문적인 답을 만들어 배포하기 시작한 시기도 대강 이 즈음이다. 그리고 이 지식-권력이 가장 강력한 힘을 발휘한 대상이 바로 온라인 게임이었다.

5_ 미셸 푸코, 『광기의 역사』, 이규현 역, 나남, 2003.

1999년 미국 콜럼바인 고등학교에서 13명이 총기로 살해되는 사건이 벌어졌다. 미국 역사상 가장 끔찍한 학교 총기난사 사건 중 하나였다. 그런데 사건 직후, 일부 언론 매체, 정치인, 유명 인사들은 폭력적인 비디오 게임, 특히 1인칭 슈팅 게임인 <둠>이 범인들에게 영향을 미쳤다고 주장했다. 일부 희생자의 가족들은 게임의 영향이 없었다면 학살은 일어나지 않았을 것이라면서 25개 게임 회사를 상대로 소송을 제기하기도 했으나 법원에 의해 기각되었다. 영화감독 마이클 무어(Michael Moore)는 살인자들이 범행 직전 볼링을 즐겼으니 볼링이야말로 범행의 이유라고 풍자한 다큐멘터리 <볼링 포 콜럼바인*Bowling for Columbine*>을 제작하기도 했다. 이 비슷한 일이 2000년대 내내 한국 언론에서도 벌어졌다. 2010년, 중학생이 어머니를 살해하고 자살한 사건이 벌어졌는데, 언론은 범인이 게임을 지나치게 즐겼다는 사실을 부각했고[6] 20대 청년이 이웃 주민을 묻지마 살해한 사건에서도 범인이 주로 게임을 하며 지냈다는 점이 강조되었다.[7] 학교나 사회에 제대로 적응하지 못한 사람들이 혼자 즐길 수 있는 게임을 오래 할 가능성이 높고, 이들 사회 부적응자가 끔찍한 사건을 일으켰다고 보는 것이 논리적이겠으나, 언론은 게임플레이 자체를 범죄의 원인으로 묘사했다. 게임에 대한 공포는 비정상으로 정의되고 배제되고 통제되는 공포와 매한가지였다.[8]

6_ 권기정, '게임중독 중학생, 어머니 살해 뒤 자살', 『경향신문』, 2010. 11. 16. https://www. khan.co.kr/national/incident/article/201011162233375

7_ 황춘화, '묻지마 살인 부른 게임중독', 『한겨레신문』, 2010. 12. 17. https://www.hani.co.kr/arti/society/society_general/454436.html

8_ 게임에 대한 공포, 즉 게임포비아는 주변화되는 것에 대한 공포, 반지성적 장애물에 대한 공포, 건강함의 훼손에 대한 공포, 실용적 가치의 부재에 대한 공포를 포함한다. 윤태진, 「게임포비아에 대한 미디어 담론의 구성과 내용」, 강신규 외, 『게임포비아』, 커뮤니케이션북스, 2013 참조

2000년대 초반, 게임포비아를 주도적으로 전파하는 과정에서 언론은 공포의 자원으로 과학을 동원하기 시작했다. 특히 의학은 게임을 안 하거나 적게 하는 정상성과 게임중독이라는 비정상성을 구별하는 근거를 제공했다. 한 정신과 교수는 게임 갈망이 게임 좀비로 만들어 범죄와 폭력으로 이어진다는 투고[9]를 했고, 많은 기자들은 인터넷 과다 사용이 주의력 분산이나 사고 단절을 일으켜 지적 생활에 치명적 악영향을 미친다는 신경과학자의 말을 인용[10]하거나 게임플레이가 뇌 발달과정에 부정적 영향을 미친다는 신경정신과 전문의의 의견을 소개[11]하였다. 게임을 많이 하는 사람의 뇌 사진을 마약중독자의 뇌 사진과 나란히 병치하는 기사는 과학의 시각화를 강력한 설득 근거로 삼은 대표적인 사례이다.

그러나 2000년 이후 게임 인구는 급격하게 늘어 전체 성인 인구 중 게임을 즐기는 사람의 비율은 74%를 상회했고, 게임산업은 시장 규모가 20조를 돌파할 만큼 비약적으로 성장했다.[12] 정신의학적 치료가 일상화·보편화되었다지만, 게임은 그 이상으로 일상적인 여가활동이 되었다. 비유적으로 표현하자면, 언론과 의학계의 경고에도 불구하고 잠재적 환자는 지속적으로 늘어갔고, 언젠가부터 게임에 대한 막연한 공포는 사그라들기 시작했다. 더이상 2000년 초반의 우격다짐식 게임중독 보도는 찾기 어려워졌다. 하지만 동시에, 정신의학의 개입은 더 깊숙해져 갔다. 게임포비아는 게임의 '의료화'로 이어졌다. 게임포비아의 역설이다.

9_　김현수, '뇌신경 다 타들어 갈 때까지… 정신과 의사가 본 게임 중독, 『조선일보』, 2012. 2. 1. https://www.chosun.com/site/data/html_dir/2012/02/01/2012020100110.html

10_　구본권, '인터넷 사용하면 멍청해진다고?', 『한겨레신문』, 2010. 7. 12. https://www.hani.co.kr/arti/economy/it/430006.html

11_　김덕한·한상혁, '말보다 게임 먼저 배우는 젖먹이들, 『조선일보』, 2012. 1. 31. chosun.com/site/data/html_dir/2012/01/31/2012013100192.html

12_　한국콘텐츠진흥원, 『2022 대한민국 게임백서』, 한국콘텐츠진흥원, 2023.

4. 게임의 '의료화'

의료화란 무엇인가? 거칠게 정의하자면, 기존에는 의학적 문제로 여겨지지 않았던 증상이 질병이라는 의학적 문제로 정의되고 치료되는 일련의 과정이다. 일찍이 1970년대부터 졸라(Irving Kenneth Zola)나 콘래드(Peter Conrad) 등의 사회학자에 의해 대중화된 개념으로, 비의학적 문제를 의학적 용어로 재구성하는 것도 의료화의 대표적 사례가 된다. 욕망이나 흥분을 도파민 분비로 표현하고, 우울함이나 불안함도 의학적 개입이 필요한 장애나 질병으로 이름 붙인다. 특별한 신체적 고통을 수반하지 않는 탈모가 '의학적 치료가 필요한 증상'으로 정의된다. 노화로 인한 불가피한 신체적 변화들도 이제 치료의 대상이다. 건강보험공단의 통계에 의하면, 흔히 ADHD로 불리는 활동성 및 주의력 장애 환자의 수가 2017년 이후 5년 동안 2배로 폭증했다고 한다. 특히 20대 성인 환자의 비율이 급격하게 늘었다. 2017년 전체의 10.9%였던 20대 환자의 비율은 2021년에 21.6%로 늘었다. 절대 수치로 보면 5761명에서 2만2131명으로 거의 4배가 되었다.[13] 한국 사람들의 집중력이 갑자기 떨어진 것은 아닐 것이다. 별난 성격 정도로 여겼던 것이 '질병'이 되었고, 대표적인 소아 질환이 어느 날부터 성인에게도 '치료를 요하는' 병이 되었기 때문이다. 거꾸로 '탈의료화'가 나타나기도 한다. 미국정신의학회(APA)는 한때 자위행위나 동성애를 질병으로 분류했다. 이제는 의료적 처치가 적절하지 않은 것으로 판정하여 질병 목록에서 제외시켰다. 질병으로 지정되는 과정이 전적으로 의학적 고민만의 결과는 아니다.

콘래드는 성인 ADHD나 노화 등의 사례 연구를 통해 어떤 대상이 어떤 과정을 거쳐 질병과 질환으로 정의되고 의학의 영역으로 포섭되는지 분석

13_ 박양명, 'ADHD 환자 10만명 넘었다⋯ 5년 사이 92% 폭증, 『메디칼타임즈』, 2023. 3. 2.
　　https://www.medicaltimes.com/Main/News/NewsView.html?ID=1152368

한 바 있다. 그는 이러한 일련의 과정들을 다종다양한 행위자들, 예컨대 의사라는 전문가집단과 제약 산업, 미디어 광고, 환자 공동체 등의 상호작용에 따른 결과로 파악한다. 특히 제약 회사들을 주요 행위자로 지목하는데, 이들은 소비자 직접 광고를 통해 약품을 홍보하고, 이윤 추구를 위해 새로운 질환 범주를 만들어내기도 한다는 것이다.[14] 지난 20~30년 동안 의료화의 가속화는 다음과 같은 몇 가지 상호 연관된 요인에 기인한다. 첫째, 과학과 기술의 발전이다. 의과학과 의료 기기의 급속한 발전으로 의학적으로 해결할 수 있는 범위가 확대되면서 자연히 치료 대상은 확대되었다. 둘째, 건강의 정의가 확장되었다. 세계보건기구(WHO)가 건강을 "단순히 질병이나 허약함이 없는 상태가 아닌 완전한 신체적, 정신적, 사회적 안녕 상태"로 정의[15]하고 최근에는 영적 건강을 포함시키는 논의까지 진행되면서 의학의 범위가 넓어졌다. 셋째, 제약 산업의 성장이다. 제약 회사의 영향력과 마케팅 능력의 증가는 진단 범주와 치료 옵션의 확장에 기여했다. 넷째, 의학지식의 세계화이다. 의료 정보가 국경을 넘어 빠르게 확산되면서 건강과 질병에 대한 접근 방식이 전 세계적으로 통일되었다. 다섯째, 기대 수명의 증가이다. 사람들의 수명이 길어지면서 삶의 질 문제에 더 많은 관심이 집중되고 있으며, 이는 종종 이전에는 심리학이나 복지학의 범주에 있던 의제들도 의학으로 소환하는 의료화 경향으로 이어진다.

'게임중독'은 의료화의 전형적인 사례이다. 게임의 의료화 과정을 되돌아보면, 우선 게임중독이라는 병리적 함의의 용어가 공공연하게 사용되기 시작한 것이 출발점이었다. 이후 국제적 보건기구(WHO)나 학술단체(APA)의

14_ 피터 콘래드, 『어쩌다 우리는 환자가 되었나』, 정준호 역, 후마니타스, 2007.

15_ WHO, "Constitution of the World Health Organization," *Basic Documents, 45th edition*, Supplement, October 2006. https://www.who.int/about/governance/constitution

권위를 빌려 '게임이용장애'의 존재를 선험적으로 인정하기 시작했고, 용어는 중독에서 장애로 대체되었다. '게임이용장애' 개념이 과학적 적확성을 담보하지 못한다는 비판이나 무비판적으로 사용된다는 지적이 끊임없이 제기되었음에도[16] 게임의 의료화 과정은 중단될 기미가 보이지 않는다. WHO가 국제질병분류 11차 개정판(ICD-11)에서 '게임이용장애'를 진단 가능한 질환으로 잠정 인정하자 북미권 정신의학계는 게임장애를 질환으로 정의하였고, 자연스레 진단과 치료가 가능한 새로운 질병 범주가 만들어졌다. 그로 인해 정신과 관할권이 확장되었고, 이러한 확장을 통해 정신과 의사들은 이전에는 행동 또는 사회적 문제로 간주되었던 영역에서 전문성을 주장할 수 있게 되었다. 만약 우리나라의 질병분류체계(KCD)에도 편입된다면, 생활 습관의 문제 정도로 간주될 수 있는 행동이 질병으로 명명되고, 취미생활을 과하게 한다 정도로 이야기되던 사람이 치료받아야 하는 환자가 되는 현실을 맞이할 것이다. 콘래드의 지적처럼, 과잉 의료화는 가슴 크기나 키가 작은 사람, 머리숱이 적은 사람, 학습 능력이 부족한 사람, 성욕이 크지 않은 사람에게 모두 환자 이름표를 붙인다. 게임장애의 질병화도 전형적인 의료화, 혹은 '환자 만들기' 과정이다.

게임에 대한 막연한 공포, 즉 게임포비아는 사라지는 대신 제도화되었다. 게임이 사실 겁낼 일이 아니라는 확인을 통해 게임포비아가 사그러든 것이 아니라 게임은 여전히 무섭지만 전문가가 이 문제를 해결해 줄 것이라는 막

16_ 2013년부터 5년 동안 발표된 게임중독 관련 영어 논문 869편을 분석한 결과, '질병으로서의 게임중독은 병리학적 근거에 대한 학자들의 합의가 아닌 권위 있는 기구의 결정과 하향적 확산에 의해 제도화되었다는 점을 밝힐 수 있었다. 학술적 연구가 ICD-11을 유도했다기보다는, WHO와 APA의 결정이 학술담론에 영향을 미친 것이다. '중독 유병률이 0.7~15.6%로 들쭉날쭉한 것은 당연한 결과다. 진단 기준의 엄밀성이나 치료방법의 유의함 면에서 탈모나 비만보다도 '질병스럽지' 못하다고 볼 수 있다. 이에 대한 자세한 내용은 윤태진 등, 『게임과 몰입 연구에 대한 메타분석 연구』, 한국콘텐츠진흥원, 2018을 참조하시오.

연한 믿음 때문에 수면 아래로 가라앉은 것이다. 그렇다면 정신의학 '전문가'는 이 문제를 해결할 수 있는가? 게임이용자의 뇌 변화 양상을 장기적으로 추적 연구한 정신의학 전문의 한덕현의 연구[17])에 따르면, 정작 게임이용이 뇌 기능에 유의한 영향을 끼친다는 사실을 찾을 수 없었다. 게임을 하면 뇌가 녹는다는 세간의 공포담론을 검증하기 위해 출발했다는 이 4년짜리 코호트 연구의 결과는 지금 당장 정신의학계가 게임이용장애를 과학적으로 설명하거나 환자로 진단하거나 치료를 통해 정상인으로 회복시킬 능력을 갖추지 못하고 있음을 보여준다. FMRI 뇌사진 분석에서도 시간의 흐름에 따른 유의한 변화가 없었다. 오히려 게임이용의 양이나 방법이 '위험군'으로 판정되었던 피실험자 16명이 별도의 의학적 처치 없이도 3년 뒤에 모두 '일반사용자군'이 되었다는 흥미로운 결과가 있었다. 한덕현은 도박이나 술을 탐닉하는 환자의 경우 자연 치유가 별로 없다는 점을 고려하면 게임이용장애를 질병으로 규정하는 것은 적절치 않다고 주장한다.[18]) 이 결과는 게임이용과 문제적 행동의 관계에 대한 장기 패널연구를 진행한 사회과학자 조문석의 연구결과[19])와도 일치한다. 1,000명 이상의 청소년을 4년 동안 정기 관찰한 결과, 2년 연속 '과몰입군'으로 포함된 경우는 없었다. 하지만 의료화는 과학적 연구결과에만 의존해서 벌어지는 현상이 아니다. 질병은 사회적으로 구성된다. 60여 년 전 푸코가 지적한 바 있고, 콘래드가 반복 강조했던 사실이다. 미국 정신의학회(APA)가 한때 질병으로 분류했던 자위행위나 동성애를 질병 목록에서 제외한 결정도 질병의 사회적 성격을 자인한 사건으로 볼 수 있다.

17_ 한덕현, 「인터넷 게임 사용에 대한 4년 코호트 뇌 변화 (청년을 중심으로)」, 『새로운 관점으로 보는 게임인식: 게임이용장애 국제세미나』 발표문, 2024. 7. 5.
18_ 한덕현, 위 국제세미나 질의응답 중.
19_ 조문석, 「게임이 게임행동 장애의 원인인가? 게임행동유형 변동요인 쟁점에 대한 실증분석」, 『새로운 관점으로 보는 게임인식: 게임이용장애 국제세미나』 발표문, 2024. 7. 5.

5. '의료화'의 그늘

앞서 언급했듯, 의학적 해법은 '개인'에 집중한다. 즉각적이고 용이하기 때문이다. 술 의존도가 높은 성인이나 산만한 어린이가 있을 때, 폭음을 부추기는 사회환경이나 적절치 못한 교육체계를 건드리기보다는 이들을 알코올 중독이나 ADHD로 분류해 치료하는 방식이 더 간단하고 분명하다. 비슷한 예로, 매사에 명석하지만 성적은 좋지 않은 중학생이 있다면 대부분 그 특정 학생의 공부방식에 문제가 있다고 해석한다. 교육정책이나 학교 환경의 문제를 먼저 떠올리는 경우는 별로 없다. 핵심은 '개인'이다. 의료화 역시 건강에 대한 개인의 책임을 강조하는 신자유주의적 사고의 팽창과 밀접한 관련이 있다. 사람들은 건강을 위해 운동을 하고, 음식을 가려먹고, 건강검진을 정례화한다. 내 몸은 관리의 대상이 된다. 꼼꼼한 관리를 위해 전문가에 의존하게 되고, 약간의 이상이 감지되면 스스로 의료 영역으로 걸어 들어간다. 미용과 성형이 의료의 영역이 된 것도 마찬가지다. 내 몸의 가치가 경쟁 기준이 되는 신자유주의 시대에 의료화의 확대는 어쩌면 필연적이다. 물론 의료 서비스의 상업화가 강화되는 경향도 의료 개입 영역의 확대를 이끄는 데 재정적 인센티브를 제공했다.

흥미로운 점은, 역설적이게도 대체의학이나 소위 '사이비' 전문가의 부상이 의료화 확산에 도전이 되기도 하고 기여를 하기도 했다는 사실이다. 예를 들어 대체의학은 종종 주류의학에서 인정하지 않는 질환을 의료화하여 전반적인 의료화 범위를 확대한다. 제도화된 의료계는 이들을 비판하지만, 동시에 종종 대체의학의 인기에 편승하여 의료 영역을 확장하기도 한다. 또한 웰빙산업의 급성장은 종종 건강, 라이프스타일, 치료 사이의 경계를 모호하게 만든다. SNS의 확산도 의료화 과정에 큰 영향을 미쳤다. 의료 정보(혹은 잘못된 정보)의 빠른 확산을 가능하게 하여 다양한 질환의 의료화를 가속화할 수 있었고, 온라인에서 의료 정보에 쉽게 접근할 수 있게 되면서 자가 진단과 건강 불안이 증가하여 잠재적으로 의료화를 촉진할 수 있었다. 제약회사와 의료 서비스 제공업체 입장에서 보자면, 소셜미디어를 마케팅에 활용하여 의료 개입이 필요한 질환에 대한 인식을 확대할 수 있다. 소비자들은 SNS에서 건강 관련 콘텐츠에 지속적으로 노출됨으로 인해 다양한 삶의 경험을 의료적 렌즈를 통해 바라보는 관점이 보편화될 수 있다. 즉 의료화의 확산과 심화는 사회, 경제, 기술 간의 복잡한 상호작용 속에서 진행되었다. 신자유주의는 개인의 건강이 점점 더 개인의 책임이자 시장의 영역으로 여겨지는 환경을 조성했고, 대체의학과 SNS의 확산은 전통적인 의료 권위에 도전하고 확장하는 동시에 궁극적으로 과잉 의료화에 기여하는 방식으로 작용했다.

의료화 확대를 부추긴 요인이 하나가 아니듯, 의료화가 과잉 확대되면서 생겨나는 문제 역시 다양한 분야에서 발견된다. 의료화의 그늘은 여기저기에서 발견된다. 우선 권력과 자기 결정권의 문제를 들 수 있다. 푸코가 우려했던 부분이기도 하다. 의료화는 종종 의료 전문가와 기관에 지식-권력을 부여하여 이전에는 그들의 영역 밖에 있던 삶의 영역에 대한 권한까지 부여한다. 나의 몸은 관찰과 진단의 대상이 되고, 나의 몸을 가장 잘 아는 주체는 내가 아닌 의사와 병원이 된다. 자세하게 알 필요조차 없다고 생각하게 되는 것이 곧 권력의 이양을 반증한다. 둘째, 기술중심적 의료의 강화라는 문제에 직면한다. 의료기기의 고급화, 첨단화가 지나치게 중요해지고, 신약에 대한 기대는 높아진다. 특히 새로운 의료 카테고리의 생성은 새로운 기기와 신약의 마케팅으로 이어져 경제적 영역의 문제를 야기한다. 문제 해결방식이 상품화되는 것도 의료화의 필연적 결과 중 하나이기 때문이다. 셋째, 의료화는 개인 내에서 문제의 원인과 솔루션을 찾는 경향이 있어 광범위한 사회문제를 소홀하게 만들 여지가 있다. 솔루션을 제시하는 전문가는 배타적 권력을 갖는다. 사회구조나 문화의 문제를 지적하는 전문가는 몸에 대한 전문가가 아니기 때문에 발언권을 갖지 못한다. 의료화 시대의 사람들, 혹은 환자들은 점차 거시적인 쟁점에 대해 무감각해져 간다. 넷째, 의료화는 종종 역사성과 문화적 차이를 무시하는 결과로 이어진다. 질병이나 고통, 즐거움과 기쁨은 특히나 문화의존적이다. 한 문화권에서는 의료문제로 간주되는 것이 다른 문화권에서는 다르게 여겨질 수 있다. 하지만 질병코드라는 이름으로 특정 증상이 질병화되고 그 치료 방안이 표준화되어 적용될 때 특정 공동체가 공유해온 역사와 문화적 특질은 비과학적이거나 중요하지 않은 것으로 치부될 가능성이 높아진다. 마지막으로, 낙인의 문제가 생길 수밖에 없다. 광기와 빈곤이 한 범주로 묶였던 시대가 있었듯, 특정 증상이나 질병은 종종 도덕적 결함과 한 묶음이 되기도 한다. 한때 동성애가 질병으로 간주되었다는 사실이나, 전염성이 크지 않음에도 나병 환자들을 공동체 외부로 추방시켰던 사례를 떠올려볼 수 있다. 의료화는 의학적 쟁점과 도덕적 프레임을 결합해서 새로운 형태의 낙인을 만들 수 있다. 겁이 많은 사람이 어느 날 갑자기 공황장애 환자가 되듯.

위에 열거한 의료화의 잠재적 문제들은 게임의 의료화, 구체적으로는 게임이용장애의 질병코드화가 가져올 미래에 그대로 적용된다. 정신과 전문의는 나의 게임이용 패턴과 시간을 정해줄 것이다. 게임에 대해 전혀 모르는 의사라 하더라도 상관없다. 그는 지식-권력을 가진 게임질병 전문가이기 때문이다. 식욕을 약화시키는 약처럼 게임 욕구를 저하시키는 치료제가 나올 수도 있다. 실제로 '게임중독 치료제' 개발은 한창이다. 뇌의 신경세포에 전기 자극을 가하는 일종의 신경조절술이 유의미한 효과를 보였다는 발표도 있었다.[20] 이같은 의학적 '치료' 시도는 계속 늘어날 것으로 보인다.

등산이나 독서가 아닌 게임을 즐긴다는 이유로 정신과 상담을 받는 환자로 낙인찍힐 여지도 크다. 앞서 언급했던 게임 과몰입의 자연 회복을 보여주는 연구사례들은 중요하지 않다. 게임을 즐기던 한 중학생이 위험군에서 드디어 벗어났다는 판정을 받으면 의사와 학부모와 선생님들은 그의 완쾌를 축하하며 그가 정상인으로 복귀했음에 기뻐할 것이다. '문제의 해결'이 아니라 '병인의 제거'라는 선언이 이어질 것이다. 게임이용장애가 국제질병분류 (ICD)에 목록화됨으로써 생길 수 있는 문제는 우리가 이미 겪고 있는 심각한 과잉 의료화의 부분집합이다.

6. 악순환의 고리는 끊을 수 있는가

어떤 사회에 구성원 다수가 우려하는 문제가 하나 있다고 가정해보자. 빈곤의 문제일 수도 있고 교통질서의 문제일 수도 있다. 가시적이지 않은, 이를테면 요즘 청소년들의 버릇없음일 수도 있다. 사람들은 이것을 문제로 여기고, 걱정을 하고, 원인을 찾으려 한다. 이 과정이 반복되면서 그 문제에 대한 일정한 관념이 공고하게 공유되기 시작한다. 이 과정에서 핵심적인 역할을 하는 것이 언론이다. 정치인들도 개입한다. 그들은 이런 사회적 관념, 즉 여론에 대해 무언가를 하고 있다고 보여주길 원한다. 일부 학자들도 주요 행위자이다. 다수가 동의하는 관념을 지지해야 연구비를 확보하고 사람들의 관심을 받을 수도 있기 때문에 이 흐름에 가담한다. 누구도 악의를 가지고 참여하진 않는다. 언론이 왜곡 보도를 한다는 의미도 아니다. 특정 주제에 대해 많은 반응과 이야기가 오가다가 시간이 지나면서 안정적인 모습을

20_ 조민규, '인터넷 게임 중독, 집에서 하루 30분 전자약으로 치료 가능성 확인', <지디넷코리아>, 2024. 5. 10. https://zdnet.co.kr/view/?no=20240509183739

따게 되는 과정으로 이해할 수도 있다. 하지만 이 과정의 함정은 다양한 집단의 참여가 순환구조를 이룬다는 데에 있다. 이것이 빈(Anthony Bean)과 그의 동료들이 '도덕적 공황 이론(moral panic theory)'이라 이름붙여 설명한 공포의 사회적 순환구조이다.[21] 이들에 따르면, 공포를 조장하는 연구나 학자의 발언은 대중매체에 의한 공포의 전파를 낳고, 이는 정치적 목적을 가진 정치인들의 개입을 유도하며, 대중매체는 다시 잠재적 해악을 부각시키는 정치인들의 발언을 보도한다. 그 결과, 공포와 해악의 이유를 지지하는 연구의 필요성이 제기되고, 이는 다시 공포를 조장하는 연구의 실행으로 이어진다. 이 과정이 반복되면서 악순환이 일어난다는 것이다. 게임이용의 질병화 주장이 그 대표적 사례이다. 게임 '중독'을 독립적인 진단 범주로 설정하기에는 근거가 부족함에도 불구하고 지속적으로 게임의 의료화가 지지를 얻는 이유가 게임에 대한 도덕적 공황 순환구조 때문이라는 것이다.

한발 더 나아가, 퍼거슨(Christopher J. Ferguson)은 도덕적 공황은 한 세대가 사라질 때 비로소 함께 사라지기 때문에 게임에 대한 공포가 근시일 내에 없어지진 않을 것이라 주장한다. 노년층은 대체로 게임에 대해 부정적 관념을 가지고 있는데, 이들이 레거시 미디어의 주요 독자이기 때문에 언론은 그 연령층의 구미에 맞는 기사를 쓴다는 것이 그의 지적이다. 게임에 대한 언론의 부정적 기사는 정치인들의 개입을, 그리고 다시 공포를 재생산하는 학술 연구로 이어진다. 심리학자면서 게임의 미래에 대해서는 다소 냉소적이거나 비관적으로 보는 그의 의견을 따르자면, 인간의 태도는 쉽게 바뀌지 않기 때문에 도덕적 공황의 악순환은 앞으로도 꽤 오랜 기간 동안 유지될

21_ Anthony M. Bean, Rune K.L. Nielsen, and Antonius J. Van Rooij, "Video game addiction: The push to pathologize video games," *Professional Psychology: Research and Practice*, vol. 48, no. 5 (2017), 378-389.

것이다. 특정 주제에 대해 한 집단의 견해를 바꾸는 것보다 때로는 그 집단이 소멸하는 것을 기다리는 게 더 효율적일 수도 있다는 것이 퍼거슨의 주장이다.[22] 그렇다면 정신의학 전문가 및 의약산업, 언론, 정치인, 그리고 환자(보호자)이자 소비자이자 독자이자 시민인 사람들의 이음선으로 연결된 도덕적 공황의 순환고리는 앞으로도 수 십 년 동안 끊기지 않고 견고하게 유지될 것인가? 게임의 과잉 의료화는 알면서도 피할 수 없는 재난으로 남을 것인가?

2000년대 이후의 우리나라 사회를 특징짓는 핵심어이기도 한 전문가-셀러브리티의 등장, 정신의학의 대중화, 그리고 게임산업의 성장 및 그에 따른 게임포비아의 확산이 하나로 집약되는 지점이 바로 게임의 의료화이다. 그리고 이를 상징적으로 보여주는 하나의 사건이 바로 '게임이용장애의 질병 목록화'이다. 따라서 게임의 의료화라는 잠재적 재앙을 회피하는 첫 걸음이 있다면 바로 게임이용장애에 관한 ICD-11의 내용을 KCD(국내 표준분류)에 무비판적으로 적용하는 사태를 막는 노력일 것이다. 게임이용장애는 사회적으로 구성된 담론이지 생리학적 질환이나 물질의존 질환이 아니며, 따라서 역사적·문화적 특수성을 가질 수밖에 없기 때문이다.[23] 비유하자면, 유럽에서는 병이지만 우리나라에서는 병이 아닐 수도 있고 20년 전에는 병이었지만 20년 후에는 질병목록에서 제외될 수도 있는 것이 '사회적으로 구성된' 실체 없는 질병의 특징이다. 도덕적 공황의 악순환은 껍질 안에 무엇이 들어있는지 모르면서, 심지어는 안에 아무것도 안 들어있을 수도 있

22_ Christopher J. Ferguson, "An update on the research and policy for problematic gaming: Public health issue, moral panic or both?,"『게임과학포럼, Gaming disorder, 원인인가 결과인가』 발표문, 2019. 4. 29.

23_ 같은 맥락에서, 정신질환에 관한 연구는 의학이 아니라 사회적 혹은 인간학적인 배경 아래 진행되어야 한다는 주장도 있다. 김광영·정우진, 「DSM(정신장애의 진단 및 통계편람)의 정신질환 정의에 대한 비판적 고찰」, 『철학』 150집, 2022 참조.

는데, 껍질을 보고 과잉 대응하거나 허튼 담론을 만드는 구조이다. 사람들이 껍질 안을 들여다보도록 만드는 노력은 그 악순환을 빨리 중단시키는 결과로 이어진다. 퍼거슨의 우려대로 한 세대가 지날 때까지 기다릴 수는 없으니.

　게임의 의료화를 마냥 비관적으로 전망할 필요는 없다. 낙관적인 기대를 할 만한 근거들도 있다. 예를 들어, 의료화를 가능하게 했던 요인 중 하나가 과학기술의 발전이었으나 역설적으로 강력한 의료화 경향에 흠집을 낼 수 있는 도구 중 하나가 과학기술이기도 하다. 아직 의학은 특별하게 전문화된 영역 중 하나지만, 기술 발전으로 인해 보통의 시민들도 상당한 수준의 전문적 정보에 접근 가능해졌다. 경험과 정보가 전문지식을 압도할 경우 또 다른 문제가 발생하기 마련이지만, 지금의 정보 환경은 과거처럼 특정 소수 전문가가 '배타적' 정보를 독점하지 못하는 것은 분명하다. 마찬가지로, 도덕적 공황의 악순환을 가속화시킨 이음새 중 하나가 새로운 미디어, 이를테면 SNS였으나, 역설적으로 이들 새로운 미디어는 순환 고리에 균열을 낼 수 있는 도구이기도 하다. 레거시 미디어가 여전히 게임에 대한 공포를 생산하고 전파하더라도, 다양한 종류의 새로운 미디어들은 다양한 방식으로 지배적 담론에 도전한다. 최근 10년 정도 경험했던 미디어 환경의 급변을 상기한다면, 도덕적 공황의 순환구조가 과거처럼 원활하게 돌아가리라는 보장은 더이상 없다. 미디어 환경만이 아니라 학술 장의 구조도 조금씩 변하고 있다. 어린 시절부터 게임을 즐기며 성장한, 그래서 게임에 대한 이해와 애정이 전 세대 학자들보다 훨씬 높은 게임학자들이 늘어남에 따라 악순환 구조의 한 축을 담당하던 '연구자'의 구성에도 변화가 생겼다. 게임이 중독물질이라는 선험적 전제는 10년 전만큼의 힘을 발휘하지 못할 것이다. 게임에 대한 정확한 이해는 게임이용에 대한 적절하고 의미있는 연구를 가능하게 한다. 느리게나마 연구 결과들도 조금씩 축적되고 있다. 특히 앞서 언급했듯 게임이용장애 증상이 특별한 치료 없이 사라지는 연구 결과들은 매우 중요하다. 낙관적 기대를 잃지 않으면서 게임의 의료화에는 전략적이면서도 적극적으로 저항해야 한다. 미래의 어느 시점에서 오늘을 돌아볼 때, 게임이용을 둘러싼 지금의 소란스러운 논의들이 그저 우스꽝스러운 해프닝으로 보일 수 있기를 기대한다.